最新

QC検定

テキスト&問題集

QM/QC Exam Grade 1 Text & problem collection

著 今里 健一郎

1

級

秀和システム

まえがき

　本書は、品質管理検定（QC検定）1級に挑戦している方々、ならびに高度な品質管理を勉強している方々に提供することを目的に作成しました「最新QC検定1級テキスト＆問題集」です。

　本書の特徴は、次のとおりです。

1）2015年に改定した1級QC検定レベル表の項目を目次にしています。
2）内容は、第1部：品質管理の実践と第2部：品質管理の手法です。
3）文中、重要なキーワードは青色で表示していますので、確実に覚えていただければ幸いです。
4）主に統計的手法を紹介しますので、理解しやすいようにアルゴリズムを図解を添えて解析しています。
5）また、統計的手法ごとに、手法解説、活用例、解析で進めています。
　　したがって、まず解説を読み、問題のあるところは、解答を解答欄に記入してください。そして正答を見て間違ったところを本書で確認してください。
6）最終章に、品質管理検定（QC検定）1級の模擬問題を用意しています。問題内容は、本試験と同じ形式で □□□ 内に適切と思われる言葉を選択肢から選んで記入してください。試験時間は90分です。もちろん本書を見ないで試してみてください。計算には、シンプルな電卓を使い、関数電卓やスマートフォンは使わないでください。本書の中味を見ずに70％以上の正解を目指してください。

　本書の出版に際して、多くの方々のご尽力をいただき、また読者の方々から貴重なご意見をいただいたことに厚く御礼申し上げます。

　また、本書を読まれた方々よりいろいろご意見をいただければうれしい限りです。

2020年8月　今里健一郎

目　次

第Ⅰ部　品質管理の実践編

第1章　品質の概念

第2章　品質保証：新製品開発

第3章　品質保証：プロセス保証

第4章　品質経営の要素：方針管理

第5章　品質経営の要素：機能別管理【定義と基本的な考え方】

第6章　品質経営の要素：日常管理

第7章　品質経営の要素：標準化

第Ⅱ部　品質管理の手法編

第13章　データの取り方とまとめ方

第14章　新QC七つ道具

第15章　統計的方法の基礎

第16章　計量値データに基づく検定と推定

第17章　計数値データに基づく検定と推定

第18章 管理図

第19章 工程能力指数

第20章 抜取検査

第21章 実験計画法

第27章 多変量解析法

第28章 信頼性工学

第29章 ロバストパラメータ設計

最終章　QC検定1級模擬問題

●数値表

MEMO

第 Ⅰ 部

品質管理の実践編

1-1 社会的品質

● (1) 社会的品質とは

　社会的品質とは、「製品・サービスまたはその提供プロセスが第三者のニーズを満たす程度」です。言い換えれば、製品・サービスの使用・存在が第三者に与える影響 (例えば、自動車の排気ガス、建物による日照権の侵害など) と製品・サービスの提供プロセス (例えば、調達、生産、物流、廃棄など) が第三者に与える影響 (例えば、工場の廃液などによる環境汚染、資源枯渇) に使われます。さらに地球温暖化の問題なども含まれます。

　1970年代はじめに生じた公害問題を契機として、生産者と消費者との関係だけではなく、第三者 (社会) にも迷惑をかけない製品を設計・生産・販売することが必要になりました。要するに、販売時だけではなく、長期間の使用時にも、そして (昨今の社会の環境保全意識の高まりから) 製品の廃棄時まで品質を管理するということが要求されるようになってきています。したがって、社会的品質を考えるには、単に製品の製造・販売時だけではなく、製造前の設計・調達ならびに販売後の信頼性や廃棄容易性、環境に関する法規制などとの関係も含めた、多面的な品質の検討が必要になってきています。

　国際的な環境マネジメントシステム規格であるISO 14001 は、組織の活動が環境面に与える影響を管理するためのものです。

◎社会的品質の具体的な取り組み

社会的品質

廃棄まで考えた製品企画　　　地球環境問題への取り組み

公害を出さない

1-2 顧客満足(CS)、顧客価値

● (1) 顧客満足とは

　顧客自身が持つ要望を製品およびサービスが満たしていると感じる状態を顧客満足 (Customer　Satisfaction：CS) といいます。そして、企業は製品・サービスを通して顧客満足を得るような価値、すなわち顧客価値を提供していることになります。例えば、サービスという面では、サービスそのものを業務 (仕事) とする情報通信や運送、鉄道、さらには電力供給、ホテル、レストラン、小売業、流通販売業、ソフトウェアデザイン (ハードウェアであるコンピュータシステムを動かしているソフトウェアの構造的、機能的な設計) などでは、さまざまな視点から顧客満足を積極的に得ることを目指して品質管理に取り組んでいます。そのため、多くの企業で製品や包装、物流、サービスなどの観点から顧客満足度調査を行って改善活動に取り組んでいます。

● (2) 顧客満足度を高めるには

◎顧客満足を高める体制

　一般の組織はトップを頂点とし、裾野にお客様が広がる効率のよい型のピラミッドですが、CSの場合は、このピラミッドを逆さにして考えます。

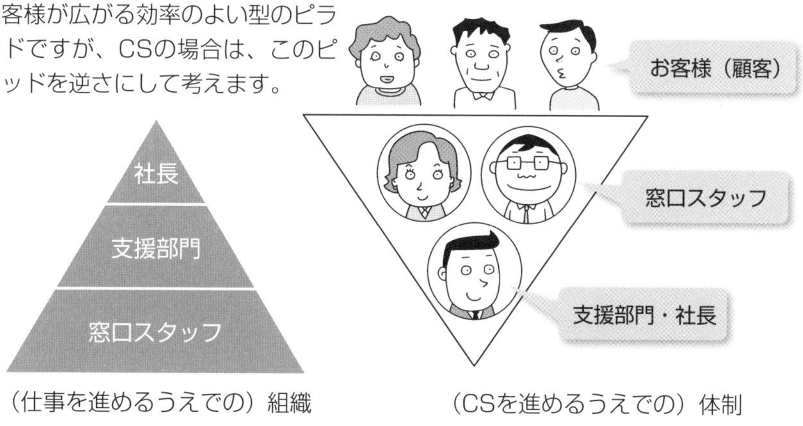

社長
支援部門
窓口スタッフ

（仕事を進めるうえでの）組織

お客様（顧客）
窓口スタッフ
支援部門・社長

（CSを進めるうえでの）体制

前述のとおり、CS（Customer Satisfaction）とは「顧客満足（お客様満足）」という意味で、お客様の満足を最優先にすることです。

CSを向上させるには、会社全体が一丸となってお客様の声を取り入れ、お客様が期待する製品やサービスを提供していくことです。

CSはお客様最優先の考え方です。一般の組織はトップを頂点とし、裾野にお客様が広がる効率のよい型のピラミッドですが、CSの場合は、このピラミッドを逆さにした逆ピラミッド型で考えていきます。また、製品やサービスは当たり前品質と魅力的品質で構成されています。

筆ペンを買ってきて、使ってみたところ、普通に字を書くことができたところで、当たり前で、特に不満も感じなければ、とりたてて満足に思うところもありません。ところが、インクが出なくて使いものにならないときは、強い不満を感じます。これに対して、買ってきた筆ペンで、期待以上に滑らかに書くことができたときには大変満足し、周りの人たちに薦めます。

前者の書けない場合は"当たり前品質"が問題であり、後者の場合は人に薦めたくなるほどなので、これを"魅力的品質"がよいということになります。

◎当たり前品質と魅力的品質

製品・サービス　＝　当たり前品質　＋　魅力的品質

魅力的品質とは
それが充足されれば満足を得るが、不十分であっても仕方ないと受け取る品質のことです。

筆ペンが滑らかに書くことができれば周りの人に薦めたくなります

筆ペンのインクが出ないと強い不満を感じます

当たり前品質とは
それがあって「当たり前」であり、不十分であれば市場クレームにつながる品質のことです。

● (3) 顧客価値とは

"顧客価値"(Customer Value) とは,「製品・サービスを通じて、顧客が認識する価値のことです。

顧客価値は、顧客満足より幅広い概念で、次の3つの価値を含みます。

①製品・サービスの購入の決定要因として顧客が認識する価値

②購入した製品・サービスの使用・廃棄を通して顧客が確認する価値

③確認の結果から生まれる信頼感に基づき新たに認識される価値

組織の持続的成功のためには、顧客価値を明確にし、その実現のための組織の能力・特徴を考慮し、それを実現することが望ましいとされています。

● (4) 2つのサービスからお客様の声の収集

お客様に品質を保証するサービスには2つあります。1つは、購入時点のサービスであるビフォアサービス (Before Service)、もう1つは、使用後のサービスであるアフターサービス (After Service) です。後者は、「販売した製品に対して企業側が行う保全のためのサービス」をいいます。

◎品質保証を支える2つのサービス

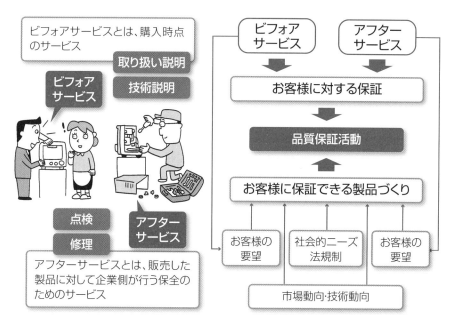

2-1 結果の保証とプロセスによる保証

●（1）結果の保証とプロセスによる保証とは

　品質保証の方法として、結果の保証があります。でき上がった製品やサービスを検査して、ねらいからかい離しているときは、破棄します。あるいは、手直しすることで、提供する製品やサービスの品質を保証します。

　一方、プロセスによる保証とは、ねらいどおりの結果が得られるプロセスを確立することにより、効果的・効率的にお客様や社会のニーズを満たす製品やサービスを提供することを保証する活動です。

◎結果の保証とプロセスによる保証

2-2 保証と補償

　品質保証とは、「お客様や社会のニーズを満たすことを確実にし、実証するために、組織が行う体系的活動」（JSQC定義）です。

保証とは、「確実に請け負うこと、義務を負うこと」です。一方、補償とは、「損失を金銭で補うこと」です。不具合な製品であった場合に、良品との交換を約束することは、保証ではなく補償になります。

　保証とは、企業・組織がお客様との約束を守ることであり、補償とは、お客様に製品やサービスで実損を与えた場合に、代償を払うことです。

2-3　品質保証体系図

●（1）品質保証体系図とは

　品質保証体系図とは、企画、設計、計画、生産、販売からアフターサービスに至るまでの各ステップで、どのように品質をつくり込み、お客様に品質を保証していくかを明確に示したしくみ図のことです。品質保証体系図は、縦方向に各ステップ、横方向に関係部門を書いて、各ステップにおける業務を各部門に割り振ってフローチャートで示したものです。この図の特徴は、問題や要検討事項のある業務に対するフィードバックが記入されていることです。

◎品質保証体系図の概念

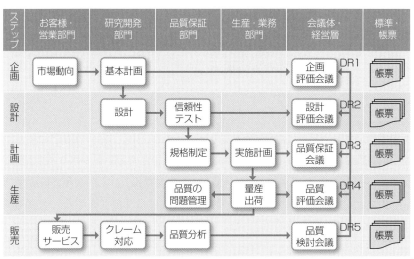

2-4 品質機能展開

品質機能展開（QFD：Quality Function Deployment）とは、お客様などが要求する品質や改善活動でねらうべき品質を体系化し、その品質が持っている品質特性との関係の度合いを整理分析したうえで、要求されている事項を品質特性に変換し、設計への仕様目標を決めていくための方法です。

品質機能展開の実施手順としては、まずお客様ニーズなどから**要求品質**を展開します。次に、製造に必要な**品質特性**を展開します。これらの2つの展開表から二元表を作成します。その結果、**企画品質**と**設計品質**を出力します。

◎品質機能展開の展開概要

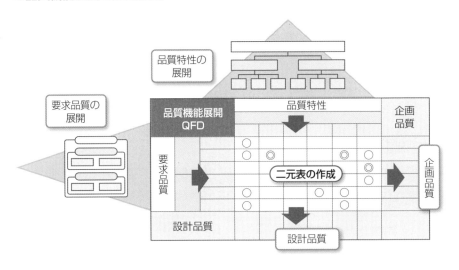

新製品開発では、製品に対する評価を品質、コスト、技術、信頼性などの視点から行い、目標を達成するために、開発プロセスを運営管理する必要があります。品質機能展開は、**品質展開、技術展開、コスト展開、信頼性展開、**および**業務機能展開**で構成されます。品質機能展開を実施する目的に応じて、多面的に必要な二元表を明確にします。

◎品質機能展開の全体構造

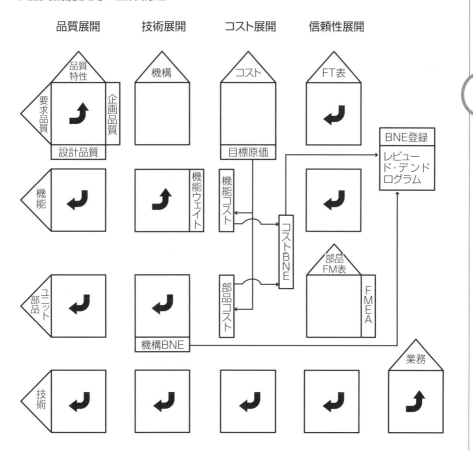

(出典：JIS Q 9025:2003 マネジメントシステムのパフォーマンス改善－品質機能展開の指針：2003.2.20 日本規格協会)

● (1) 品質展開とは

　品質展開は、製品に対する顧客の声から変換された要求品質に着目し、これを実現するためのシステム構成を検討するために実施されます。製品の設計品質を定めるためには、製品に対する顧客の要求を把握する必要があります。さらには、実現すべきシステムの姿、および工程上の管理項目に至るまで、情報を展開する必要があります。品質展開の実施によって、顧客の要求に基づいて一貫性のある開発プロセスが構築されます。

◎品質展開の一例

手順1　要求品質を展開します　　手順2　品質特性を展開します

品質機能展開表（品質表）

要求品質		紙に針を通し復元する								針を収納し1本ずつ出す						企画品質					
	品質特性	ハンドル材質	ハンドル形状	ドライバー材質	ドライバー形状	クリンチャ材質	クリンチャ形状	下部アーム材質	下部アーム形状	マガジン材質	マガジン形状	ばね材質	ばね形状	プッシャ材質	プッシャ形状	重要度	自社レベル	他社A	他社B	企画品質	重要要求
楽に針を押せる	まっすぐに押せる		○													5	5	5	4	5	
	指で押すのに疲れない	○	◎													4	4	4	3	4	◎
	力を抜ければすぐに戻る							○	◎			○	○			4	3	4	3	4	
楽に針が正確に出る	針が1本ずつ出る			◎	○					○	◎			○	○	5	5	4	4	5	
	最後の1本まで正確に出る									○	◎			○	◎	5	5	4	4	5	◎
	針がばらけない									○	○			○	○	3	2	4	3	3	
正確に紙に針を付ける	紙を正確にとめる															5	4	5	4	5	◎
	紙を傷付けない															4	3	3	4	4	
	針を直角に押し曲げる			○	○	◎	◎	○	○							3	3	2	4	3	
	針が本体に引っかからない				○	○	○	○	○			○	○			3	2	2	4	3	
デザインがよい	机の上で違和感がない	○	○					○	○							2	1	4	4	4	◎
	見て感じがよい	○	○					○	○							2	2	4	5	4	◎
	色合いがよい	○														2	1	4	5	4	
安全である	使用中に指を傷付けない	○	◎		○		○									4	4	3	3	5	
	針が勝手に出ない				○		○						◎			3	2	3	3	3	
	角で手を切らない		○						◎							3	2	4	4	4	◎
品質特性重要度		42	56	37	58	37	58	44	52	26	45	18	14	26	36						
設計品質		アクリル251	卵型流線型	ステンレスSS	省略	省略	省略	省略	省略	ポリエステル	スライド型	省略	省略	省略	省略						

手順3　二元表を作成します

手順4　企画品質を設定します

手順5　設計品質を設定します

●（2）技術展開とは

技術展開は、品質表で定めた企画品質や設計品質を実現するために、ボトルネックとなる技術を明確にすることを目的としています。ボトルネックとしては、製品の品質面、コスト面、信頼性面での阻害要因が考えられますが、これらの阻害要因を解決するために必要な技術を抽出します。抽出したボトルネック技術を登録・解決するしくみを社内に構築し、全社の技術力を結集してこの解決にあたります。

●（3）コスト展開とは

◎コスト展開の一例

手順1　VE*対象と目標を設定します

- VE*対象：デスクを明るくする
　　　　　ホッチキス
- コスト目標：400円➡300円／個

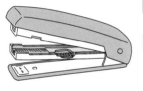

手順2　製品の機能分析を行います

機能系統図

F0：紙を綴じる
- F1：紙を挟む
  - F11：間隔を保つ
  - F12：紙を導く
- F2：針を通す
  - F21：力を加える
  - F22：針を導く
- F3：針を保つ
  - F31：針を押し出す
  - F32：針を充てんする

手順3　コスト分析と機能評価を行います

コスト分析と機能評価

機能	構成要素(部品)	ハンドル	ドライバー	クリンチャ	下部アーム	マガジン	ばね	プッシャ	機能コスト計C値	機能コスト%	目標コスト配分	目標コストF値	F値/C値	C値-F値
F1:紙を挟む	F11:間隔を保つ	50			50				100	25%	25%	75	75%	25
	F12:紙を導く	50			50				100	25%	25%	75	75%	25
F2:針を通す	F21:力を加える	40	30						70	18%	15%	45	64%	25
	F22:針を導く		30	30					60	15%	15%	45	75%	15
F3:針を保つ	F31:針を押し出す						10	20	30	8%	10%	30	100%	0
	F32:針を充てんする					30		10	40	10%	10%	30	75%	10
	部品コスト計	140	60	30	100	30	10	30	400	100%	100%	300	75%	100

手順4　VE提案を行います

VE提案対象機能

* VE　Value Engineeringの略。

製品に望まれる適正利益を確保するためには、品質および信頼性が確保された製品を、目標期間内に目標コスト内で開発しなければなりません。コスト展開では、品質表で設定された設計品質と、これを実現するための機構および部品レベルで目標コストを配分し、コスト検討を実施します。特に、配分された目標コストで製品の実現が困難な場合はボトルネック技術として登録し、技術展開との併用により解決案を検討します。ここではVE（価値工学）の手法を使っています。

● （4）信頼性展開とは

品質表において整理される要求品質は、顧客の潜在的なニーズおよび期待に代表されるプラス側の要求の抽出に主眼がおかれます。したがって、製品の信頼性に代表されるマイナス面を回避する要求が見落とされてしまう可能性があります。信頼性展開は、製品で保証すべき項目を明確にし、これらの故障に着目して信頼性の確保について考えます。品質表で設定された設計品質や、これを実現するサブシステム、部品を明確にし、FTA（Fault Tree Analysis）およびFMEA（Failure Mode and Effects Analysis）を用いながら信頼性の検討を行うことを目的とします。

◎信頼性展開の一例

手順1　FMEAチャートを作成します　　　　　　　FMEAチャート

サブシステム	構成品	故障モード	推定原因	サブシステムへの影響	システムへの影響	発生頻度	厳しさ	検知難易	危険優先数	故障等級
上側押さえ部	ハンドル	凹み	落下	持ちづらい	特になし	3	3	1	9	Ⅲ
	ドライバ	曲がる	ムリな押し込み	針が折れる	紙が綴じられない	3	5	3	45	Ⅱ
下側受け部	下部アーム	凹み	落下	不安定になる	正しく綴じられない	1	1	1	1	Ⅲ
	クリンチャ	変形	紙以外を綴じる	とめられない	曲がって綴じられる	1	5	3	15	Ⅲ
針供給部	マガジン	変形	劣化	針が出せない	紙が綴じられない	3	3	3	27	Ⅱ
	ばね	切断	引っかかり	針が送れない	紙が綴じられない	5	5	5	125	Ⅰ
	プッシャ	割れ	引っかかり	針が送れない	紙が綴じられない	4	3	3	36	Ⅱ

発生頻度	厳しさ	検知難易	故障等級
5:たびたび発生する	5:機能不全	5:壊れるまで不明	Ⅰ:要改善
3:たまに発生する	3:機能低下	3:よく見れば分かる	Ⅱ:要観察
1:めったに発生しない	1:機能に問題なし	1:すぐ気が付く	Ⅲ:現状維持

手順2　要検討構成品を抽出します　　　　　　要検討構成品

■要検討構成品
故障等級ⅠとⅡの材質や形状を検討することにしました。

2-5 DRとトラブル予測、FMEA、FTA

● (1) DRとトラブル予測

DR (デザインレビュー：Design Review) とは、設計審査と呼び、関係するメンバーが、設計のできばえを審査し、設計の各段階が完了した時点で、設計の適切性を確認するために会議体を設けて検討します。

製品やサービスをつくり込むプロセスで予想されるトラブルに対して、見落としや検討不足がないかどうか、設計段階でチェックする必要があります。

DRでは、専門家が設計内容を吟味して、予想される問題を指摘し、事前に対策を検討してトラブルの未然防止を図ります。

● (2) FMEAとは

FMEA (Failure Mode and Effects Analysis) とは、故障モードと影響解析のことで、故障モード→システムへの影響を評価する手法です。FMEAは従来の経験と知識を活用する系統的な技術手法であり、その手順は、以下のように推測していくものです。

①もしこの部品が故障したら？
②どんな故障が？
③それは組立品にどんな影響が？
④それは製品にどんな影響が？
⑤それはどの程度重要な問題なのか？
⑥どんな予防対策をすればよいか？

また、上記⑥の予防対策の考え方は以下のとおりです。
①まず、危険優先数の高い故障モードを取り上げます。
②故障モードを発生させる確率ランクが高い場合は、故障の発生源を除去することに重点をおいた改善がなされる必要があります。
③故障モードを検知し得ない確率ランクが高い場合には、検知の対策に重点をおいた改善がなされる必要があります。

● （3）FMEAの実施手順

FMEAの実施手順は、次のとおりです。

手順1　製品の目的と分解レベルを設定します。

製品の目的と、システムをどこまで分解するかを設定します。

ここでは、新しいドライヤーの例を取り上げて説明します。

◎ドライヤーの目的と部品構成図

> 任　　　務：必要なときに温風を出し、整髪に使用する。
>
> 分解レベル：部品あるいは数個の部品で構成された組み立て品を
> 　　　　　　分解レベルとする。

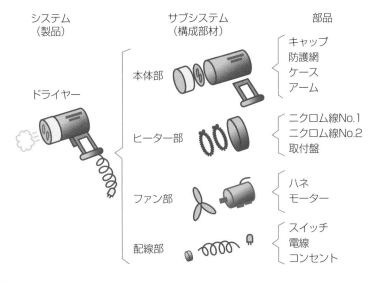

手順2　信頼性ブロック図を作成します。

上記の範囲で信頼性ブロック図を作成します。通常、製品—サブシステム—部品の範囲で信頼性ブロック図を作成します。

信頼性ブロック図は、構成品とサブシステム、サブシステムとシステムとの間の機能の伝達を示し、それぞれの機能的結合を明確にしようとするものです。信頼性ブ

ロック図は、構成品を1つのブロックとして箱で示し、それらのブロックを線で結び付けたものです。次にドライヤーの信頼性ブロック図を示します。

◎ドライヤーの信頼性ブロック図

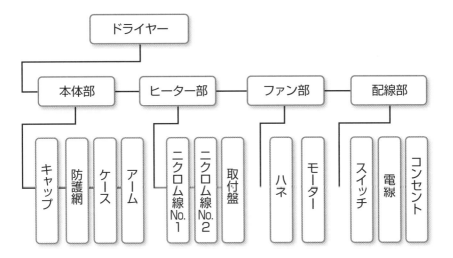

手順3 FMEAチャートを作成します。

　構成品ごとに、故障モード、推定原因、システムへの影響を検討し、故障モードごとに、発生頻度、厳しさ、検知難易で評価し、危険優先数を計算します。そして、結果から故障等級を設定します。

　故障モードは、機能ブロックごとに、かたっぱしから列挙していきます。故障の推定原因については、類似のシステムの過去の報告書やフィールド・データを参考にして、多くの人の意見を集め、専門家の意見を聞き、十分検討をします。

　そして、システムへの影響評価を行います。具体的には、列挙した故障モードが発生した場合のサブシステムへの影響を考え、システムへの影響を評価します。

　以上を表したのがFMEAチャートです。

◎ドライヤーのFMEAチャート

構成部材			システムへの影響評価				評価			
システム	サブシステム	部品	故障モード	推定原因	サブシステムへの影響	システムへの影響	発注頻度	厳しさ	検知難易	危険優先数
ドライヤー	本体部									
	ヒーター部	ニクロム線No.1	断線	劣化	熱くならない	温風が出ない	3	5	3	45
		ニクロム線No.2	断線	劣化	熱くならない	温風が出ない	3	5	3	45
		取付盤	破損	衝撃	がたつく	待ちづらい	1	3	1	3
	ファン部									
	配線部									

発生頻度	厳しさ	検知難易
5：たびたび発生	5：機能不能	5：検出不能
3：普通に発生	3：機能低下	3：比較的可能
1：ごくまれに発生	1：影響なし	1：目視で検出

危険優先数：(発生頻度)×(厳しさ)×(検知難易)

手順4 要検討構成品を抽出します。

ドライヤーのFMEAチャートから、「ニクロム線」が重要検討部品であることが分かりました。

● (4) FTAとは

FTA (Fault Tree Analysis)は、絶対起こってはならない事故・トラブルをトップ事象として一番上におき、これに影響を与えるサブシステムや部品の故障状態について関連が明らかになるようにする、トップダウン方式の考え方を用いた手法です。

FTAの実施方法は次のとおりです。

①製品(システム)の故障を選定します。
②故障の原因をサブシステム、部品まで展開します。
③上記で得られた故障と原因の因果関係を、論理ゲートを用いて結び付けていきます。
④解析・評価をします。

●（5）FTAの実施手順

FTAの実施手順は、次のとおりです。

手順1 取り上げるトップ事象を設定します。

手順2 重大事象を基本事象まで展開します。

FTAでは、事象記号（展開事象、基本事象、非展開事象）と論理ゲート（ANDゲートとORゲート）を用いて、因果関係を"木"構造のFT（Fault Tree）図で表現します。

- ・事象記号：トップ事象、展開事象、基本事象、非展開事象
- ・ANDゲート：すべての下位事象が共存するとき上位事象が発生します。
- ・ORゲート：下位事象のうちいずれかが存在すれば上位事象が発生します。

FT図では、1つの下位の事象が起これば、上位の事象が起こる場合、「ORゲート」を用いて表します。

FT図に用いられる記号には、次のようなものがあります。

◎FTAに用いる主な記号

種類	記号	名称	説明
事象記号		展開事象	さらに展開されていく事象
		基本事象	これ以上、展開することができない基本的な事象
		否展開事象	これ以上の展開は不要な事象、現技術力では展開が不可能な事象
論理記号		ANDゲート	すべての下位事象が共存するときのみ上位事象が発生する
		ORゲート	下位事象のうちいずれかが存在すれば上位事象が発生する
		制約ゲート	ゲートで示される条件を満たす場合のみ出力事象が発生する

手順3 **各基本事象の発生確率を予測し、トップ事象の発生確率を計算します。**

発生確率の計算方法は、次のとおりです。

①基本事象の発生確率を求めます。

②展開事象の発生確率を求めます。

・論理ゲートがANDの場合、下位事象の発生確率を掛け合わせます。

・論理ゲートがORの場合、下位事象の発生確率を足し合わせます。

③トップ事象の発生確率を求めます。

次の図では、「建物内の停電発生」をトップ事象として、停電の原因を基本事象まで展開し、基本事象の発生確率からトップ事象の発生確率を求めています。

発生確率が図のとおりとすると、トップ事象「建物内の停電」が発生する確率は、

展開事象「電源OFF」の発生確率　$0.1 + 0.2 + 0.1 = 0.4$

展開事象「発電不可」の発生確率　$0.05 + 0.05 = 0.1$

展開事象「配電不可」の発生確率　$0.1 + 0.1 + 0.1 = 0.3$

したがって、トップの発生確率は

トップ事象「建物内の停電発生」$0.4 \times 0.1 \times 0.3 = 0.012$

となります。

◎故障確率の計算

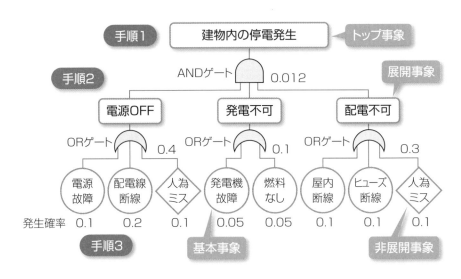

2-6 品質保証のプロセス、保証の網（QAネットワーク）

● (1) 品質保証とは

　品質保証の方法として、結果の保証があります。でき上がった製品やサービスを検査して、ねらいからかい離しているときは、破棄します。あるいは、手直しすることで、提供する製品やサービスの品質を保証します。

　一方、**プロセスによる保証**とは、ねらいどおりの結果が得られるプロセスを確立することにより、効果的・効率的にお客様や社会のニーズを満たす製品やサービスを提供することを保証する活動です。

● (2) 保証の網 (QA ネットワーク)

　保証の網（QAネットワーク）とは、品質保証項目や不具合・誤り項目と工程（プロセス）との関連性をマトリックスで表した図表です。

　図表中には、各品質保証項目や不具合項目に対して、どの工程で発生防止や流出防止を実施するのかをまとめてみます。

　縦軸には品質保証項目、横軸に工程をとってマトリックスをつくり、図表中の対応するセルにおいて、発生防止や流出防止の対策のレベルを記入します。

◎QAネットワークの概念

2-7 製品ライフサイクル全体での品質保証

　近年、環境や健康被害の問題、重大な製品リコールの問題など、社会的に影響の大きい品質に関するトラブルが頻発しています。そのため、製品やサービスを提供したときの品質だけでなく、提供者の信頼性、使用時の安全性、廃棄容易性、環境への影響の観点から品質を検討し、品質保証を考えていく必要があります。したがって、**製品のライフサイクル**全体にわたって品質保証を行うことが求められています。

2-8 製品安全、環境配慮、製造物責任

●（1）製品安全

　お客様が製品やサービスを購入し、使用する過程において、危害や危険が生じる恐れがないように、製品やサービスの安全性に十分に配慮します。

　企業・組織は、企画、設計、開発、調達、生産、販売、アフターサービス、廃棄に至る過程で、製品のライフサイクル全体にわたって安全性を追求することが求められます。特に、企画、開発、設計段階において、FMEAやDRを活用して、予想される危害や危険への対策を施し、安全をつくり込みます。

◎**製品安全**

製品のライフサイクル全体にわたって品質保証を行う

●（2）環境配慮

　製品やサービスは、調達、生産、流通、使用、廃棄に至るまでの製品ライフサイクルにおいて、環境に何らかの影響を及ぼしています。また、社会では、地球環境保護の意識が高まっており、環境に配慮した製品やサービスが求められるようになってきています。

　したがって、企業・組織は、企画設計の段階から、使用、廃棄までのライフサイクルを考慮し、環境に配慮した品質保証が求められています。

●（3）製造物責任

　製造物責任（PL：Product Liability）とは、販売した欠陥のある製品やサービスをお客様が使用し、身体に障がいまたは財産に損害を受けたことに対する企業・組織の賠償責任のことです。

　1995年7月に、製品やサービスの欠陥によって生命・身体、または財産に損害を被った場合、被害者は製造会社・組織などに対して損害賠償を求めることができる、という**製造物責任法（PL法）**が施行されています。

　製造物責任を果たすため、企業・組織は製品やサービスの安全設計に努めなければなりません。さらに、ビフォアサービスにおいて、取り扱い方法や安全上の注意点を克明に記載した取扱説明書を添付する必要があります。こういったことを**製造物責任への対応（PLP：Product Liability Prevention）**といいます。

◎製造物責任および製造物責任への対応

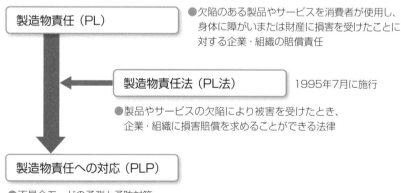

製造物責任（PL）
●欠陥のある製品やサービスを消費者が使用し、身体に障がいまたは財産に損害を受けたことに対する企業・組織の賠償責任

製造物責任法（PL法）　1995年7月に施行
●製品やサービスの欠陥により被害を受けたとき、企業・組織に損害賠償を求めることができる法律

製造物責任への対応（PLP）
●不具合モードの予測と予防対策
　・取扱説明書の充実
　・製造工程の品質管理

2-9 初期流動管理

初期流動管理とは、量産初期の品質保証ステップを着実に実施していくための管理です。特に、製品の量産に入る立ち上げの段階で、また、工程の大幅な変更が実施されたあと、設計変更がなされたときなどに、量産安定期とは異なる特別な体制をとって情報を収集し、スムーズな立ち上げを図ることです。

このために、普段よりも頻度を多くしてデータをとったり、サンプルサイズを増やしたりします。立ち上げのときはトラブルが起きやすいので、特別な管理体制を設けるものです。

初期流動管理は、新製品、新材料、新設備が一定期間で基準目標値を達成できるように実施事項に取り組み、生産工程の安定化をはかる管理体制整備活動といえます。初期流動管理の対象となるのは、一般に以下の①～④のような場合です。

①新製品を生産するとき。
②新材料や新部品を使用するとき。
③設備を新設、または従来の設備を大幅に変更したとき。
④久しぶりの製品の生産や久しぶりの材料・部品・設備の使用のとき。

上記④は①～③とは異質ですが、**3H管理**（初めて、変更、久しぶり）の3つめの項目として注目されており、初期流動管理の対象に加えます。

初期流動管理では、初期の製品に関する品質の情報を多く収集し、そこで発見・検出された不適合に対する是正処置を迅速に行い、根本的な対策を確実に実施することが重要です。このことにより、顧客満足度を向上させ、理想的な定常の生産体制に入ることが可能となります。また、初期流動管理の時期には、量産体制に移行するために以下の作業を行います。

①必要な標準類の整備
②製造に必要な材料や部品の調達
③製造に必要な設備の準備
④作業者に対する教育・訓練の実施

◎初期流動管理

①必要な標準類の整備　　③製造に必要な設備の準備
②製造に必要な材料や部品の調達　④作業者に対する教育・訓練の実施

量産体制

初期流動管理

①新製品を生産するとき
②新材料や新部品を使用するとき
③設備を新設、または従来の設備を大幅に変更したとき
④久しぶりの製品の生産や久しぶりの材料・部品・設備の
　使用のとき

2-10 市場トラブル対応、苦情とその処理

　苦情とは、お客様およびその他の利害関係者が、製品やサービスまたは、組織の活動が自分のニーズに合致しないことに対して持つ不満のうち、供給者あるいは供給者に影響を及ぼすことができる第三者へ表明したもの（JSQC定義）です。**クレーム**とは、不満の表明だけでなく、具体的に、修理、取り替え、損害賠償など、「具体的請求を行うもの」です。

　苦情の処理については、応急処置の手順、クレームの解析と再発防止、クレーム情報の活用などのしくみをつくり実行します。

◎苦情とクレーム

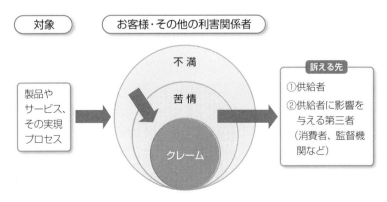

3-1 作業標準書

● (1) 作業標準書とは

　作業標準書とは、「材料や部品を規定する規格で定められた材料・部品を加工して、製品規格で定められた品質の製品を効率的に製造するため、製品のばらつきの要因となる、使用する機械・材料、作業方法、作業条件、作業者や管理方法などについての製造作業における標準の総称」です。作業要領、作業手順書、作業マニュアルなどとも呼ばれます。作業者が、この作業標準書に基づいて作業や業務を実施するものです。

　また、作業標準書は顧客の要求品質をできるだけ効率的に実現するための作業およびその手順を文書化したものであり、なすべき仕事について行われた分析と総合の最終成果ともいえます。そのため、作業の担当者が交代した場合でも同じ作業が行われ、その結果、同じ成果が得られることを確実にする手段です。

3-2 プロセス (工程) の考え方

● (1) プロセスとは

　プロセス (工程) とは、製品やサービスをつくる源泉です。**工程管理**とは、工程の出力である製品やサービスの特性のばらつきを低減し、維持するための活動です。その活動過程で、工程の改善、標準化、および技術蓄積を進めていきます。

　工程管理を確実に実施するには、工程においてつくり込むべき品質を明らかにし、管理基準をつくり、検査方式を決めます。管理図などを使って品質達成状況の確認を行って**PDCAの管理のサイクルを回**していくことです。

3-3 QC工程図、フローチャート

製品の生産や提供に関する一連の工程（プロセス）の流れを図に表ししたものを**フローチャート**といいます。この工程の流れに沿って、各段階での管理項目や管理方法などを記載したものが**QC工程図**です。次の例は、電柱に通信設備を共架空する際に必要な手続き関係をフロチャートに表したものです。

QC工程図には、工程のフロー、作業の手順、管理項目、点検項目、管理方法、品質特性、検査方法などが一覧表の形でまとめて記載されています。工程の各段階で「誰が」「いつ」「どこで」「何を」「どのように」管理するのかを具体的に定めたものです。

◎ QC工程図の一例

業務プロセス		作業内容	管理方法					備考
区分	プロセス		管理項目	管理水準	管理者	管理時期	帳票	
準備調整	計画との整合	計画書と実施事項の確認を行う						
	器材の準備	測定機器の動作確認	測定器の動作有無	測定器の基準どおり	リーダー	各作業直前	帳票A	
	手順の確認	作業手順を作業者全員で確認する						
点検実施	器材取り付け	点検器材の配線を行う	確実な配線	作業マニュアルどおり	各作業者	配線終了後	帳票B	
	点検実施	点検マニュアルどおり点検を実施する	点検箇所	作業マニュアルどおり	リーダー	作業中	帳票C	
	結果記録	測定値などの結果を帳票に記入する	記録項目	作業マニュアルどおり	リーダー	作業中	帳票D	
	後片付け	点検器材を片付ける						
記録整理	点検記録	記録を正確に記入する						

工程の流れ（プロセス）　　　管理項目　　管理方法

3-4 工程異常の考え方とその発見・処置

　異常とは、プロセスに何かが発生し、製品やサービスなどの品質が通常と異なる悪い結果になることです。

　異常を発見したら、原因を追究し、早急に処置を行います。処置には応急処置と再発防止があります。応急処置にあたっては、異常の発生と処置について、関係する責任者（上司）に対し、報告・連絡・相談（報連相：ほうれんそう）を行い、早急に対処します。再発防止は、時間をかけて、4M（人、機械、方法、材料）のどこに原因があるのか突きとめ、しくみの改善を行います。

3-5 工程能力調査、工程解析

　工程における特性と要因の関係を明らかにすることが工程解析であり、工程能力調査とは、工程を調べ、これを規格・図面と対比して評価することをいいます。

　製品のばらつきは、さまざまな要因によって左右されます。したがって、製品品質の改善のため、これまでに得た経験や勘だけに頼るのではなく、事実としてのデータを解析して真の原因を把握し、工程における特性と要因の関係を明らかにすることが必要になります。このステップを工程解析といいます。

　一方、製品品質に着目して、工程の状態を把握する方法として工程能力調査があります。工程能力調査とは、工程を調べ、これを規格・図面と対比して評価することをいいます。

3-6 変更点管理、変化点管理

「変更」は要因を意図的に変化させる活動であり、その変更がその後の工程にどのような影響を与えるかをどう予測できるかがポイントとなります。一方、「変化」は工程の外にある要因が知らないうちに変化してしまうことです。その変化が工程にどう影響するかが問題となるので、変化の予測とその検知方法がポイントです。

自ら、製品およびサービスの仕様や4Mなどに関する変更を行う場合、変更に伴う問題を未然に防止しなければなりません。そのために、変更の明確化（変更の対象、内容、範囲、時期などの明確化）、評価（変更の目的の達成と他への影響の評価のこと）、承認、文書化、実行、確認を行い、必要な場合には処置をとる一連の活動を**変更点管理**といいます。場合によっては、顧客の承認を得る必要があります。

変化点管理とは、工程において意図せずに、何かが変化したと判断された際に、それによってトラブルや事故が起きないかどうかを十分に管理することをいいます。

◎変更点管理と変化点管理

変更点管理とは、工程のどこかに何らかの変更が生じたとき問題が発生しないように事前に手を打つこと

4Mなどの変更

トラブル予測

変化点管理とは、工程において何かが変化したと判断される場合に、トラブルが起きないように十分管理すること

3-7 検査の目的・意義・考え方 （適合、不適合）

　検査とは、提供しようとする製品やサービスがお客様の要求に合致しているか否かを判定することです。

　具体的には、①個々の製品やサービスに対して検査を実施し、適合／不適合を判定します。②ロットに対して検査を実施し、合格／不合格を判定します。

　検査の目的は、

①不合格品が後工程やお客様に渡らないように品質保証をすること。

②要求事項に適合しない製品やサービスを提供しないように予防すること。

③品質に関する情報を速やかに関係部門に報告すること。

です。

◎工程の流れと検査

受入検査	➡	工程間検査	➡	最終検査	➡	出荷検査
原材料や半製品の受け入れの判定をする検査		工場内で半製品を後工程に移動してよいかどうかを判定する検査		完成した製品が要求事項を満たしているかどうかを判定する検査		出荷直前に行う品質の確認のための検査

最終検査の終了後、直ちに製品が出荷される場合には、
最終検査が出荷検査になります。

3-8 検査の種類と方法

　検査を行う段階で分類すると、**受入検査**、**工程間検査**、**最終検査**、**出荷検査**に分けられます。

　受入検査とは、原材料や半製品の受け入れの判定をする検査、工程間検査とは、工場内で半製品を後工程に移動してよいかどうかを判定する検査です。最終検査とは、完成した製品が要求事項を満たしているかどうかを判定する検査、出荷検査とは、出荷直前に行う品質の確認のための検査です。

3-9 計測の基本

　計測とは、「ある量を、基準として用いる量と比較し、数値または符号を用いて表すこと」（JIS Z 8103:2000）です。長さや重さなどの物理量の測定では、単位の大きさを定めてこれを１とし、測定量が単位の何倍であるかを求め、その比で測定量の値を求めます。

　計測の方法には、直接計測と間接計測があります。直接計測とは、スケールやマイクロメータなどの計測器により、計測したいものの長さや重量を直接に計測する方法です。間接計測とは、計測しようとするものが直接測れない場合、他の方法で計測し、理論値から求める方法です。

◎**計測の基本**

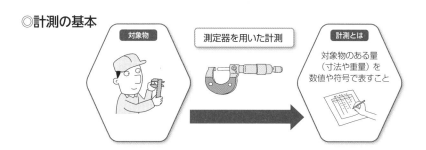

対象物　　　測定器を用いた計測　　　計測とは
対象物のある量（寸法や重量）を数値や符号で表すこと

3-10 計測の管理

計測の管理とは、計測の目的の対象、実施すべき計測の種類、計測機器、機器の要求精度などを明確にし、計測作業を定めることです。

計測を適切に行うためには、計測機器や計測作業に関する計測の管理が重要になります。そのために、定期的に測定器の点検を行い、機器の精度を維持します。また、定められた計測作業が適切に行われるかどうかの管理も必要です。

3-11 測定誤差の評価

測定誤差とは、「サンプルによって求められる値と真の値との差のうち、測定によって生じる部分」です。

◎誤差とは

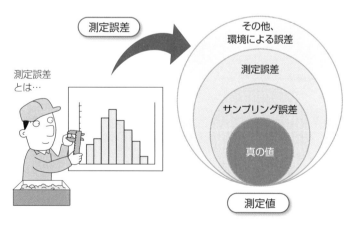

データは、サンプルから測定して得られるため、必ず測定誤差が伴ってきます。測定誤差を十分に小さくするには、測定器や測定方法を検討し、測定器の管理を十分に行います。

　誤差とは「測定値－真の値」、測定値とは「真の値＋サンプリング誤差＋測定誤差」、誤差は「**サンプリング誤差＋測定誤差**」でもあり、測定誤差には「測定器の誤差＋測定方法の誤差＋…」などが含まれます。

3-12 官能検査、感性品質

　感性品質とは、人間が抱くイメージやフィーリングなどの感性によって評価される部分です。パソコンでいえば「手触りがよい」「デザインがよい」などの言葉で表現される品質です。

　官能検査とは、人間の感覚（五感）を測定センサーとして評価するものです。市場調査、設計、開発などにおいて、食品のおいしさ、製品のデザインの美しさなど、人のとらえ方、受け取り方、嗜好を評価する場合に用います。このような検査を行う場合、感覚の質、嗜好度などの評価尺度を、事前に用意して測定する必要があります。

◎SD法による官能検査

味わい：5点

色合い：3点

雰囲気：4点

ワインの感性品質
$$\frac{5+3+4}{3} = 4.0$$

官能検査とは、人間の五感
などで製品やサービスを評
価すること

4-1　方針の展開とすり合せ

●（1）方針と目標

　方針とは、「トップマネジメントによって正式に表明された組織の使命、理念およびビジョン、または中長期計画の達成に関する組織の全体的な意図および方向性（JIS Q 9023:2000)」のことです。

　中長期経営計画などから重点課題が出されます。**重点課題**とは、品質方針や社長方針から達成しなければならない**重要実施項目**です。この重要実施項目について、**目標**と**方策**を策定します。

　経営環境の変化が激しい世の中で、企業・組織が生き抜くためには、経営のトップが方針を策定し、全社一丸となって同じ方向に進むことが必要です。

◎方針と目標の設定

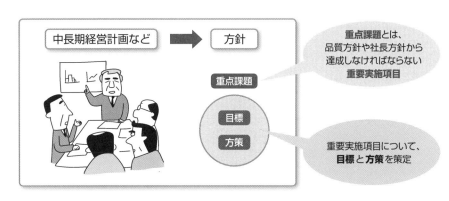

重点課題とは、
品質方針や社長方針から
達成しなければならない
重要実施項目

重要実施項目について、
目標と**方策**を策定

●（2）方針の展開とすり合せ

　方針の展開とは、組織の使命・理念・ビジョンに基づく中長期経営計画から方針を策定することです。この中長期経営計画方針に基づき、組織内の関連する部門や階層が重点課題を見つけ出し、部門や階層ごとに実施計画を策定し、方針を展開していきます。

実施計画を作成するにあたり、一貫性のある活動にするため、方針に基づいて組織の関係者が調整し、上位の重点課題、目標および下位の重点課題、目標、および方策のすり合せを行います。

　重点課題の方策の実施後は、実施状況の確認と処置を行います。

◎方針の展開とすり合せのしくみ

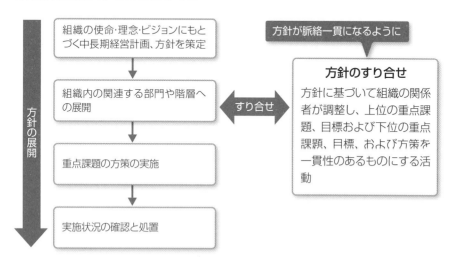

4-2　方針管理のしくみとその運用

　方針管理とは、重点課題の目標を達成するために、**実施計画**を策定し、実行し、その評価を行うことです。実施計画には、次の事項を含めることを基本とします。

1）関連する上位者の方針。

2）実施事項、担当者およびその責任・権限、実施日程、最終的な目標値、必要に応じて途中段階での目標値、目標の達成状況に関する異常の判断基準となる処置限界、確認の時期および頻度。

3）月単位などの、あらかじめ定められた期間に実施する内容・計画どおりに進めなかった場合に、必要な処置をとる責任者。

4）他部門との協力内容、必要な支援体制。

　方針管理は、部門が取り上げた重点課題の目標を達成することを目的として方針の展開を行い、実施計画を策定します。そして、各部門とのすり合せを行い、実行に移します。方策実施後は、**方策のレビュー**を行います。

◎**方針展開の一例**

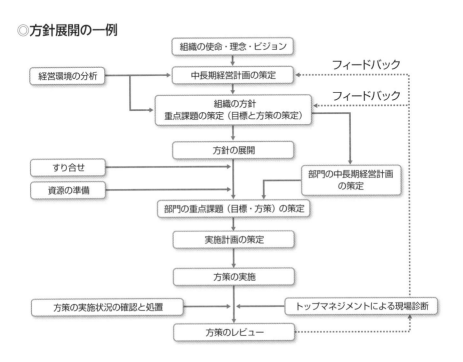

4-3 方針の達成度評価と反省

　方策の実施後は、方針の実施状況のレビューと次期に向けての反省を行います。実施状況の把握とともに目標と実績の差異を分析します。目標が達成されれば、その成果を日常業務の中へ導入します。もし、目標が未達なら、原因を追究し、実施内容に問題があったのか、計画書に問題があったのかを分析し、それぞれのところへフィードバックします。

　期末のレビューは、方針およびその実施状況の適切性、妥当性、有効性、効率などを評価することを意図しています。

　実施状況のレビューにあたっては、目標の達成度と方策の実施度合いの両方を評価します。そのうえで、未達成の原因を明確にします。

　方針管理を改善していくにあたり次の事項を考慮します。

1）目標を達成するための方策が適切であったか。
2）目標の達成状況を正しく評価できる管理項目を定め、自部門の能力を十分に考慮して目標を設定したか。
3）方策の実施にあたって、完了予定日、役割分担などを明確にし、途中の確認および処置を着実に行っていたか。
4）関連する部門との連携はよかったか。

◎レビューのしくみの一例

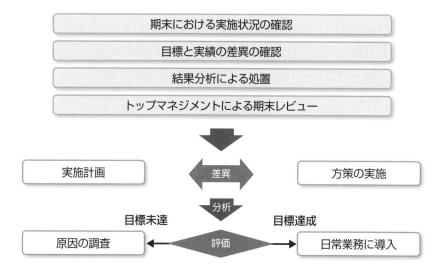

　方針管理とは、会社の経営理念、中長期経営計画などに基づいて出された年度経営方針（社長方針）を達成するために、各段階がそれぞれの方針を調和し、整合した形で展開・策定（Plan）して、それを実施（Do）し、結果の確認（Check）を行い、必要な対策（Act）をとる組織的な管理活動です。

　方針がうまく全社に展開しているかどうかを、社長自ら診断する場として社長診断会があります。

5-1 マトリックス管理

　組織が大きくなればなるほど部門別の組織となり、組織間だけでなく組織内にも組織の壁というものができやすくなり、横の連携が極めて難しくなってきます。そのため、組織の目的を効果的に達成していくためには、横の連携を強くしていく必要があります。

　この横の連携ができていればよいのですが、なかなかそのようになりません。そのため、この縦の組織管理と横の組織管理について、マトリックス図を用いてそれらの関連性を明確にした**マトリックス管理**が必要になってきます。

　例えば、すべての部門が関係する、品質、コスト、納期、安全などは、1つの部門が正しく機能しないだけで問題が生じることが多いものです。したがって、各部門が品質保証という機能で確実につながり、効率的に品質保証活動を実施していく必要があります。縦の組織管理を**部門別管理**、横の組織管理を**機能別管理**に対応させ、全体の組織をマトリックス的に管理していくことを**マトリックス管理**といいます。

◎マトリックス管理

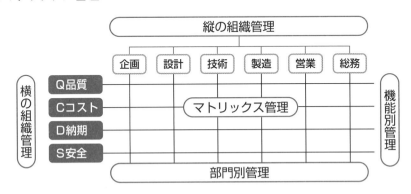

5-2 クロスファンクショナルチーム (CFT)

　企業では、職制に応じて、企画・設計・技術・製造・営業・総務などの単位で部門別管理を行っています。しかし、部門ごとに仕事を進めていくと非効率になったり、ばらつきが出てきます。そのため、企業の全社的な立場から、品質、コスト、納期、安全などの各経営要素について機能別に計画を立案・実施し、全社的立場から結果を評価し、必要なアクションをとっていく活動があります。これを**機能別管理**といいます。

　CFT (**クロスファンクショナルチーム**) とは、上記の部門別管理と機能別管理をうまく活用するために、部門横断的にさまざまな経験・知識を持ったメンバーを集め、全社的な経営課題について検討し、解決策を提案していくことを目的とした組織です。部署として常設する場合と、プロジェクトとして一時的に立ち上げる場合があります。

◎クロスファンクショナルチーム (CFT) とは

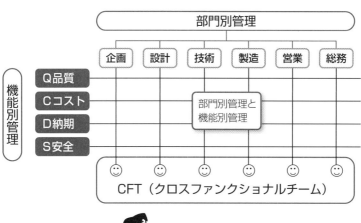

5-3 機能別委員会

関係する人たちが集まって、問題解決やしくみの改善を行ったりする品質会議、CFTの活動をはじめとする部門横断的なプロジェクト活動、役員で構成する品質保証会議や原価管理委員会、QCD＋PSMEなどの機能別の責任と権限を明確にした**機能別委員会**を設置して運用していきます。

5-4 機能別の責任と権限

機能別管理とは、組織を運営管理するうえで基本となる要素（例えば、品質、コスト、納期、安全など）について、それぞれの要素ごとに部門横断的なマネジメントシステムを構築し、当該要素に責任を持つ委員会などを設けることによって総合的に運営管理し、組織全体で目的を達成していく手法のことです。

多くの部門に関わってくる組織全体の活動の改善をその一構成部門が行うのは一般に困難であり、部門を超えた委員会によって行うほうがよいので、これは本来トップマネジメントの職務です。機能別委員会はこれを代行するものといえます。

委員会の委員長は、その委員会が取り扱う問題を直接担当していない経営者、場合によってはトップマネジメント自身が担当する場合がベターであり、当該要素に関する組織のマネジメントシステムを最も効果的、かつ、効率的に運営管理するためのシステムづくりが必要になります。

機能別管理とは、企業の全社的な立場から、品質、コスト、納期等の各経営要素について機能別に計画を立案し、各実施部門の日常管理、方針管理を通じて実施し、実施結果を全社的立場から評価し、必要なアクションをとっていく活動です。方針管理、日常管理とともに、TQM（総合的品質管理）活動における経営管理システムの柱の1つです。

●（1）品質管理

　品質管理活動を進めていくうえで、部門間にわたる事象や統括的な作業、例えば、お客様ニーズの把握、クレーム対応、全社的な品質保証体系の構築などを策定し、実施していくことです。これには、各部門からエキスパートを選りすぐりTQM推進事務局などを設置して推進していくこともあります。

●（2）コスト管理

　コスト管理とは、原価の標準を設定してこれを指示し、原価の実際の発生額を計算・記録し、これを標準と比較して、その差異の原因を分析し、これに関する資料を経営管理者に報告し、原価能率を増進する措置を講ずること、と定義されています。

　コストとは、製品1個あたりにかかった費用のことです。また、これに、生産数量を掛けて、材料費、労務費、間接費などもコストに含める場合もあります。

　コスト管理では、まず原価のあるべき姿（標準原価）を設定して、実際にかかった原価（実際原価）を計算します。次にその標準原価と実際原価を比較して、その差異を分析します。最後に、差異分析の結果を経営管理者（社長）に報告して、差異のあるところに対して、対策を打ちます。

　コスト管理の活動を行うことで、原価が下がります。「売上－原価＝利益」ですので、利益が増えます。

●（3）納期管理

　納期管理について、JISでは次のように定義しています。

　「生産活動にあたって、外部からの適正な品質の資材を必要量だけ、必要な時期までに経済的に調達するための手段の体系」です。

　要するに、納期管理は、材料や部品などを外部から購入する場合に、決められた部品、材料を要求どおりの品質、価格で、決められた期日（納期）で調達することです。

●（4）安全管理

　安全管理とは、事業活動に伴う災害の予防と処置のために実施する活動です。企業が実施する体系的方策をいいます。労働者の安全を確保することが第一の目的ですが、工場周辺の住宅や諸施設に被害を与えないことも重要な目的で、さらに結果的には企業の事業活動の安定・発展に寄与することになります。従業員の安全に関

する法的措置も加わり、危険予防施設・衛生設備の設置が定められています。

◎方針管理と日常管理の関係

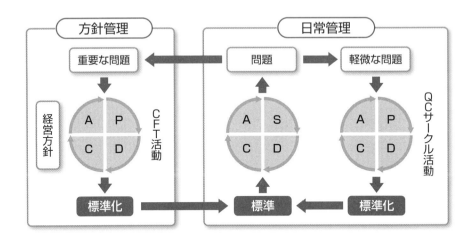

　方針管理とは、方針等を定め、それらの方針を効率的に達成するため、企業組織全体の協力のもとに行われる、課題を達成する活動をいいます。方針管理の改善の対象は、**日常管理**を実施する中で発生した重要な問題に対するものや、経営方針を受けての活動となります。そのため、資源「人、物、金」の投入が行われ、特に部門横断的な内容については、クロスファンクショナルチーム（CFT）などで取り組みます。
　日常管理とは、担当業務の目的を効率的に達成するために、日常的に実施しなければならないすべての業務活動です。また、日常管理を進めていくうえで発生した軽微な問題は、QCサークル活動のテーマとして取り上げていきます。

6-1 変化点とその管理

● (1) 管理項目と管理尺度

　管理項目とは、目標の達成を管理するために、管理尺度として選定した項目です。担当する業務について、目的どおり実施されているかどうかを判断し、処置をとるために定めた項目を管理尺度と呼びます。

　管理項目には、結果を確認する項目としての管理点（結果系管理項目）、要因を確認するための点検点（要因系管理項目）があります。上位の職位は主に管理点を用いて、下位の職位は点検点を用いて管理します。

　管理項目一覧表とは、管理項目、管理方法、管理水準などを集約したものです。QC工程図も管理項目一覧の1つです。

◎管理項目、管理尺度、管理水準とは

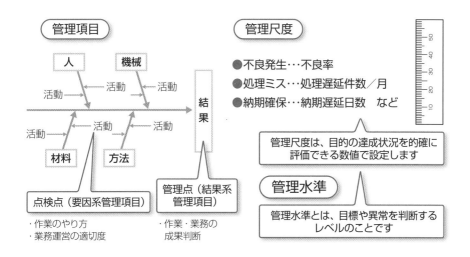

●（2）変化点とその管理

　変化点とは、工程の外にある要因の変化が発生した時点をいいます。

　変化点管理とは、工程において意図せずに、何かが変化したと判断される場合に、トラブルが起きないように十分管理することをいいます。一般的に外部からの変化や4Mに関係する変化などに対して対応をとります。この場合は、予測に基づく変化点が基準になります。

◎変化点とその管理

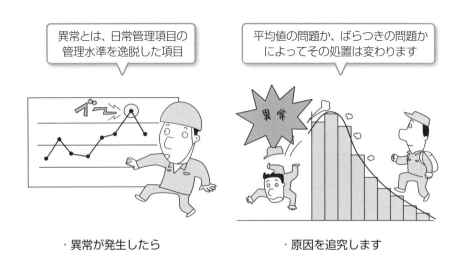

・異常が発生したら　　　　　　　　・原因を追究します

　「変化」は、工程の外にある要因が知らずに変化してしまうことです。その変化が工程にどう影響するかが問題となるので、変化の予測とその検知方法がポイントです。

7-1 標準化の目的・意義・考え方

　製品やサービスには、お客様の要望事項の実現や法基準の順守を目的に、標準や規格があります。これらを満足するやり方や基準を決めることが標準化です。

　標準化の意義には、

①形状、大きさを同一にする。
②製品の品質を一定に保つ。
③情報を分かりやすい絵にする、特定のラベルを付ける。
④商品に目印を付ける。

などがあります。

　標準化の考え方は、お客様と企業の間の対立や企業同士の対立をなくすために、利害関係者のすべてができる限り合意できるような努力をしていくことです。

　標準とは、よい仕事をするためのルールであり、このルールを決めて守っていく活動を「標準化」といいます。

　標準（Standard）とは、「関係する人々の間で利益または利便が公正に得られるように統一・単純化を図る目的で、物体・性能・能力・配置・状態・動作・手順・方法・手続きなどについて定めた取り決め」のことです。

　標準化（Standardization）とは、「実在の問題、または起こる可能性のある問題に関して、与えられた情報において最適な程度の秩序を得ることを目的として、共通に、繰り返して使用するための約束ごとを確立する活動」のことです。

　規格（Standard）とは、「標準のうち、品物に関係する技術的事項」です。一般的には、作業規格、国家規格、団体規格など、本来は標準と呼ぶべきところを規格と呼んでいることが多いものです。

7-2 社内標準化とその進め方

　社内標準とは、個々の組織内で組織の運営、成果物などに関して定めた標準のことで、**社内規格**とも呼ばれています。その社内標準を作成し、運用していくことを**社内標準化**といいます。

　社内標準には、①社内標準、②作業標準・作業マニュアル、③社内規定、④QC工程図などがあります。

　社内標準・社内規格は、常に組織の実情に合った内容とするため、その標準や規格に関係する要素が変更された場合には、必ず見直しを行う必要があります。

◎社内標準化の進め方

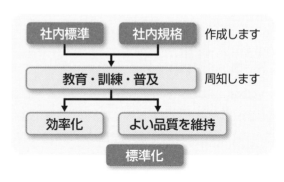

7-3 産業標準化、国際標準化

　産業標準化とは、産業分野における標準化です。「日本産業規格の制定」と「日本産業規格 (IS) との適合性に関する制度」があります。

産業分野における標準化を**産業標準化**といいます。日本での産業標準化制度は、産業標準化法に基づいて「日本産業規格の制定」と「日本産業規格（JIS）との適合性に関する制度（表示認証制度および試験所認定制度）」により運用されています。

　産業標準化の目的としては、①鉱工業品の品質活動、②生産能力の増進、その他生産の合理化、③取引の単純公正化、④使用または消費の合理化、⑤公共の福祉の増進などが挙げられます。

◎産業標準化とは

　国際標準化とは、ISO（国際標準化機構：International Organization for Standardization）による、統一または単純化を目的とした取り決め（国際規格）です。国際的な統一または単純化を目的とした取り決めが国際規格です。各国が協力して国際規格を作成し、運用していくことを**国際標準化**または**国際標準化活動**といいます。

　国際標準化の代表的な国際機関として、電気・電子分野以外の広い範囲について**国際規格の作成を行っているISO（国際標準化機構）**、および電気・電子技術分野全般にわたる国際的な規格の作成に従事しているIEC（国際電気標準会議）があります。

ISO 9001は、1987年に世界共通の品質保証システムとして、ISOにより制定された国際規格のことです。

8-1 品質教育とその体系

　品質教育とは、「顧客や社会のニーズを満たす製品およびサービスを効果的、かつ、効率的に達成するうえで必要な価値観、知識および技能を組織の全員が身に付けるために行う体系的な人材育成の活動」です。

　"品質管理は教育に始まって教育に終わる"といわれています。したがって、最も重要な経営資源である人材を育成する方針を明確にして、長期的な視点から人材育成計画を策定することが重要です。組織の持続可能な成長のためには、人材育成計画に準拠して品質管理教育をたゆまず実施していかなければなりません。

　最も重要なことは、日常業務を通して計画的に行うOJTです。各職場の責任者は、職場そのものを教育・訓練の場として活用します。自社の規模その他の条件を十分考慮して、効果的な教育計画を立て、これを実施する責任があります。また、対象の職位、職掌のみではなく、個々人の教育計画とその成果なども把握しておく必要があります。

◎品質教育体系の一例

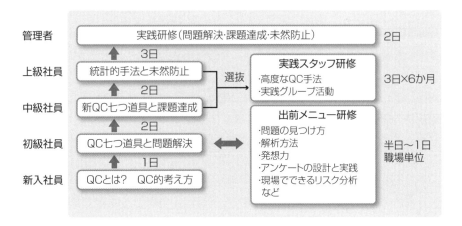

第9章　品質経営の要素：診断・監査

9-1 品質監査

　TQMにおけるトップ診断の考え方は、元来、デミング賞の審査方法に由来するものであり、会議形式と現場調査形式があります。各社の組織形態や方針の内容、診断する項目に合わせて適宜選択することになります。

　トップ診断はQCD＋PSMEはもちろんのこと、サービスの質、人の質、仕事の質、組織の質など、あらゆる質に関してのQの診断が基本となります。

　基本機能はあくまで身体（プロセス）の健康状態を診るための、トップにより行われる組織活動のチェック（check）です。診断はヒアリングが基本であるので、互いの信頼とコミュニケーションが前提であり、基本となります。

　また、従来の監査とは、悪いところを見つけて是正していくことが中心でしたが、品質監査はそういう一面もありつつ、いいものを診断し、そのノウハウをよそに伝えるという面を持っています。これを水平展開といいます。

9-2 トップ診断

　トップ診断の目的は、システムやプロセスをチェックして改善に結び付けることです。

1）トップの目標が部門の実行計画に展開されているか、その目的の達成状況を確認します。そのため、次のようなTQMの視点で確認します。
　　・お客様指向になっているか
　　・本気度は
　　・論理的か
　　・戦略は

第9章 品質経営の要素：診断・監査

59

・挑戦（現状打破）的か

・重点指向になっているか

・事実に基づいているか

・プロセス重視で行われたか

・視野は広いか（全体最適か）

・目標と方策、管理項目の整合性はとれているか

・目標は達成可能であったか

2）トップとして次の点を明確にします。

・何か困っていることはないか

・支援することは何か

3）トップと各部門長とのコミュニケーションを良好にします。

トップ診断の進め方の手順は次に示すとおりです。

①診断計画

診断時期は活動計画立案時期または結果の出る時期がよい。

②診断単位

社長の直接指揮下にある本部、事業部、工場などが考えられます。

機能別管理を行っている組織では、機能を1つの診断単位とします。

③診断者

診断は社長自ら行うことが基本です。ただし、大きな組織では、現実的にはトップマネジメント（経営層）が手分けをして行うことになります。

④診断テーマ

診断テーマは受審部門の方針管理における重点項目から選定します。

⑤診断資料

診断資料は受審部門が作成し、前回の議事録とともに1週間前には診断者に配付します。

⑥診断結果のまとめ

各診断の記録をまとめ、経営会議に報告します。経営方針・目的および目標の見直しや品質マネジメントシステムの見直し、製品の品質改善、ならびにそれらの経営資源の検討に用います。

10-1 品質マネジメントの原則

品質マネジメントシステムとは、お客様の満足をねらいに、一丸となって品質保証システムを構築していくことです。

● 品質マネジメントの7原則

原則1　お客様重視

企業・組織は、そのお客様に依存しており、そのために現在および将来のお客様ニーズを理解し、お客様の要求事項を満たし、お客様の期待を超えるように努力することが望ましいものです。

原則2　リーダーシップ

リーダーは、企業・組織の目的および方向を一致させることが求められます。リーダーは、人々が企業・組織の目標を達成することに十分に参画できる内部環境をつく（創）りだし、維持することが望ましいものです。

原則3　人々の積極的参画

すべての階層の人々は、企業・組織にとって最も重要なものであり、その全面的な参画によって、組織の便益のためにその能力を活用することが可能となります。

原則4　プロセスアプローチ

活動および関連する資源が1つのプロセスとして運用管理されるとき、望まれる結果がより効率よく達成されます。

原則5　改善

企業・組織の総合的パフォーマンスの継続的改善を企業・組織の永遠の目標とすることが望ましいものです。組織の目標を効果的で効率よく達成することに寄与します。

原則6　客観的事実に基づく意思決定

効果的な意思決定は、データおよび情報の分析に基づいています。

原則7　関係性管理

組織およびその供給者は相互に依存しており、両者の互恵関係は両者の価値創造能力を高めます。

(出典:品質マネジメントシステム規格国内委員会資料)

● (1) ISO 9001とは

ISO＝国際標準化機構とは、International Organization for Standardization のことですが、略称がIOSではなくISOなのは、ギリシャ語の「ISOS＝相等しい」からとって名前としたからです。

ISOは1947年に設立され、当初は15か国で開始されましたが、現在は加盟国が120か国以上になっています。

ISOの規格には工業製品の規格も存在します。身近なものとしては、写真用フィルム感度 (ISO 400など) や、ISOねじと呼ばれるねじの規格があります。

なお、2000年版のISO 9001はJIS Q 9001として国内規格に取り込まれています。

● (2) ISO 9001が持っている6つの特徴

ISO 9001が持っている6つの特徴とは次のようなものです。

①製品規格でなくマネジメントシステム規格

「物」に対する規格ではなく、顧客満足を実現するための「管理のしくみ」に対する規格です。

②顧客からの発想、目に見える形

TQMのねらいである「よいものをつくるため」という視点よりは、顧客が「よいものを買うため」という視点を重視した規格です。**品質情報の開示**はこの点で重要になります。

③文書化・記録、自前の品質マネジメントシステム

規格には「手順を文書化しなさい」「記録を作成しなさい」という要求事項はありますが、「こうして実現しなさい」という記述はありません。つまり、自前の**品質マネジメントシステム**を構築すればよいことになります。

④自己診断、外部審査

規格は、内部の独立した人間による**内部品質監査**を義務付けています。また**外部審査**も認証取得時だけではなく、定期的に実施されます。

⑤経営者による見直し

前述した内部品質監査などの結果を参考にして、経営者（社長や工場長）による**品質マネジメントシステムの見直し**が必要です。

⑥マニュアルどおりの作業により製品・サービスの品質が一定

すべての作業について**マニュアル化**する必要はありません。これまで使ってきたマニュアルが流用できる場合もたくさんあります。

●（3）関連規格を含めたISO 9000ファミリー

認証取得にあたって本当に重要なのは、「認証用の規格」の部分です。品質マネジメントシステム規格であるISO 9001のみが該当します。

ISO 9000ファミリーとは、ISO 9001の認証取得・維持にあたって、目を通しておくべき関連規格のことです。

①ISO 9000：基本と用語集

ISO 9000では、品質をどのようなものと考えているかなどが述べられています。

②ISO 9004：パフォーマンス改善の指針

　ISO 9001などの要求事項を読んでいて、それだけでは理解するのが難しい場合に参考にするとよいでしょう。

③ISO 19011：品質マネジメントシステムの監査の指針

　監査を実施する（あるいは受け入れる）にあたって注意すべき点などが記述されています。

● （4）ISO 9001が求めていること（規格の要求事項）

　規格の要求事項とは、「4.1　一般要求事項」から「8.5.3　予防処置」までを含めた51項目です。ISO 9001の認証取得を目指す企業は、この51項目を実現しなくてはなりません。

　規格では、「WHAT（何をすべきか）」の規定はありますが、「HOW（どのように実現するか）」については規定されていません。「HOW」に関しては企業の自主的な判断に任されています。

　要求事項を実現するイメージを大別すると、次の4つになります。

　①目標管理制度の導入
　②要求されている仕事の実行
　③要求されている仕事の文書化
　④要求されている仕事の結果（記録）の作成

品質マネジメントシステムの原則は、8原則から7原則に変わっているよ

◎ ISO 9001の51の要求事項

NO	規格項目 (大分類)	NO	規格項目 (中分類)	(小分類数)
4	品質マネジメントシステム	4.1	一般要求事項	1
		4.2	文書化に関する要求事項	4
5	経営者の責任	5.1	経営者のコミットメント	1
		5.2	顧客重視	1
		5.3	品質重視	1
		5.4	計画	2
		5.5	責任、権限およびコミュニケーション	3
		5.6	マネジメントレビュー	3
6	資源の運営管理	6.1	資源の提供	1
		6.2	人的資源	2
		6.3	インフラストラクチャー	1
		6.4	作業環境	1
7	製品実現	7.1	製品実現の計画	1
		7.2	製品関連のプロセス	3
		7.3	設計・開発	7
		7.4	購買	3
		7.5	製造およびサービス提供	5
		7.6	監視機器および測定機器の管理	1
8	測定、分析および改善	8.1	一般	1
		8.2	監視および測定	4
		8.3	不適合製品の管理	1
		8.4	データの分析	1
		8.5	改善	3
合計		23		51

10-3 第三者認証制度【定義と基本的な考え方】

　ある企業がISO 9001の認証を取得しようと考えた場合、審査登録機関に審査を依頼します。この**審査登録機関**は日本国内でISO 9001に関しては35団体あり、受審企業は審査を行ってもらう団体を選択できます。

　これらの審査登録機関が正しい審査システムを備えているかどうかを審査し、登録を行っているのが**認定機関**です。認定機関は各国に1つだけ存在し、日本では**日本適合性認定協会（JAB：ジャブ）**がこれにあたっています。

　また、実際に審査を行う個々の審査員を評価し、登録する機関（**審査員評価登録機関**という）として、**日本規格協会マネジメントシステム審査員評価登録センター**

（JRCA）という団体があります。

　なお、主任審査員になるには、JAB認定を受けた審査員研修機関において研修を受け、終了試験に合格して審査員補の資格を取得、さらに実務経験を経て審査員、主任審査員へ、というステップを踏む必要があります。こうして経験を積んだ「審査員」は審査登録機関に所属するか、審査登録団体と契約を結んで実際の審査を行っています。

10-4 品質マネジメントシステムの運用

●（1）品質マネジメントシステムとは

　品質マネジメントシステムでは、システムを機能させるためにモデルを設定しています。このモデルは、お客様の要求事項を受けとめて製品やサービスをつくり、お客様に提供していくものです。お客様の満足を得るために、資源の運用管理を行い、企業・組織活動の結果を測定・分析して改善を行います。そして、品質マネジメントシステムの継続的改善をトップマネジメントで行っていきます。

◎品質マネジメントシステムとは

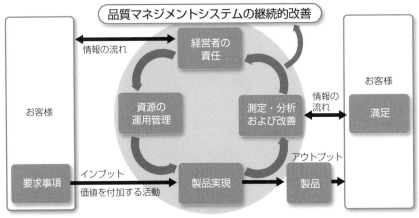

出典：JIS Q 9001:2008「品質マネジメントシステム−要求事項」

一方、ISO 9001のポイントは、文書化と内部監査にあると考えられ、それは日本的品質管理では重視されていなかった事項です。このように相違点はありますが、責任と権限、ルールの明確化など、ISO 9001はTQMに新しい視点を提供したといえます。ISO 9001もTQMも、社内標準化がその基盤にあるという点や、継続的改善を目指しているという類似点があります。

QMSの運用として、品質マネジメントの原則をベースにPDCAを的確に回すことが求められています。

ISO 9001の2015年改訂で、認証組織の信頼感を高めるために以下のような変更、強化がなされています。

①品質マネジメントシステムの事業プロセスへの統合
②品質に関連するパフォーマンス（測定可能な結果）評価の要求の明確化
③一層の顧客重視
④リスクおよび機会への取り組み
⑤組織の知識の明確化、ヒューマンエラーへの取り組み

このような改訂に対応するためには、組織の品質マネジメントシステムの運用にあたっても、さまざまな品質管理の考え方や手法の活用が望ましいと考えられます。

国際標準化機構の略称が
IOS ではなく ISO なのは、
ギリシャ語の「ISOS＝相等しい」
からとって名前としたから
です

11-1 品質管理に携わる人の倫理

　企業や組織に従事する人たちは、倫理に関わる次のようなことを常に考えながら仕事を遂行していく必要があります。

1）高品質なサービスの提供
2）環境問題への取り組み
3）地域社会への貢献
4）人権の尊重と良好な職場環境の構築
5）透明性の高い事業活動
6）コンプライアンスの徹底

11-2 社会的責任

●（1）CSRとは

　企業の社会的責任（CSR：Corporate Social Responsibility）とは、企業に関係するステークホルダーを満足させる企業活動を行うことです。

　ビジョン・方針・目標を設定する際、制度を構築し、機能させる際に、**ステークホルダーを満足させるためにはどうすべきか**を、常に考えながら推進していきます。

　企業が社会的責任を果たすことは当然ですが、それだけで企業価値が上昇することはありません。しかし、逆に果たさなければ、企業価値は低下します。

●（2）CSRに通じる近江商人の「三方よし」

　CSRは、最近生まれた概念ではありません。企業が社会的な責任を果たしていこうという考えは、国の内外を問わず、古くから存在していました。

　日本では、『近江商人』の商売に対する基本理念に、CSRの考え方をかいま見ることができます。江戸時代に活躍した近江商人は、地方の原材料と上方の商品の売買を行っていました。近江以外の全国各地で行商する中、行商先の人々と、信頼関係を築いていく必要性から、「売り手よし、買い手よし、世間よし」の「三方よし」の理念を築いてきました。

　この考え方を現代に置き換えると「売り手」とは企業自身であり、「買い手」は「お客様・取引先」ということになります。そして「世間」は、まさに「社会そのもの」を表しているといえます。つまり商売とは、自分だけが利益を得るのではなく、お客様にも、社会（世間）にも利益をもたらす必要があるという考え方です。

◎「三方よし」とは

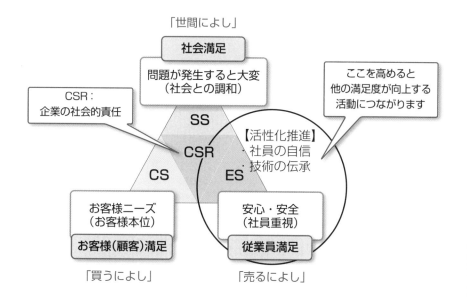

●（3）CSRの目的は、「ステークホルダーの満足を高めること」

CSRの目的は、「ステークホルダーの満足を高めること」です。CSRに取り組む企業は、CSRの定義と並行してステークホルダー（利害関係者）を特定することから始めます。

ステークホルダーとして、まず思い付くのがお客様と株主です。そのほかにも、従業員、従業員の家族、協力会社、労働組合、地域などさまざまです。当然、ステークホルダーは企業によって異なり、重要度や優先順位も変わってきます。

「ステークホルダーの満足を高める」ためには、

①まず企業を取り巻くステークホルダーを洗い出します。

②次に、ステークホルダーのニーズを把握します。

③そして、満足度を高めるステークホルダーの優先順位を付けます。

④最後に、具体的に取り組みます。

このような活動を継続し、最終的にはすべてのステークホルダーに満足してもらいます。

◎ステークホルダーとは

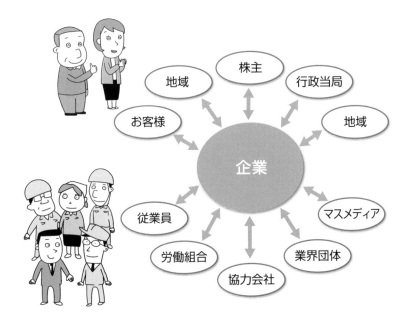

12-1 マーケティング、顧客関係性管理

● (1) CRMの登場

従来の「つくった商品をいかにして顧客市場でさばいてゆくか」という企業中心のマスマーケティング的なアプローチではなく、「顧客一人ひとりの嗜好や購買履歴などに基づき、そのニーズを理解し、高度な専門知識によって一人ひとりのニーズにマッチした商品やサービスを提案する」という顧客中心のダイレクトマーケティング的なアプローチがCRM（Customer Relationship Management）です。

米国のあるスーパーマーケットでは、週末になると紙おむつとビールがよく売れます。個人単位の膨大な購入履歴データの関連性を見ると、意外な商品を一緒に購入する事実が抽出されます。そこで、販売実績をもとに商品配列を変えてみると、紙おむつとビールが近隣のコーナーに配置されたことで買いやすくなったため、ますますまとめて購入してもらえることになります。これがCRMの考え方です。

● (2) データマイニングから方向を決定

データマイニングとは、多数の消費者の購買履歴の分析から有効な購買パターンを発見し、販売拡大に資する目的で開発された手法です。

例えばある百貨店の例では、『私たちの店』を構成する地域の人びとの生の声を得ようと、開店までの3年間で、3007人にインタビューをしました。

アンケートだと格好をつけて「保存料、着色料を使った食品は絶対に買わない」と答えても、実際に冷蔵庫の中を見せてもらうと、見栄えのいい加工食品が幅をきかせていることも多いことが分かりました。

◎マーケティングに役立つ手法の組み合わせ例

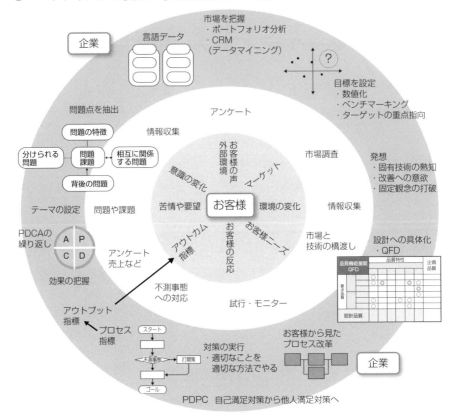

●（3）顧客関係管理

　成熟社会において、顧客との間に長期にわたって良好な関係を構築することの重要性が高まってきています。その背景には、新規顧客獲得コストが既存顧客維持コストの５〜10倍かかることが明らかとなったことや、２割の既存の優良顧客が売上の８割を占めるというパレートの法則の有効性が認められ、既存顧客の維持が重要な課題となったことがあります。さらには、製品ライフサイクルの短縮化により、顧客を自社製品にとどめる方策の必要性や、製品の高度化により、バリューチェーンの後工程にあたるサービスなどの重要性が上がったことも指摘できます。これらを背景として、顧客管理の視点が「取引（売れること）」から「関係性（売れ続けること）」へ移行し、顧客関係性の構築が企業にとって最も重要なテーマになっています。

データマイニング、テキストマイニングなど【言葉として】

●（1）データマイニングとは

データマイニング（Data Mining）とは、情報システムに蓄積した巨大なデータの集合をコンピュータによって解析し、これまで知られていなかった規則性や傾向など、何らかの有用な知見を得ることです。「マイニング」とは「採掘」の意味で、膨大なデータの集積を鉱山になぞらえ、そこから有用な知見を見いだすことを鉱石を掘り出すことにたとえた表現になっています。

◎データマイニングから企業のとるべき行動を決定する

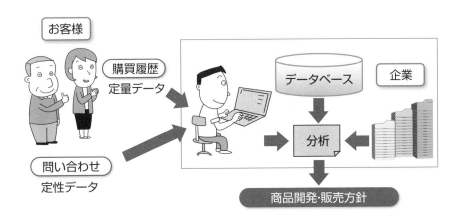

●（2）テキストマイニングとは

テキストマイニング（Text Mining）とは、定型化されていない文字情報の集まりを、自然言語解析などの手法を用いて解析し、何らかの有用な知見を見つけ出すことです。データマイニングをテキストデータに適用したものです。

例えば、アンケートや報告書などに含まれる自由記述の文章、電子掲示板やSNSの書き込み、ニュース記事など、自然言語の文の蓄積として集められたデータを分析し、鉱山から鉱石などを掘り出す（マイニング）ように、業務や製品に役立つ情報を探し出します。

MEMO

第 Ⅱ 部

品質管理の手法編

13-1 有限母集団からのサンプリング 《超幾何分布》

●（1）確率変数と確率分布

どんな値が得られるかが不確実であっても、その値がある特定のルールに従って現れるとき、このルールを記述する方法の1つが確率の考え方です。

変数 X のとる値は不確実でも、ある値をとる確率が決まっているとき、X を**確率変数**といいます。そして確率変数とその確率の関係を表したものを**確率分布**といいます。

●（2）確率分布

リンゴの重さを50個量って**ヒストグラム**を描いてみました。

◎リンゴの重さのヒストグラム

リンゴの重さのデータ表（g）				
133	130	127	140	130
132	130	127	121	137
135	133	129	130	130
140	133	121	129	132
128	132	132	129	129
130	132	132	127	132
126	124	135	137	132
130	129	130	135	124
128	130	127	133	128
124	127	130	132	129

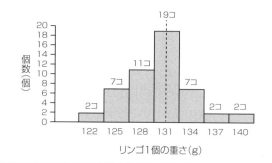

リンゴ1個の重さ(g)

No	区間			中心値	度数マーク	度数
1	120.5	〜	123.5	122.0	//	2
2	123.5	〜	126.5	125.0	正//	7
3	126.5	〜	129.5	128.0	正 正 /	11
4	129.5	〜	132.5	131.0	正 正 正 ////	19
5	132.5	〜	135.5	134.0	正//	7
6	135.5	〜	138.5	137.0	//	2
7	138.5	〜	141.5	140.0	//	2
	合計					50

縦軸には度数をとりますが、測定数が増えると度数も大きくなるので、これを全データ数で割って、全体に占める比率とします。

◎全体に占める比率のグラフ

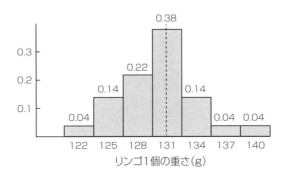

　例えば、重さが120.5gから126.5gまでのリンゴは、

　　$2 + 7 = 9$個

ありますから、50個のリンゴでは、重さが120.5gから126.5gまでの確率0.18となります。

　これは、その間にある棒の合計、つまり、棒の面積で求められます。

◎確率密度関数

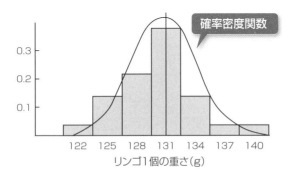

　このグラフに曲線を当てはめたとき、これを確率密度関数といいます。**確率密度関数は確率分布の形状を表すものです。**

これを $f(x)$ と表すと、区間 $[a, b]$ の間の値をとる確率は、a と b で囲まれる面積になります。

$$\Pr(a \leq X \leq b) = \int_a^b f(x)\,dx$$

確率密度関数は確率そのものを表しているのではなく、起こりやすさの程度を表していると考えればいいでしょう。

●(3) 期待値 $E(X)$

期待値 $E(X)$ は、確率分布の中心位置を示す尺度であって、連続分布（計量値の分布）では

$$E(X) = \int_{-\infty}^{\infty} x f(x)\,dx$$

によって定義されます。また、離散分布（計数値の分布）では

$$E(X) = \sum x P_x$$

によって、定義されます。

期待値は、これらの確率分布に対応する母集団においては、母平均という名で呼ばれるのが普通で、実際的な立場では、大きさ n のランダムサンプルについて計算される平均値 $\bar{x}$ の $n=N$ における値（大きさ N の有限母集団のとき）または $n \to \infty$ における極限の値（無限母集団のとき）と考えることができます。

●(4) 分散 $V(X)$

分散 $V(X)$ および標準偏差 $D(X)$ はいずれも確率分布のばらつきを示す尺度であって、分散 $V(X)$ は

$$V(X) = E\left[\left\{X - E(X)\right\}^2\right]$$

によって、また標準偏差 $D(X)$ は、

$$D(X) = \sqrt{V(X)}$$

によって定義されます。

対応する母集団においては、普通それぞれ母分散、母標準偏差と呼ばれ、大きさ n のランダムサンプルについて計算される、平均平方 V およびその平方根 $\sqrt{V}$ の $n=N$ における値（大きさ N の有限母集団のとき）、または $n\to\infty$ における極限の値（無限母集団のとき）と考えることができます。

●（5）分散の加法性

2つの分布を足した場合と引いた場合に、合成された平均値はそれぞれ足したり引いたりします。しかし、ばらつきについては、2つの分布を足しても引いても、合成されたばらつきは、足すことになります。これを「分散の加法性」といいます。

2つの分布を引く場合、例えば、円柱の製品をくりぬいて筒をつくることを考えてみてください。このとき、大きな円柱から小さくくりぬくときと、小さな円柱から大きなくりぬきを行うときと、いずれもばらつきが大きくなることになります。

◎分散の加法性

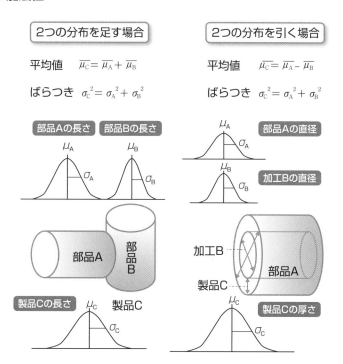

14-1 アローダイアグラム法

● (1) 新QC七つ道具とは

1972年に納谷嘉信氏が中心となって「QC手法開発部会」が結成され、学術論文として公表されているものやOR（オペレーションリサーチ）、VE（価値工学）などいろいろな手法の中から、品質管理の推進に有効であろうと考えられる7つの手法をとりまとめたのが『新QC七つ道具（略してN7と呼ぶ）』です。

新QC七つ道具は、親和図法、連関図法、系統図法、マトリックス図法、アローダイアグラム法、PDPC法、マトリックス・データ解析法という7つの手法からなり、英文呼称は「Seven Management Tools for QC」として紹介されるようになりました。

新QC七つ道具の概要は、次のとおりです。

①**親和図法**：親和図法とは、混沌（こんとん）とした状況の中で得られた言語データを、データの親和性によって整理し、各言語データの語りかける内容から問題の本質を理解する手法です。起源は、川喜田二郎氏のKJ法です。

②**連関図法**：連関図法とは、取り上げた問題について、結果と原因の関係を論理的に展開することによって、複雑に絡んだ糸をときほぐし、重要要因を絞り込むための手法です。起源は、千（佳鎖攘）氏による管理指標間の連関分析です。

③**系統図法**：系統図法とは、達成すべき目標に対する方策を多段階に展開することで、具体的に手が打てる方策を得る手法です。起源は、VE（価値工学）における機能系統図です。

④**マトリックス図法**：マトリックス図法とは、事象1と事象2の関係する交点の情報を記号化することによって、必要な情報を得る手法です。起源は、あるメーカの汚れ不良の現象と原因の関係を表した二元表です。

⑤**アローダイアグラム法**：アローダイアグラム法とは、計画を推進するうえで必要な作業手順を整理するのに有効な手法です。結合点日程を計算することによって、時間短縮の検討ができます。起源は、OR（オペレーションリサーチ）の**PERT手法**です。

⑥**PDPC法**：PDPC法とは、方策を推進する過程において発生するかもしれない事態を予測し、事前に回避策を講じておくための手法です。起源は、近藤次郎氏が提案した**意思決定法**です。

⑦**マトリックス・データ解析法**：マトリックス・データ解析法とは、問題に関係する特性値間の相関関係を手がかりに、少数個の総合特性を見つけて要約する手法です。起源は、多変量解析の**主成分分析**です。

◎言語データから情報を得る新QC七つ道具

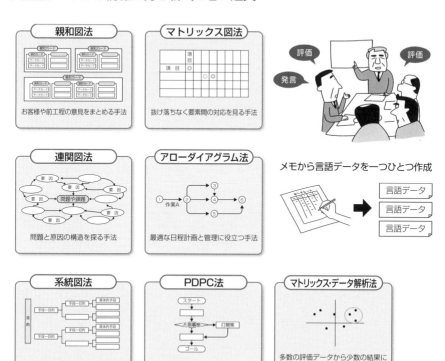

親和図法
お客様や前工程の意見をまとめる手法

マトリックス図法
抜け落ちなく要素間の対応を見る手法

連関図法
問題と原因の構造を探る手法

アローダイアグラム法
最適な日程計画と管理に役立つ手法

メモから言語データを一つひとつ作成

言語データ
言語データ
言語データ

系統図法
目的達成に有効な方策を求める手法

PDPC法
先を深く読むための手法

マトリックス・データ解析法
多数の評価データから少数の結果にまとめる手法

● (2) アローダイアグラム法とは

　アローダイアグラム法とは、作業を進める順に作業を矢線で記入し、作業と作業を結合点（マル：○）で結んで、作業の流れを表す手法です。

◎アローダイアグラム法とは

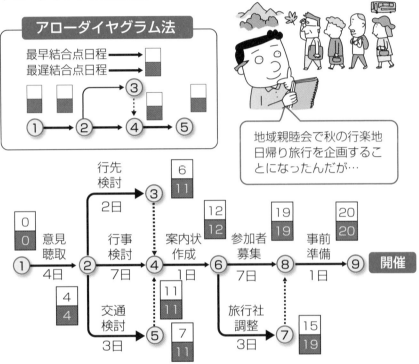

　各作業ごとに所要日数（または、時間）を記入し、最早結合点日程と最遅結合点日程を計算することによって、時間に余裕のないクリティカル・パスを明確にし、効率のよい工程管理が可能になります。さらに、このアローダイアグラムをもとに、工程短縮の検討をすることができます。

● (3) アローダイアグラムの実施手順

　アローダイアグラムで解析する手順は、次のとおりです。

Step 1. 目的を設定し、工程を把握します。

作成する工程の範囲を決めて、作業名と所要日数（または、時間）を調査します。

Step 2. 作業の流れを記入します。

矢線と結合点でつないでいきます。このとき、作業の条件を考慮して直列や並列でつないでいきます。

Step 3. 日程を計算します。

作業の流れが描けたら、最早結合点日程と最遅結合点日程を計算し、余裕のない工程をクリティカル・パスとして表示します。

◎アローダイアグラム法による解析手順

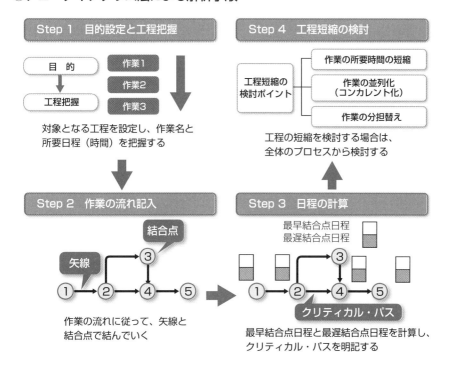

Step 4. 工程の管理や工程短縮の検討をします。

日程を計算することによって、工程の管理や工程短縮の検討ができます。

また、一度描いたアローダイアグラムは、作業の順序や所要日数（または、時間）が変わった場合、描き直しておくと次へつなげることができます。

● (4) 日程計算

1) 最早結合点日程

　最早結合点日程とは、その結合点から始まる作業が開始できる最も早い日程で、着手可能日程ともいえます。下の図（下側）の例では、結合点①の0日よりスタートし、順次、所要日数（時間）を加算していきます。

　注意すべき点は、2つ以上の矢線が入り込む結合点④です。計算上③→④の3日と②→④の4日がありますが、最大値をとって4日とします。

2) 最遅結合点日程

　最遅結合点日程とは、その結合点で終わる作業が遅くとも終了していなければならない日程で、完了義務日程ともいえます。下の図（下側）の例では、結合点⑤の5日よりスタートし、順次、所要日数（時間）を減算していきます。

　注意すべき点は、2つ以上の矢線が出ている結合点②です。計算上③→②の2日と④→②の1日がありますが、最小値をとって1日とします。

◎アローダイアグラム法の日程計算

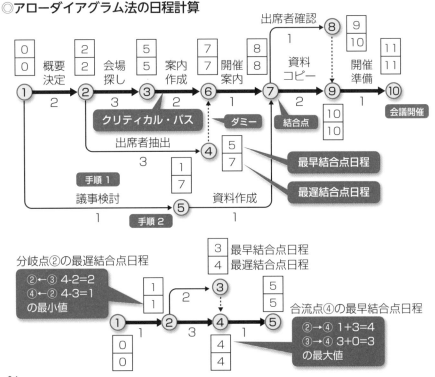

14-2 PDPC法

●（1）PDPC法とは

PDPC法（Process Decision Program Chart法）とは、過程決定計画図といい、事前に考えられるさまざまな事態を予測し、不測の事態を回避し、プロセスの進行をできるだけ望ましい方向に導くための手法です。

PDPC法には目的を決め、そこに到達する方法を策定する**強制連結型PDPC**と、最悪事態を想定し、そこに行かないようにするための**最悪事態回避型PDPC**などがあります。

◎PDPC法とは

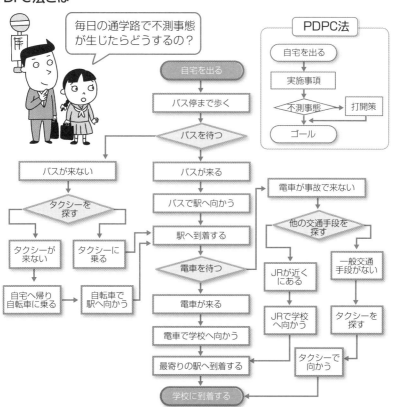

● (2) PDPC法の活用

　PDPC法には、2つのタイプがあります。目的を果たすための**強制連結型**と、**最悪事態回避型**があり、用途に合わせて活用します。

● (3) PDPC法の解析手順

　PDPC法を使って解析する手順は、次のとおりです。

◎PDPC法の解析手順

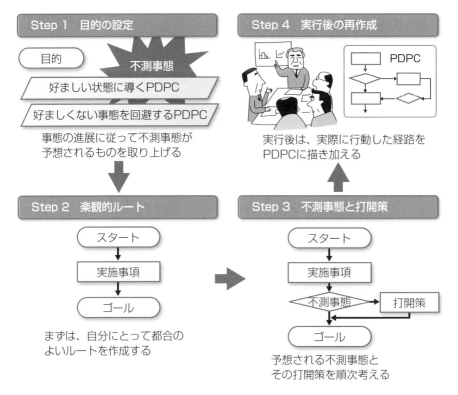

Step 1. 目的を決めます。

　事態の進展に従って不測事態が予想されるものを目的として取り上げます。

Step 2. 楽観的ルートを作成します。

　まずは、気楽にスタートからゴールまで描きます。そして、いろいろな人たちの意見をもとに修正を加えていきます。これを**楽観的ルート**といいます。

Step3. 不測事態を想定し、打開策を検討します。

　楽観的ルートの中で、うまくいかないことが想定される箇所を「**デシジョンポイント**」と呼び、**不測事態**を書いて、**打開策**を検討します。

Step4. PDPCに沿って実行し、PDPCを修正します。

●（4）強制連結型PDPC

　営業課では、契約成立に向けての行動を洗い出してみました。いろいろ出てきた行動から、まず、**楽観的なルート**を描いてみました。楽観的ルートは、自分にとって一番都合のよいルートで、「A社に当社のシステムを提案する➡キーマンにアポイントをとるために電話する➡アポイントがとれる➡キーマンに会ってシステムについて説明する➡当社システムを購入する意志あり➡技術者を同行させ、システム導入の打ち合わせを行う➡納期や価格に折り合いが付く➡A社が当社システムの採用を受け入れる」となります。

　しかし、そうはうまくはいかないのが現実です。そのため、自己の経験から、うまくいかない時点を予測し、その打開策を考えました。

◎PDPCで成約に向けた交渉手順を策定

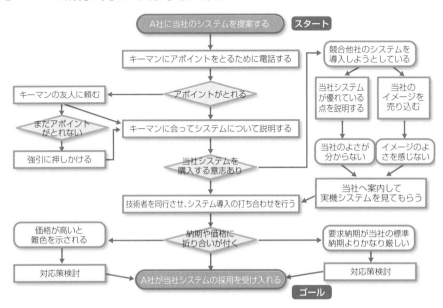

●（5）最悪事態回避型PDPC

　最悪の事態を回避したい場合のPDPCについて説明します。最近話題になっている「会社の携帯電話を電車の中に置き忘れた」という事態が発生したとき、どのようなことが起こり、最悪の事態を防ぐにはどうすればよいのか、を検討する場合を考えます。

　起こり得る事象に「拾った人が警察に届ける」ということが考えられます。このケースでは、携帯電話が無事に手元に戻って事なきを得ます。しかし、「見つけた人が持ち去る」ケースを考えてみると、最悪の事態では、携帯電話に登録されているお客様データが悪用されることも考えられます。

　お客様データの不正使用については、登録されている電話番号を詐欺行為に使用することが予想されます。このことに関しては、登録されているお客様に、できるだけ早く携帯電話紛失の報告とおわびの連絡を行いますが、中には連絡漏れも発生することが予想されます。

　そもそも初期の状態が起こらないようにするため、携帯電話を自分の体とつなげるよう、クリップストラップや首から下げるストラップを使うことが最良の予防策だというのが、全員の一致した意見でした。

◎最悪の事態を回避するために使ったPDPC

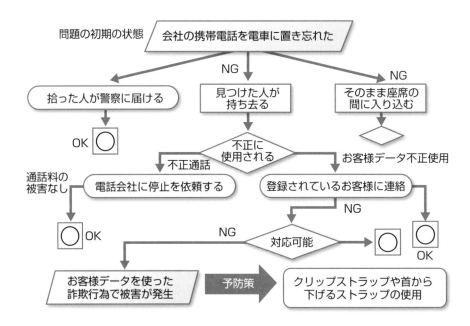

14-3 マトリックス・データ解析法

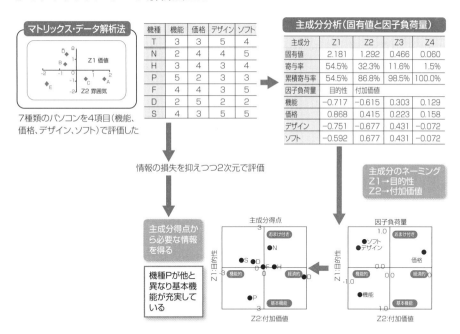

●（1）マトリックス・データ解析法とは

マトリックス・データ解析法とは、多くの変量の値を、できる限り情報の損失を抑えつつ、2～3次元に縮小して見やすくする手法です。この解析は、多数の変数の中で相関係数が大きい変数をまとめて1変数に集約することを基本にしています。

◎マトリックス・データ解析法とは

マトリックス・データ解析法

7種類のパソコンを4項目（機能、価格、デザイン、ソフト）で評価した

機種	機能	価格	デザイン	ソフト
T	3	3	5	4
N	2	4	4	5
H	3	4	3	4
P	5	2	3	3
F	4	4	3	5
D	2	5	2	4
S	4	3	5	5

主成分分析（固有値と因子負荷量）

主成分	Z1	Z2	Z3	Z4
固有値	2.181	1.292	0.466	0.060
寄与率	54.5%	32.3%	11.6%	1.5%
累積寄与率	54.5%	86.8%	98.5%	100.0%
因子負荷量	目的性	付加価値		
機能	−0.717	−0.615	0.303	0.129
価格	0.868	0.415	0.223	0.158
デザイン	−0.751	−0.677	0.431	−0.072
ソフト	−0.592	0.677	0.431	−0.072

情報の損失を抑えつつ2次元で評価

主成分のネーミング
Z1→目的性
Z2→付加価値

主成分得点から必要な情報を得る

機種Pが他と異なり基本機能が充実している

主成分得点

因子負荷量

●（2）マトリックス・データ解析法の活用

新QC七つ道具の中で，唯一数値データを使い、複雑な計算を伴う手法であり、数式展開を理解するうえでやや難解といえます。ただしパソコン用のソフトが市販されており、計算はコンピュータに任せることにし、手法の考え方をよく理解することが肝要です。

ただ、ビッグデータの分析手法として、これからのお客様データの解析手法として期待が持てるものです。

●（3）マトリックス・データ解析法による解析

マトリックス・データ解析法による解析は、次のステップで進めます。

Step1. 目的を決めます。

多数の評価項目を少数の項目に集約して、少数の項目で評価したいものを取り上げます。

Step2. データを収集します。

目的に応じて、必要な評価項目を設定し、サンプルデータを収集します。

データは数値データで測定しますが、イメージ評価などはSD法を活用して、数値化データを収集する方法もあります。

Step3. 解析を行います。

まず、**固有ベクトル**と**主成分得点**を計算します。得られた結果から、**固有値**と**寄与率**、**累積寄与率**を計算し、**因子負荷量**を求めます。2～3個の**主成分**を選定します。

Step4. 結果を評価します。

主成分得点の散布図を描きます。散布図や結果のデータから分かることを書き出して、最初に設定した目的に合う情報をまとめます。

マトリックス・データ解析に登場する用語の意味は次のとおりです。

①**主成分**：設定された新しい評価尺度のことです。
②**固有値**：新しい評価尺度が、元の評価尺度をどの程度包含しているか表す値です。
③**累積寄与率**：第1主成分からの寄与率の累積を示したものです。
④**固有ベクトル**：各主成分ごとの評価尺度の重みを表します。
⑤**因子負荷量**：各主成分が元の評価項目とどのような相関関係にあるかを表す値で、固有ベクトルと同様に、各主成分の意味付けに用います。固有ベクトルに各主成分の固有値の平方根を乗じた数値となります。

◎マトリックス・データ解析法による解析

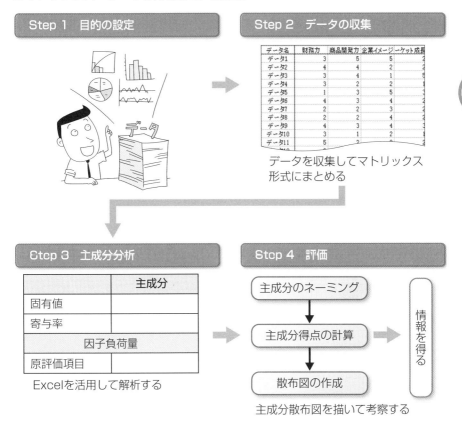

| Step 1　目的の設定 | Step 2　データの収集 |

データ名	財務力	商品開発力	企業イメージ	マーケット成長
データ1	3	5	5	2
データ2	4	4	2	2
データ3	3	4	1	5
データ4	3	2	2	1
データ5	1	3	5	2
データ6	4	3	4	2
データ7	2	2	3	2
データ8	2	2	4	4
データ9	4	3	4	3
データ10	3	1	2	1
データ11	5	2	2	2

データを収集してマトリックス
形式にまとめる

| Step 3　主成分分析 | Step 4　評価 |

	主成分
固有値	
寄与率	
因子負荷量	
原評価項目	

Excelを活用して解析する

主成分のネーミング
↓
主成分得点の計算
↓
散布図の作成

主成分散布図を描いて考察する

情報を得る

●(4) マトリックス・データ解析から新商品開発を模索

手順1　7種類のソフトドリンクを評価

　新商品開発のコンセプトを決めるにあたって、市販のソフトドリンクの実情を調べるためにマトリックス・データ解析法を活用しました。

　まず、7種類のソフトドリンク(野菜ジュース、ウーロン茶、コーラ、缶コーヒー、乳酸飲料、みかんジュース、ストレートティ)について、アンケートによる評価を行いました。

　アンケートは、「甘味」から「おいしさ」まで11項目の質問をSD法で用意し、ソフトドリンクの種類ごとに数名のモニターに記入してもらいました。

主成分のネーミング

　上記のアンケート結果からマトリックス・データ解析を行い、**固有値**、**寄与率**と**因子負荷量**を求め、2つの主成分を取り上げました。

　第1主成分は、「甘味」「辛味」「酸味」が「−」であり、他が「＋」であることから「後味」とネーミングしました。第2主成分は、左端が「甘味」であり、右端が「苦味」「渋味」であることから「甘味」とネーミングしました。

手順3 主成分得点からスキマ商品を模索

　第1主成分と第2主成分の主成分得点によって7種類のソフトドリンクをプロットした結果、野菜ジュースは甘味があり後味が残るものであり、ウーロン茶やストレートティは甘くもなく後味がさっぱりしているということが分かりました。

　さらに、第1主成分と第2主成分の散布図から、「甘味があって後味もさっぱりした」領域が空白になっていることに気づきました。このエリアのソフトドリンクを開発すれば、新たな市場を獲得できるものと考えられます。

　以上の結果を商品企画会議などに報告して、新商品開発コンセプトを検討することができます。

◎マトリックス・データ解析による解析例

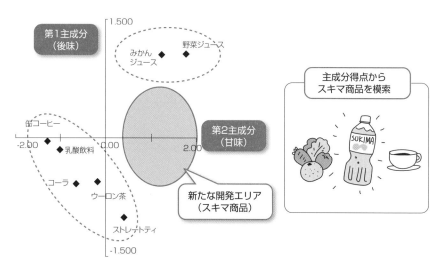

15-1 一様分布（確率計算を含む）

　区間 (a,b) での**確率密度関数**が $1/(b-a)$ と、一定の値をとる分布を**一様分布**といいます。確率変数 X が区間 $(0, h)$ の一様分布に従うとき、X の期待値を求めます。確率密度関数が、

$$f(x) = 1/h \quad (0 < x < h)$$
$$f(x) = 0 \quad (x \leq 0 \text{および} x \geq h)$$

ですから、期待値は、

$$E(X) = \int_0^h x \cdot \frac{1}{h}\, dx = \left[\frac{x^2}{2h}\right]_0^h = \frac{h}{2}$$

となります。この期待値も、関数 $g(X)$ の期待値の応用として、

$$E(X^2) = \int_0^h x^2 \cdot \frac{1}{h}\, dx = \left[\frac{x^2}{3h}\right]_0^h = \frac{h^2}{3}$$

として、求めることができます。

　期待値を、式を用いて実際に求める機会はほとんどなく、期待値がどのように定義されているのかを理解しておけば十分です。しかし、次に示す期待値の性質はとても重要であり、しばしば利用されます。

　X, Y を確率変数、a, b を定数とするとき、

$$E(aX + b) = aE(X) + b$$
$$E(aX + bY) = aE(X) + bE(Y)$$

が成立します。この性質は次のように一般化されます。

　X_i を確率変数、a_i を定数とするとき、

$$E\left(\sum_i a_i X_i\right) = \sum_i a_i E(X_i)$$

が成立します。この性質は、平均値の期待値などを求めるときに利用されます。

15-2 指数分布（確率計算を含む）

● (1) 指数分布とは

　指数分布とは、ランダムな事象の発生間隔を表す分布です。「ランダムな事象」とは大雑把にいうと「起こる確率が常に一定である」ような事象のことです。例えば、地震が起きる間隔や電球の寿命、人とすれ違うタイミングの間隔などは（おおよそ）指数分布に従うといえます。

● (2) 指数分布の確率密度関数

　平均が μ である指数分布の確率密度関数は、

$$f(x) = \frac{1}{\mu} e^{-\frac{x}{\mu}} \quad (x \geq 0)$$

となります。

　確率密度関数の意味と具体例、例えば、寿命が「平均1000時間の指数分布」に従う電球について、寿命が500時間以下となってしまう確率は、

$$\int_0^{500} f(x)\,dx$$

$$= \int_0^{500} \frac{1}{1000} e^{-\frac{500}{1000}dx} = 1 - e^{-\frac{5000}{1000}} = 0.39$$

のように計算できます。つまり、約39%であることが分かります。

◎電球が切れる確率

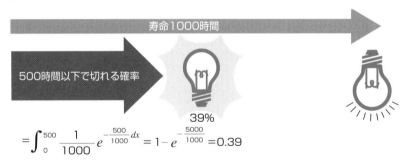

$$= \int_0^{500} \frac{1}{1000} e^{-\frac{500}{1000}}dx = 1 - e^{-\frac{5000}{1000}} = 0.39$$

15-3 二次元分布 (確率計算を含む)

● (1) 二次元分布とは

　例えば、平面上に縦軸と横軸をとって、一方の軸に身長の測定値を、他方に体重をとり、身長が150cmから160cmの間で、かつ体重が50kgから55kgまでの人数が全体の何%である、というように記入します。このような分布を**二次元分布**といいます。

　また、例えば2個のサイコロを振る場合、それぞれのサイコロの目をXおよびYとして、$X=1$、$Y=5$となるような確率を考える、というように、同時に2つの試行を行ったときの確率分布を調べたい場合があります。このような確率分布を**二次元確率分布**といいます。

● (2) 確率計算

　Xのとる値を$X_1, X_2, \cdots, X_m$、Yのとる値を$Y_1, Y_2, \cdots, Y_n$とします。また、Xが$x_i \, (i=1, 2, \cdots, m)$ かつ、Yが$y_j \, (j=1, 2, \cdots, n)$ の値をとるときの確率がP_{ij}、つまり、

$$P(X=x_i, Y=y_j)=p_{ij}$$

であるとき、

　　$h(x, y)=p_{ij}$ 　　　（x_iかつy_jのとき）

　　$h(x, y)=0$ 　　　（その他）

を確率変数X, Yの**同時確率密度関数** (simultaneous probability density function) といいます。

　また、連続型分布に関しては、

$$P\{(X, Y)\in D\} =\iint_D h(x, y)dxdy$$

となるような関数$h(x, y)$が存在するとき、$h(x, y)$を確率変数X, Yの**同時確率密度関数**といいます。

●（3）解析例

　例えば、10円硬貨、100円硬貨を投げて両者の表裏を調べる場合について考えてみます。表に0、裏に1を対応させ、10円硬貨の表裏を確率変数X、100円硬貨の表裏を確率変数Yとすると、

$$h(X, Y) = 1/4 \quad ((0,0),(0,1),(1,0),(1,1) \text{のとき})$$
$$= 0 \quad (\text{その他})$$

は、同時確率密度関数となります。

　2次元確率分布において、Yの値にかかわらずXの分布を知りたいようなときがあります。このような場合は、それぞれのXにおけるYの値をすべて足し合わせれば（積分すれば）よいことになります。このことを示すのが次の定義です。

【解析】確率変数X, Yの同時確率密度関数が$h(x, y)$であるとき、

$$f(x) = \sum_j p_{ij} \quad (x = x_i \text{のとき、その他の} x \text{では} 0)$$
$$g(y) = \sum_i p_{ij} \quad (y = y_i \text{のとき、その他の} y \text{では} 0)$$

がそれぞれ$h(x, y)$より定まります。これらをX, Yの周辺確率密度関数（marginal probability density function）といいます。連続型分布の場合も、同様に、

$$f(x) = \int_{-\infty}^{\infty} h(x, y) dy$$
$$g(y) = \int_{-\infty}^{\infty} h(x, y) dx$$

をそれぞれ$h(x, y)$より定まるX, Yの**周辺確率密度関数**といいます。

　1変数型の場合と同様、確率変数XとYの関数$\phi(X, Y)$に対して、その期待値を定義できます。

【解析】$\phi(X, Y)$を確率変数X, Yの関数としたとき、

$$E\left[\phi(X,Y)\right] = \sum_{ij} \phi(x_i, y_j) h(x_i, y_j) \quad (\text{離散型分布})$$
$$E\left[\phi(X,Y)\right] = \int_{-\infty}^{\infty} \int_{-\infty}^{\infty} \varphi(x, y) h(x, y) dx dy \quad (\text{連続型分布})$$

を$\phi(X, Y)$の**期待値**といいます。

XやYに対する平均や分散も、1変数の場合と同様に定義できます。さらに、二次元分布に対しては、2変数間の関係の程度を表す量として次のものが定義されています。

【解析】 確率変数X,Yに対して、

$$\sigma_{xy} = c[X,Y] = E\Big[\big(X - E[X]\big)\big(Y - E[Y]\big)\Big] = E\Big[\big(X - \mu_x\big)\big(Y - \mu_y\big)\Big]$$

をXとYの**共分散**（covariance）といいます。

共分散

● (1) 共分散とは

2つの変数間の関連性を見る統計量に「共分散」があります。

いま、ここに生徒5人の「身長」「体重」「数学の成績」「理科の成績」のデータがあります。これらのデータから各項目間に関連性があるかどうかを検討してみることとしました。

▼身長と体重と2教科の成績

生徒No.	身長(x)cm	体重(y)kg	数学(z)点	理科(w)点
1	167	63	67	68
2	160	59	78	84
3	162	62	39	44
4	173	64	98	95
5	170	62	61	63

● (2) 共分散と相関係数

まず、各項目間の散布図を描いてみます。この散布図から次のことが分かります。

①身長と体重は、正の相関がありそう

②数学と理科の成績は、正の相関がありそう

③身長と数学の成績は、相関がなさそう

④体重と理科の成績は、相関がなさそう

◎各項目間の散布図

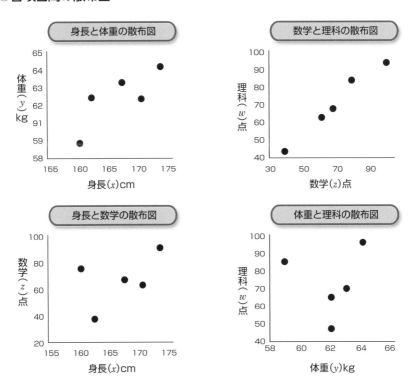

2変数間の関係を数値で表す統計量に**共分散**があります。2変量x,yの共分散V_{xy}は次式で表されます。

$$V_{xy} = \frac{S_{xy}}{n-1} = \frac{\left(x_1 - \bar{x}\right)\left(y_1 - \bar{y}\right) + \left(x_2 - \bar{x}\right)\left(y_2 - \bar{y}\right) + \cdots + \left(x_n - \bar{x}\right)\left(y_n - \bar{y}\right)}{n-1}$$

ただし、S_{xy}は、変数x,yの積和といいます。一般的には、次式を使って計算します。

$$S_{xy} = \frac{\sum x_i \cdot y_i - \dfrac{\left(\sum x_i\right)\left(\sum y_i\right)}{n}}{n-1}$$

◎計算補助表

生徒No.	x	y	z	w	x^2	y^2	z^2	w^2	xy	zw	xz	yw
1	167	63	67	68	27889	3969	4489	4624	10521	4556	11189	4284
2	160	59	78	84	25600	3481	6084	7056	9440	6552	12480	4956
3	162	62	39	44	26244	3844	1521	16	10044	1716	6318	2728
4	173	64	98	95	29929	4096	9604	9025	11072	10	16954	6080
5	170	62	61	63	28900	3844	3721	3969	10540	3843	10370	3906
合計	832	310	343	354	138562	19234	25419	26610	51617	25977	57311	21954

共分散を計算すると次のようになります。

身長(x)と体重(y)の共分散 V_{xy}：

$$V_{xy} = \frac{\sum x_i \cdot y_i - \dfrac{\left(\sum x_i\right)\left(\sum y_i\right)}{n}}{n-1} = \frac{51{,}617 - \dfrac{832 \times 310}{5}}{5-1} = 8.25$$

数学(z)と理科(w)の共分散 V_{zw}：V_{zw}=423.05
身長(x)と数学(z)の共分散 V_{xz}　：V_{xz}=58.95
体重(y)と理科(w)の共分散 V_{yw}：V_{yw}=1.5

以上の結果から、共分散が大きい値から順に並べると、「数学と理科の成績」「身長と数学」「身長と体重」「体重と理科」の順になります。ここで、「身長と体重」の関係よりも「身長と数学」の関係の共分散が大きくなることに疑問が出てきます。共分散は2つの変数の関係を見る指標ですが、データの単位に影響を受けるものです。例えば、上記の身長を167cmとするか1.67mとするかで、共分散の値が大きく異なることになります。

そのため、単位が異なる2つの変数間では、この問題が解消された相関係数を使うのが一般的です。**相関係数**とは、共分散と2つの変数の各分散との比率で計算された指標です。相関係数は、次の式で計算します。

相関係数　　　$r_{xy} = \dfrac{S_{xy}}{\sqrt{S_{xx} \cdot S_{yy}}} = \dfrac{V_{xy}}{\sqrt{V_{xx} \cdot V_{yy}}}$

V_{xy}は2変数x, yの共分散、V_{xx}, V_{yy}はそれぞれの変数x, yの分散です。この相関係数r_{xy}は、次の性質を持っています。

$$-1 \leq r_{xy} \leq +1$$

r_{xy}の値が1に近いほど正の相関が強く、−1に近いほど負の相関が強いことを表しています。

ちなみに、**データが標準化**（データを平均0、標準偏差1に変換）されているときには、相関係数と共分散が一致しています。

標準化されたデータから求めた値　：$r_{xy} = V_{xy}$

計算補助表のデータから相関係数を計算してみましょう。

例えば、身長と体重の相関係数を計算してみると、

身長(x)の平方和S_{xx}は、　　$S_{xx} = \sum x_i^2 - \dfrac{\left(\sum x_i\right)^2}{n} = 117.2$

身長(y)の平方和S_{yy}は、　　$S_{yy} = \sum y_i^2 - \dfrac{\left(\sum y_i\right)^2}{n} = 14$

身長(x)と体重(y)の積和S_{xy}は、　$S_{xy} = \sum x_i \cdot y_i - \dfrac{\left(\sum x_i\right)\left(\sum y_i\right)}{n} = 33$

相関係数　$r_{xy} = \dfrac{S_{xy}}{\sqrt{S_{xx} \cdot S_{yy}}} = \dfrac{33}{\sqrt{117.2 \times 14}} = 0.8147$

となります。また、他の変数間の相関係数を一覧表にしたのが次表です。

◎5人の生徒の相関係数

	身長(x)cm	体重(y)kg	数学(z)点	理科(w)点
身長(x)cm	1			
体重(y)kg	0.814678	1		
数学(z)点	0.501119	0.178318	1	
理科(w)点	0.38377	0.040773	0.990144	1

この表から、身長と体重、および数学と理科の成績に正の相関があるということが分かります。

15-5 大数の法則と中心極限定理

●（1）大数の法則

データが互いに独立で、同じ平均 μ と分散 σ^2 を持つとき、データ数を限りなく大きくすると、これらの平均 $\overline{X_n}$ は確率1で μ に収束します。これを**大数の法則**といいます。

つまり、データをたくさんとって標本平均を計算すると、母平均 μ に近付いていきます。例えば、リンゴの重さの母平均を知りたいとき、10個の平均より20個の平均のほうがより母平均に近くなる可能性が高くなります。

●（2）中心極限定理

データが互いに独立で、同じ平均 μ と分散 σ^2 を持つ同じ分布に従うとき、データ数を限りなく大きくすると、これらの平均 $\overline{X_n}$ の分布は平均 μ と分散 σ^2 を持つ正規分布に近付いていきます。これを**中心極限定理**といいます。

つまり、どんな分布でも、ある分布に従うデータを十分に多くとると、その平均の分布は正規分布に近付いていきます。

誤差にはさまざまな原因があると考えられます。誤差がそれらの和で表されるなら、誤差が正規分布に従っているという仮定は、この定理からも説明されます。

◎大数の法則と中心極限定理のイメージ図

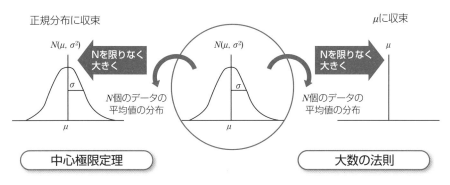

101

16-1 3つ以上の母分散に関する検定

●（1）3つ以上の母分散の検定概要

正規分布に従う大きさのサンプル n が k あるとき、各サンプルから求めた分散 V_Z を用いて母分散が等しいかどうかを検定する方法です。

帰無仮説は H_0 ： $\sigma_1^2 = \sigma_2^2 = \cdots = \sigma_k^2$、すなわち「すべての母分散が等しい」であり、対立仮説は「k 個の母分散のうち等しくないものがある」となります。

この検定は，同一作業に使われる装置の特性のばらつきを比較する場合や、複数の分析試験室の室内精度を比較する場合などに用いられます。

検定の方法には、コクラン（Cochran）の検定、ハートレー（Hartley）の検定、バートレット（Bartlett）の検定があります。コクランの検定は日本工業規格JIS Z 8402-2:1999「測定方法及び測定結果の精確さ（真度及び精度）—第2部：標準測定方法の併行精度及び再現精度を求めるための基本的方法」にも規定されている方法ですが、母分散が1つだけ飛び離れて大きいときに高い検出力を持つ検定法です。ハートレーの検定は、母分散が1つだけ小さいときに高い検出力を持つ検定法です。バートレットの検定は、どのような対立仮説でも常に高い検出力を持つ検定法ですが、検定統計量が複雑です。

●（2）コクランの検定

各サンプルの大きさが一定（$n_1 = n$）の場合に用いることができます。検定統計量 c は、k 個の分散の最大値を $V_{\max}$ とするとき、

$$c = V_{\max} / \left(\sum V_i \right)$$

と定義されます。$\phi = n-1$ として、c と表の値 $C(k, \phi; \alpha)$ を比較し、$c \geq (k, \phi; \alpha)$ ならば有意水準 α で有意であり、k 個の母分散が一様でないと判断されます。

◎コクランの検定の$C(k, \phi; \alpha)$

k	$\phi=1$ 0.05	$\phi=1$ 0.01	$\phi=2$ 0.05	$\phi=2$ 0.01	$\phi=3$ 0.05	$\phi=3$ 0.01	$\phi=4$ 0.05	$\phi=4$ 0.01	$\phi=5$ 0.05	$\phi=5$ 0.01
2	—	—	0.975	0.995	0.939	0.979	0.906	0.959	0.877	0.937
3	0.967	0.993	0.871	0.942	0.798	0.883	0.746	0.834	0.707	0.793
4	0.906	0.968	0.768	0.864	0.684	0.781	0.629	0.721	0.590	0.676
5	0.841	0.928	0.684	0.788	0.598	0.696	0.544	0.633	0.506	0.588
6	0.781	0.883	0.616	0.722	0.532	0.626	0.480	0.564	0.445	0.520
7	0.727	0.838	0.561	0.664	0.480	0.568	0.431	0.508	0.397	0.466
8	0.680	0.794	0.516	0.615	0.438	0.521	0.391	0.463	0.360	0.423
9	0.638	0.754	0.478	0.573	0.403	0.481	0.358	0.425	0.329	0.387
10	0.602	0.718	0.445	0.536	0.373	0.447	0.331	0.393	0.303	0.357
11	0.570	0.684	0.417	0.504	0.348	0.418	0.308	0.366	0.281	0.332
12	0.541	0.653	0.392	0.475	0.326	0.392	0.288	0.343	0.262	0.310
13	0.515	0.624	0.371	0.450	0.307	0.369	0.271	0.322	0.243	0.291
14	0.492	0.599	0.352	0.427	0.291	0.349	0.255	0.304	0.232	0.274
15	0.471	0.575	0.335	0.407	0.276	0.332	0.242	0.288	0.220	0.259
16	0.452	0.553	0.319	0.388	0.262	0.316	0.230	0.274	0.208	0.246
17	0.434	0.532	0.305	0.372	0.250	0.301	0.219	0.261	0.198	0.234
18	0.418	0.514	0.293	0.356	0.240	0.288	0.209	0.249	0.189	0.223
19	0.403	0.496	0.281	0.343	0.230	0.276	0.200	0.238	0.181	0.214
20	0.389	0.480	0.270	0.330	0.220	0.265	0.192	0.229	0.174	0.205
21	0.377	0.465	0.261	0.318	0.212	0.255	0.185	0.220	0.167	0.197
22	0.365	0.450	0.252	0.307	0.204	0.246	0.178	0.212	0.160	0.189
23	0.354	0.437	0.243	0.297	0.197	0.238	0.172	0.204	0.155	0.182
24	0.343	0.425	0.235	0.287	0.191	0.230	0.166	0.197	0.149	0.176
25	0.334	0.413	0.228	0.278	0.185	0.222	0.160	0.190	0.144	0.170
26	0.325	0.402	0.221	0.270	0.179	0.215	0.155	0.184	0.140	0.164
27	0.316	0.391	0.215	0.262	0.173	0.209	0.150	0.179	0.135	0.159
28	0.308	0.382	0.209	0.255	0.168	0.202	0.146	0.173	0.131	0.154
29	0.300	0.372	0.203	0.248	0.164	0.196	0.142	0.168	0.127	0.150
30	0.293	0.363	0.198	0.241	0.159	0.191	0.138	0.164	0.124	0.145
31	0.286	0.355	0.193	0.235	0.155	0.186	0.134	0.159	0.120	0.141
32	0.280	0.347	0.188	0.229	0.151	0.181	0.131	0.155	0.117	0.138
33	0.273	0.339	0.184	0.224	0.147	0.177	0.127	0.151	0.114	0.134
34	0.267	0.332	0.179	0.218	0.144	0.172	0.124	0.147	0.111	0.131
35	0.262	0.325	0.175	0.213	0.140	0.168	0.121	0.144	0.108	0.127
36	0.256	0.318	0.172	0.208	0.137	0.165	0.118	0.140	0.106	0.124
37	0.251	0.312	0.168	0.204	0.134	0.161	0.116	0.137	0.103	0.121
38	0.246	0.306	0.164	0.200	0.131	0.157	0.113	0.134	0.101	0.119
39	0.242	0.300	0.161	0.196	0.129	0.154	0.111	0.131	0.099	0.116
40	0.237	0.294	0.158	0.192	0.126	0.151	0.108	0.128	0.097	0.114

問題 1 コクランの検定

ある合成樹脂ペレットの袋詰め作業に、6台の計量袋詰め装置を用いています。各装置で詰められた20kg袋を5袋ずつランダムに抜き取り正味重量を測定したところ、各分散値は、表のとおりでした。

各装置のばらつきが一様かどうか検討してください。

▼分散値

装置	V_1	V_2	V_3	V_4	V_5	V_6
分散値	0.12	0.14	0.32	0.13	0.10	0.19

問題1の解答

最大値 $V_{max} = 0.32$ $\quad((=V_3), \sum V_i = 1.00)$

ですから、

$$c = V_{max}/\left(\sum V_i\right) = 0.32/1.00 = 0.32$$

となります。また、$k=6, \phi=n-1=5-1=4$ ですから、

$$C(k, \phi\,;\,\alpha) = C(6,4\,;\,0.05) = 0.480$$

であり、

$$c=0.32<C(6,4\,;\,0.05)=0.480$$

なので有意ではありません。したがって、母分散が一様でないとはいえません。

● (2) ハートレーの検定

各サンプルの大きさが一定 $(n_i=n)$ の場合に用いることができます。検定統計量 h は、k 個の分散の最大値を V_{max}、最小値を V_{min} とするとき、次のように定義されます。$\phi=n-1$ として、h と最大分散比の表の値 $F_{max}(k, \phi\,;\,\alpha)$ とを比較し、$h \geq F_{max}(k, \phi\,;\,\alpha)$ ならば有意水準 α で有意であり、k 個の母分散が一様でないと判断します。

$$h=V_{max}/V_{min}$$

問題 2　ハートレーの検定

問題
2

　ある合成樹脂ペレットの袋詰め作業に、6台の計量袋詰め装置を用いています。各装置で詰められた20kg袋を5袋ずつランダムに抜き取り正味重量を測定したところ、各分散値は、表のとおりでした。

　各装置のばらつきが一様かどうかハートレーの検定で検討してください。

▼分散値

装置	V_1	V_2	V_3	V_4	V_5	V_6
分散値	0.12	0.14	0.32	0.13	0.10	0.19

問題2の解答

　最大値 $V_{\max} = 0.32 (=V_3)$、最小値 $V_{\min}=0.10 (=V_5)$ ですから

　$h=V_{\max}/V_{\min}=0.32/0.10=3.20$ となります。

　また、$k=6, \phi=n-1=5-1=4$ ですから、

　$V_{\max}(k, \phi ; \alpha)=F_{\max}(6,4 ; 0.05)=8.16$

であり、$h=3.20<F_{\max}(6,4 ; 0.05)=8.14$ なので有意ではありません。したがって、母分散が一様でないとはいえません。

●（3）バートレットの検定

　各サンプルの大きさが一定でなくても用いることができます。この検定は、各 V_i の当てはまりの程度を、すべての母分散が等しいとした場合と、すべての母分散が異なるとした場合とで比較する検定法です。

　すべての母分散が等しいとした場合、$\phi=n-1$、また、

$$\phi_T = \sum \phi_i$$

とおくと、σ^2 の推定量は、

$$V = \sum \phi_i V_T / \phi_T$$

となります。これを用いて検定統計量 b は、

$$b = \frac{1}{c}\left\{\phi_T \ln V - \sum \phi_i \ln V_i\right\}$$

ただし、

$$c = 1 + \frac{1}{3(k-1)}\left\{\sum \frac{1}{\phi_i} - \frac{1}{\phi_T}\right\}$$

と構成されます。ln は自然対数です。検定は χ²分布を用いて、

$$b \geq \chi^2(k-1, \alpha)$$

ならば有意水準 α で有意であり、k 個の母分散が一様でないと判断されます。

計数値データとは数えられるデータで、検定の方法も正規分布近似法などいろいろとあるよ

問題3 バートレットの検定

表のデータ（分散値）について、をバートレットの検定で解析を行ってください。

▼分散値

装置	V_1	V_2	V_3	V_4	V_5	V_6
分散値	0.12	0.14	0.32	0.13	0.10	0.19

問題3の解答

自由度 $\phi=4$ ですから、

$$\phi_T=24 \qquad V=0.167$$

となります。

$$c=1+\frac{1}{3(k-1)}\left\{\sum\frac{1}{\phi_i}-\frac{1}{\phi_T}\right\}=1+\frac{1}{3\times5}\left\{6\times\frac{1}{4}-\frac{1}{24}\right\}=1.097$$

また、

$\ln V=\ln0.167=-1.790$

$\ln V_1=\ln0.12=-2.120$ $\ln V_2=\ln0.14=-1.966$

$\ln V_3=\ln0.32=-1.139$ $\ln V_4=\ln0.13=-2.040$

$\ln V_5=\ln0.10=-2.303$ $\ln V_6=\ln0.19=-1.661$

ですから、

$$b=\frac{1}{c}\left\{\phi_T\ln V-\sum\phi_i\ln V_i\right\}=\frac{1}{1.097}\left\{24\times(-1.790)-4\times(-2.120)-\cdots\right\}$$
$$=1.783$$

となります。

$$\chi^2(k-1,\alpha)=\chi^2(5,0.05)=11.07$$

であり、b=1.783<χ^2(5,0.05)=11.07なので有意ではありません。したがって、母分散が一様でないとはいえません。

第17章 計数値データに基づく検定と推定

17-1 適合度の検定

●（1）適合度の検定とは

適合度の検定とは、「食い違い」の程度を検定するカイ2乗検定を適用して、期待値とのズレを検定する手法です。

例えば、AとBの2つのサンプルの優劣を判定する場合を考えてみました。

「AとBのどちらがよいか？」という質問を60人に聞いてみたところ、

- 「Aのほうがよい」と答えた人が27名
- 「Bのほうがよい」と答えた人が15名
- 「どちらでもない」と答えた人が18名

という結果を得ました。いま、「AとBとの間に優劣の差がない」と仮定すると「A、B、どちらでもない」の3者択一の場合の期待値は、60/3＝20となります。ところが、上記の結果は27, 15, 18と異なっています。この結果が、

- 誤差の範囲なのか？　「AとBは本当に異なるのか？」を、実測値と期待値との「食い違いの程度」をカイ2乗値を使って検定
- カイ2乗値が大きければ食い違いが大きく、「2つのサンプル間に優劣の差がある」と判断
- カイ2乗値が小さければ食い違いが小さく、「2つのサンプル間に優劣の差がない」と判断

という方法で検定することになります。

$$カイ2乗値\ \chi^2 = \frac{（実測値－期待値）^2}{期待値}\ の和$$

次ページの図に、以上の検定の流れと結果を示しています。

まず、評価内容の実績値と期待値からχ^2値を計算し、自由度2（ϕ=3-1=2）、有意水準5%のχ^2値と比較すると、

$$\chi^2 = 3.90 < \chi^2(2, 0.05) = 5.99$$

となり、有意でないと判定できます。したがって、AとBでは、評価の差が認められるとはいえない、という結論になります。

標準化残差による検討においても、

$$e_i = \frac{x_i(実測値) - t_i(期待値)}{\sqrt{t_i(期待値)}}$$

の計算の結果、すべて2.5以下であり、カテゴリー判断を行えば、「特徴なし」ということになります。

◎適合度の検定の手順

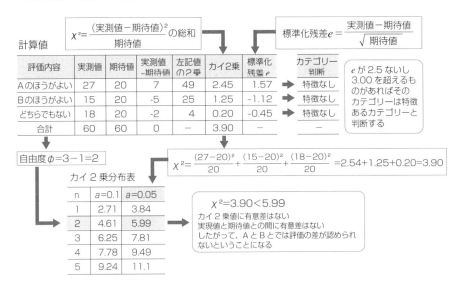

計算値

$$\chi^2 = \frac{(実測値 - 期待値)^2}{期待値} の総和$$

$$標準化残差 e = \frac{実測値 - 期待値}{\sqrt{期待値}}$$

評価内容	実測値	期待値	実測値−期待値	左記値の2乗	カイ2乗	標準化残差 e	カテゴリー判断
Aのほうがよい	27	20	7	49	2.45	1.57	➡ 特徴なし
Bのほうがよい	15	20	-5	25	1.25	-1.12	➡ 特徴なし
どちらでもない	18	20	-2	4	0.20	-0.45	➡ 特徴なし
合計	60	60	0	−	3.90	−	

e が 2.5 ないし 3.00 を超えるものがあればそのカテゴリーは特徴あるカテゴリーと判断する

自由度 φ=3−1=2

$$\chi^2 = \frac{(27-20)^2}{20} + \frac{(15-20)^2}{20} + \frac{(18-20)^2}{20} = 2.54 + 1.25 + 0.20 = 3.90$$

カイ2乗分布表

n	a=0.1	a=0.05
1	2.71	3.84
2	4.61	5.99
3	6.25	7.81
4	7.78	9.49
5	9.24	11.1

$\chi^2 = 3.90 < 5.99$
カイ2乗値に有意差はない
実現値と期待値との間に有意差はない
したがって、AとBとでは評価の差が認められないということになる

適合度の検定は、例えば交通事故がキャンペーン中に目標に達したかどうかを調べるとき活用するといいよ

18-1 メディアン管理図

● (1) メディアン管理図とは

メディアン管理図とは、$\tilde{X} - R$管理図と同様に計量値を管理する場合の管理図であり、$\bar{X}$のかわりに$\tilde{X}$（メディアン・中央値）を用います。

メディアン管理図のつくり方の手順は、次のとおりです。

手順1 データをとります。

1つの群の大きさは、奇数個にしたほうがメディアンを求めるのに都合がいいです。特に$n=3$または5が多く用いられます。

手順2 メディアンを求めます。

右ページのデータシートの場合、第1群のデータは、

154　174　164　166　162

ですから、これを大きさの順に並べると、

154　162　164　166　174

となります。この中央値164をとって、

メディアン$\tilde{X}_i = 164$

とします。

第2群以降も同様に行います。

もし、データ数nが、

154, 174, 164, 166

というように偶数個であれば、中央の2つの値164、166の平均をとり

$\tilde{X}_i = 165$

とします。

◎メディアン管理図のデータシート

メディアン管理図データシート（Ⅱ）   No.＿＿＿

製品名称	ねじ締めトルク		製造命令番号	△△−△△△	期　間	1999. 5. 9
品質特性	ねじ締めトルク		職　場	△△		～ 5. 20
測定単位	g・cm		規準日産高	△△△	機械番号	□□□
規格 最大	200 g・cm	試 料	大きさ	5	作業員	○○ ○○
限界 最小	100 g・cm		間隔	半日	検査員	○○ ○○
規格番号	××××		測定器番号	□□−□□□	氏名印	○○ ○○

日時	組の番号	測　定　値					メディアン Me	範囲 R	摘要
		X_1	X_2	X_3	X_4	X_5			
5/9	1	154	174	164	166	162	164	20	
	2	168	164	170	164	166	166	6	
10	3	166	170	162	166	164	166	8	
	4	153	165	162	165	167	165	14	
11	5	168	166	160	162	160	162	8	
	6	167	169	159	175	165	167	16	
12	7	168	174	166	160	166	166	14	
	8	164	158	162	172	168	164	14	
13	9	148	160	162	164	170	162	22	
	10	165	159	147	153	151	153	18	Me管理アウト
16	11	164	166	164	170	164	164	6	
	12	158	160	162	164	160	160	8	
17	13	162	158	154	168	172	162	18	
	14	158	162	156	164	152	158	10	
18	15	156	162	164	152	164	162	12	
	16	174	162	162	156	174	162	18	
19	17	151	158	154	181	168	158	30	R管理アウト
	18	166	166	172	164	162	166	10	
20	19	170	170	166	160	160	166	10	
	20	168	160	154	162	160	160	14	
							計 3253	276	
							$\overline{Me}=162.65$	$\overline{R}=13.8$	

Me管理図 　$m_3 A_2 \overline{R} = 9.52$	R管理図		n	A_4	D_4	D_3
$UCL = \overline{Me} + A_4\overline{R} = 172.2$	$UCL = D_4\overline{R} = 2.11 \times 13.8 = 29.1$		3	1.19	2.57	—
$LCL = \overline{Me} - A_4\overline{R} = 153.1$	$LCL = D_3\overline{R} = —$（考えない）		5	0.69	2.11	—

記事

　　　No. 10　　Me管理アウト　治具の改善で再発防止処置済

　　　No. 17　　R管理アウト　原因不明

手順3 Rの計算をします。

群ごとにRを求めます。

$$R_i = x_{max} - x_{min}$$

手順4 管理線の計算をします。

手順2、3の結果を用いて管理線を計算します。

1) 中心線

$\widetilde{X}$管理図 : $\overline{\overline{X}} = \dfrac{\sum \widetilde{x}_i}{k}$　　k : 群の数

R管理図 : $\overline{R} = \dfrac{\sum R_i}{k}$

2) 管理限界線

$\widetilde{X}$管理図　上方管理限界線 : $Ucl = \widetilde{X} + A_4 \times \overline{R}$

　　　　　　　下方管理限界線 : $Lcl = \widetilde{X} - A_4 \times \overline{R}$

R管理図　上方管理限界線 : $Ucl = D_4 \overline{R}$

　　　　　　下方管理限界線 : $Lcl = D_3 \overline{R}$

◎ A_4, D_4の表

n	2	3	4	5	6	7
A_4	1.88	1.19	0.80	0.69	0.55	0.51
D_4	3.267	2.574	2.282	2.114	2.004	1.924

なお、D_3はnが6以下なので0となります。

これらはサンプルの大きさによって決まる値です。なお、nが6以下の場合は、R管理図の値Lclは考えません。

前述の管理限界線は、次のようになります。

1) 中心線

$$\overline{\overline{X}} = \frac{\sum \widetilde{x}_i}{k} = \frac{164 + 166 + \cdots + 160}{20} = \frac{3253}{20} = 162.65$$

$$\overline{R} = \frac{\sum R_i}{k} = \frac{20+6+\cdots+14}{20} = \frac{276}{20} = 13.8$$

2）管理限界線

$\widetilde{X}$管理図：$n=5$のとき、$A_4=0.69$ですから、

$$Ucl = \widetilde{X} + A_4\overline{R} = 162.65 + 0.69 \times 13.8 = 172.2$$
$$Lcl = \widetilde{X} - A_4\overline{R} = 162.65 - 0.69 \times 13.8 = 153.1$$

R管理図

$$Ucl = D_4\overline{R} = 2.11 \times 13.8 = 29.1$$

$Lcl =$ 考えない

手順5　管理図用紙に記入します。

　管理図用紙を用意し、$\widetilde{X}$とRの値を打点していきます。$\widetilde{X}$、R管理図それぞれに平均値を実線で、Ucl、Lclを破線で記入し、数値を付記します。

◎ $\widetilde{X} - R$ 管理図の一例

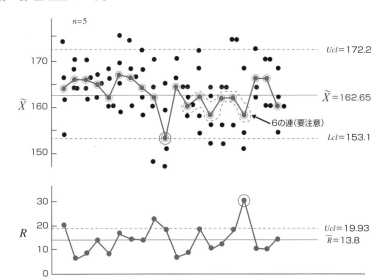

19-1 工程能力指数の区間推定

●（1）工程能力指数の区間推定を行うのは

標本工程能力指数はばらつきを持ちます。サンプル数が十分に大きくないときは、工程能力指数の区間推定を行い、その下限と評価規準を比較するのが望ましいです。

●（2）解析手順

次の手順で解析します。

手順1　工程能力指数の推定値

両側工程能力指数：$\widehat{C_p} = \dfrac{S_U - S_L}{6\sigma}$

下側工程能力指数：$\widehat{C_{pL}} = \dfrac{\bar{x} - S_L}{3s}$　　　上側工程能力指数：$\widehat{C_{pU}} = \dfrac{S_U - \bar{x}}{3s}$

手順2　信頼区間

信頼上限と信頼下限は、次のとおりです。

$$\left(\widehat{C_p} \sqrt{\frac{\chi^2\left(n-1, 1-\alpha/2\right)}{n-1}}, \ \widehat{C_p} \sqrt{\frac{\chi^2\left(n-1, \alpha/2\right)}{n-1}} \right)$$

◎χ²分布の確率分布の一部（α＝0.05の両側確率）

n	$n-1$	$\chi^2(n-1, 0.975)$	$\chi^2(n-1, 0.025)$
10	9	2.70	19.02
20	19	8.91	32.85
30	29	16.05	45.72
40	39	23.65	58.12
50	49	31.55	70.22
100	99	73.36	128.42

問題 **4** 工程能力指数の区間推定

母集団から $n = 10$ 個のデータをランダムに採取した結果、下の表の値を得ました。

上側規格値が $S_U = 50.0$、下側規格値が $S_L = 35.0$ であるとき、標本工程能力指数の区間推定を求めましょう。

▼データ表

No.1	No.2	No.3	No.4	No.5	No.6	No.7	No.8	No.9	No.10
46.2	44.8	45.7	43.5	43.0	48.2	47.0	45.6	44.1	41.9

問題4の解答

点推定は次のようになります。

$$\text{点推定：} \quad \widehat{\mu} = \bar{x} = \frac{\sum x_i}{n} = \frac{450.0}{10} = 45.0$$

また、標準偏差は次のようになります。

$$\text{平方和：} \quad S = \sum x_i^2 - \frac{\left(\sum x_i\right)^2}{n} = 20,283.24 - \frac{450.0^2}{10} = 33.24$$

$$\text{分散：} \quad V = \frac{S}{n-1} = \frac{33.24}{10-1} = 3.69$$

$$\text{標準偏差：} \widehat{\sigma} = s = \sqrt{V} = \sqrt{3.69} = 1.922$$

したがって、工程能力指数は次のようになります。

$$\widehat{C_p} = \frac{S_U - S_L}{6s} = \frac{50.0 - 35.0}{6 \times 1.92} = 1.31$$

$$\widehat{C_{pL}} = \frac{\bar{x} - S_L}{3s} = \frac{45.0 - 35.0}{3 \times 1.92} = 1.73$$

$$\widehat{C_{pU}} = \frac{S_U - \bar{x}}{3s} = \frac{50.0 - 45.0}{3 \times 1.92} = 0.867$$

通常は、母工程能力指数の真値は分かりませんから、上記の推定量を求め、その推定量に対して評価規準を適用しています。

　しかし、推定量は真値ではなく、ばらつきを伴いますから、それを額面どおりとらえることは適切ではありません。

　例えば、$\widehat{C_{pL}} = 1.40$ であったとして、これが数少ないデータから求めた結果なら、工程能力が十分あると判断することは危険です。サンプルサイズ n の大きさと推定量のばらつきを考慮することが必要です。そのためには、区間推定を行います。

$$\text{信頼区間}: \left(\widehat{C_p} \sqrt{\frac{\chi^2\left(n-1, 1-\alpha/2\right)}{n-1}}, \ \widehat{C_p} \sqrt{\frac{\chi^2\left(n-1, \alpha/2\right)}{n-1}} \right)$$

$$= \left(1.301\sqrt{\frac{2.70}{9}}, \ 1.301\sqrt{\frac{19.02}{9}} \right) = \left(0.713, 1.891 \right)$$

　信頼率95％の区間推定は、信頼下限 0.713、信頼上限 1.891 となります。

工程能力指数は
一般的に $\hat{C}_p = 1.33$ を
ねらえばいいよ

20-1 計数選別型抜取検査

●（1）計数選別型抜取検査とは

　計数選別型抜取検査とは、「定められた抜取検査で合格となったときはそのまま受け入れるが、不合格となったときは全数選別し、発見された不適合品を適合品と取り替える、あるいは修理する」ことが手順に組み込まれた検査です。なお、破壊検査のように全数選別が不可能な場合は適用できません。

●（2）計数選別型抜取検査の実施方法

　計数選別型抜取検査には、ロットごとに許容不良率p_1（LTPD：Lot Tolerance Percent Defective）を定めて、pjのような悪い品質のものが合格となる確率を小さくする方法と、多数のロットの検査後の平均出検品質限界（AOQL：Average Outgoing Quality Limit）を定めて、望ましい一定の値に抑える方法があります。ただし、これらの方法に対応するJIS規格やISO規格は現在制定されていません。

● 1）LTPDを保証する計数選別型抜取検査

　ロットごとに品質を保証する検査です。この検査を設計するには、ロットのp_1（LTPD）と消費者危険（β）を定めて、工程平均不良率$\bar{p}$のもとにおいて平均検査量（I）が最低となる抜取方式を定めます。βは通常10%を用います。

手順1　累積率曲線（累積確率曲線）を用いて縦軸に$\beta = 0.10$をとり、図中のc = 0, 1, 2, …との交点に対する横軸の値npを求めます。

手順2　npの値をLTPDで割り、nを求めます。

手順3　nに$\bar{p}$を掛けて、$n, \bar{p}$を計算します。

手順4 累積確率曲線の横軸に$n, \bar{p}$をとり、それに相当する累積確率曲線中の曲線 $c = 0, 1, 2, \cdots$との交点に対する縦軸の値$L(p) = L(\bar{n})$を読み取ります。

手順5 $1 - L(\bar{p})$の値を求めます。

手順6 $(N-n)\left|1 - L(\bar{p})\right|$の値を計算します。

手順7 $(N-n)\left|1 - L(\bar{p})\right|$の値に$n$を加えます。

手順8 手順7で求めた平均検査量(I)が最も小さくなる(n, c)の組を求めます。これがLTPDを保証する計数選別型抜取検査の抜取方式となります。

検査の目的や制度から選ぶtといいのね

抜取検査には大きく分けると計数抜取と計数抜取と計数抜取検査の2種類があるよ

問題 **5** 計数選別型抜取検査

ロットの大きさ $N = 1000$、LTPD $= 3.0\%$、$\beta = 0.10$、工程平均不良率 $\bar{p}$ において、平均検査量 (I) を最小にする抜取方式を求めてください。

問題 5 の解答

手順1 ～ 手順8 に従って行った計算結果をまとめると、表のようになります。

◎計算表

c	np	n	$n\bar{p}$	$L(\bar{p})$	$1-L(\bar{p})$	$(N-n) \times \{1-L(\bar{p})\}$	I
0	2.3026	77	1.54	0.22	0.78	719.1	796.9
1	3.8897	130	2.60	0.26	0.74	643.8	773.8
2	5.3223	177	3.54	0.30	0.70	579.1	753.1
3	6.6808	223	4.46	0.34	0.66	512.8	735.8
4	7.9936	267	5.34	0.37	0.63	461.8	728.8
5	9.2747	309	6.18	0.41	0.59	407.7	716.7
6	10.5321	351	7.02	0.43	0.57	399.9	730.9

表より、平均検査量を最小にする抜取方式は、$n = 309$、$c = 5$ です。

したがって、LTPD $= 3.0\%$ で設計した結果、次の表のような平均不良率 2.0% を持つロットを抜取検査した場合、ロット 1、ロット 3、ロット 5、ロット 6 は $\beta = 10\%$ で合格となるはずです。また、ロット 2、ロット 4 は不合格となるので、全数選別を行い、それぞれのロットの不良率を 0% にします。

◎ロットの不良率

	不良率
ロット1	1.0%
ロット2	3.5%
ロット3	1.0%
ロット4	4.0%
ロット5	0.5%
ロット6	2.0%

2）AOQLを保証する計数選別型抜取検査

　AOQLを保証する計数選別型抜取検査とは、多数のロットの検査後の平均品質を保証する検査です。この検査を設計するには、ロットの平均出検品質限界AOQLとロットの大きさ N を定めて、工程平均不良率 $\bar{p}$ のもとにおいて平均検査量（I）が最低となる抜取方式を定めます。

　AOQL＝2.0％で設計した結果、表のような不良率を持つロットを検査した場合は以下のようになります。

◎ロットの不良率

	不良率
ロット1	1.0%
ロット2	6.0%
ロット3	1.0%
ロット4	5.0%
ロット5	5.0%
ロット6	2.0%

❶ロット1は合格となるはずです。

❷ロット2は、ロット1と合わせると、不良率が

$$\frac{1+6}{2} = 3.5\%$$

となり、AOQC = 2.0%を超えるので、不合格となるはずであり、全数選別して不良率を0%にします。よって、平均不良率は

$$\frac{1+0}{2} = 0.5\%$$

となります。

❸ロット3は、合格となるはずです。

❹ロット4は、ロット1、2、3と合わせると不良率が

$$\frac{1+0+1+5}{4} = 1.75\%$$

であるので、合格となるはずです。

❺ロット5は、合わせると不良率が

$$\frac{1+0+1+5+5}{5} = 2.4\%$$

であるので、不合格となるはずであり、全数選別して不良率を0%にします。よって、平均不良率は、

$$\frac{1+0+1+5+0}{5} = 1.4\%$$

となります。

❻ロット6は、ロット5の不良率が0%になっているので、合格となるはずです。
　　よって、平均不良率は、

$$\frac{1+0+1+5+0+2}{6} = 1.33\%$$

となります。

20-2 調整型抜取検査

●（1）調整型抜取検査とは

「なみ」「きつい」「ゆるい」の3種類の抜取検査表を用意して、品質がよいと推定される供給者に対してはゆるい検査を適用して励みを与え、品質が悪いと推定される供給者にはきつい検査を適用して品質の向上を促す、といったやり方で実施される検査を<u>調整型抜取検査</u>といいます。

調整型抜取検査は売り手が多数あって、受け入れ側が供給者を選択できる場合の購入検査に適用すると効果的です。

●（2）ロットごとの検査に対するAQL指標型抜取検査（JIS Z 9015-1:2006）

調整型抜取検査の一種で、品質指標としてAQL（合格品質限界）を使用して行う抜取検査です。購入者が検査の厳しさを調整して、供給者に対しては<u>ロット不合格</u>という経済的、かつ、精神的な圧力を通じて、工程平均を少なくともAQL以下に維持するように誘導し、供給者間で競争させることにより品質向上が期待できます。

1) JIS Z 9015-1:2006の特徴

①長い目で品質を保証します。多数の供給者から連続的、かつ、多量に購入する場合に適しており、長期間でAQLが保証されます。

②不合格ロットの処置方法が決められています。原則としてそのまま供給者に返却します。

③1回抜取方式、2回抜取方式、多回抜取方式の3種類の抜取方式があります。

④ロットの大きさと検査水準からサンプルの大きさが決まります。通常の検査では検査水準Ⅰ、検査水準Ⅱ、検査水準Ⅲの3種類、小サンプル検査ではS-1、S-2、S-3、S-4の4種類があります。

⑤不適合品率、不適合数とも使える検査表になっています。

⑥ロットのサイズが大きくなれば、大きなサンプルをとって判別力をよくする検査表になっており、生産者危険（α）は一定していません。

2）検査の手順

手順1 品質判定基準（適合品、不適合品の判定基準）を決めます。

手順2 AQL（合格品質限界）を決めます。

手順3 ロットの大きさ N を指定します。

手順4 検査水準（Ⅰ、Ⅱ、Ⅲ）を決めます。

　通常は検査水準Ⅱとします。高価、重要なものはⅢ、安価、簡易な品物はⅠとします。

手順5 ロットサイズと検査水準より、JIS規格の付表6（抜取検査の付表）より選択します。

　ここでは付表6の一例を示しています。ここでサンプル（サイズ）文字を決めます。

◎付表6の一例

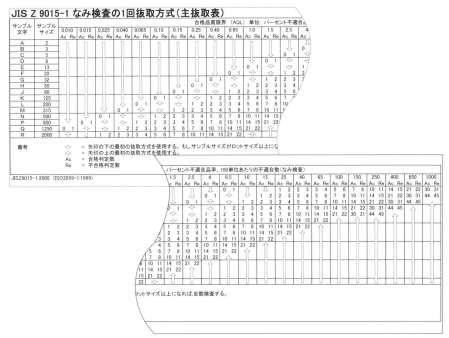

手順6 抜取方式として、1回抜取方式、2回抜取方式、多回抜取方式のいずれを用いるかを決めます。

手順7 検査の厳しさとして、なみ、きつい、ゆるいのいずれを用いるかを決めます。

通常、最初はなみ検査を適用します。

手順8 抜取方式を求めます。

サンプル（サイズ）文字、抜取方式、検査の厳しさにより、適切な抜取表を選びます。選ばれた抜取表から抜取方式を求めます。

手順9 サンプルを抜き取り、試験を行います。

手順10 （ロットに対して）合格・不合格の判定を下します。

サンプル中の不適合品数または不適合数が合格判定数以下であれば、ロットは合格、不合格判定数以上であればロットは不合格です。

手順11 ロットを処置します。

合格したロットはそのまま受け入れ、不合格ロットはそのまま供給者に返します。ただし、合格したロットで検査中に検出された不適合品または不適合は、修理するか、適合品と取り替えるか、取り除いたうえで受け入れます。

手順12 検査結果を記録します。

検査の厳しさの調整（切り替え）のために必要な検査結果を記録します。

問題 6 調整型抜取検査（その1）

JIS Z 9015-1:2006を用いて、AQL＝0.65(%)、ロットの大きさN＝10000、検査水準Ⅱ、1回抜取方式、検査の厳しさ「なみ検査」の抜取方式を求めてください。

問題6の解答

　ロットの大きさ$N = 10000$、検査水準IIの場合、JIS規格の付表6より、サンプル（サイズ）文字は「L」となります。

　$AQL = 0.65$（%）、「なみ検査」、1回抜取方式の場合、付表7「なみ検査の1回抜取方式」よりサンプル文字Lの行と$AQL = 0.65$（%）の交わる欄から、合格判定数Ac = 3、不合格判定数Re = 4です。

　サンプルサイズはLの右隣の200となります。

　すなわち、$N = 10000$個のロットより200個を抜き取って検査を行い、不適合品数が3個以下であればそのロットは合格、不適合品数が4個以上であればそのロットは不合格、と判定します。

●（3）検査の厳しさの切り替えルール

　過去の検査の実績により、ゆるい検査⇔なみ検査⇔きつい検査のいずれかを適用し、通常、最初はなみ検査からスタートします。

①なみ検査➡きつい検査

　なみ検査で、連続5ロットのうち2ロットが不合格となったときには、次回の検査からきつい検査となります。

②きつい検査➡なみ検査

　きつい検査で、連続5ロットが合格したときには、次回の検査からなみ検査となります。

③なみ検査➡ゆるい検査

　なみ検査で連続して合格し、切り替えスコアの累計が30点以上となったら、次回の検査からゆるい検査となります。

④ゆるい検査➡なみ検査

　ゆるい検査中に、ロット不合格、生産の不規則・停滞が生じた場合は、次回の検査はなみ検査となります。

　きつい検査での不合格ロットの累積が5ロットとなった場合は、検査を停止します。

調整型抜取検査（その2）

　　下表は JIS Z 9015-1:2006 を適用中の購入品の管理表です。

　AQL＝0.4％、検査水準Ⅱ、1回抜取方式で、検査の厳しさ「なみ検査」でロット1からスタートしました。

　ロット2～8の不適合品数は示してありますが、残りの空欄を埋めなさい。

▼検査管理表

ロット番号	ロットの大きさ	サンプルの大きさ	不適合品数	検査の厳しさ	合否判定
1	2000	125	2	なみ	不合格
2	2000		2		
3	2000		1		
4	2000		0		
5	2000		1		
6	2000		0		
7	2000		0		
8	2000		1		

問題7の解答

① 「なみ検査」の抜取方式

ロットの大きさ$N = 2000$、検査水準 II の場合、付表6より、サンプル（サイズ）文字は「K」となります。

$AQL = 0.4$（%）、「なみ検査」、1回抜取方式の場合、付表7「なみ検査の1回抜取方式」より、サンプル文字Kの行と$AQL = 0.40$（%）の交わる欄から、合格判定数$Ac = 1$、不合格判定数$Re = 2$と分かります。

また、サンプルサイズは$n = 125$です。

② 「なみ検査」での合否判定

不合格判定数$Re = 2$で、ロット1、ロット2とも不適合品数は2であるので、不合格です。

このことより、「連続5ロット中2ロットが不合格」の切り替えルールが適用され、ロット3より「きつい検査」に切り替えられます。

③ 「きつい検査」の抜取方式

サンプル（サイズ）文字は「K」です。

$AQL = 0.4$（%）、「きつい検査」、1回抜取方式の場合、付表8「きつい検査の1回抜取方式」より、サンプル文字Kの行と$AQL = 0.40$（%）の交わる欄には矢印↓があるので、その矢印に従って進むと、合格判定数$Ac = 1$、不合格判定数$Re = 2$です。

また、サンプルサイズは矢印↓の数字があるサンプル文字の行の$n = 200$となります。

④ 「きつい検査」での合否判定

不合格判定数$Re = 2$で、ロット3～ロット7の不適合品数は0または1ですので、すべて合格です。このことより、「連続5ロットが合格」の切り替えルールが適用され、ロット8より「なみ検査」に切り替えられます。

ロット番号	ロットの大きさ	サンプルの大きさ	不適合品数	検査の厳しさ	合否判定
1	2000	125	2	なみ	不合格
2	2000	125	2	なみ	不合格
3	2000	200	1	きつい	合格
4	2000	200	0	きつい	合格
5	2000	200	1	きつい	合格
6	2000	200	0	きつい	合格
7	2000	200	0	きつい	合格
8	2000	125	1	なみ	合格

⑤ロット8の合否

不適合品数は1で、①の「なみ検査」の判定基準に基づき合格です。

以上の結果を表にまとめると検査管理表になります。

●（4）孤立ロットの検査に対するLQ指標型抜取検査(JIS Z 9015-2:1999)

1) JIS Z 9015-2:1999とは

孤立ロットとは、1回だけのロットや前回とは母集団の異なるロットをいい、JIS Z 9015-1:2006において、切り替えルールが適用できないような場合に、LQ（限界品質：Limiting Quality）による消費者危険を定めて1回抜取方式を行います。

▼検査管理表

ロット番号	ロットの大きさ	サンプルの大きさ	不適合品数	検査の厳しさ	合否判定
1	2000	125	2	なみ	不合格
2	2000	125	2	なみ	不合格
3	2000	200	1	きつい	合格
4	2000	200	0	きつい	合格
5	2000	200	1	きつい	合格
6	2000	200	0	きつい	合格
7	2000	200	0	きつい	合格
8	2000	125	1	なみ	合格

2）特徴

①JIS Z 9015-1:2006の切り替えルールが適用できない場合、例えば、ロットが孤立状態にあるときに使用します。この規格の主な目的は、JIS Z 9015-1:2006を補うことです。

②限界品質(LQ)の標準値を指標とします。1回抜取方式です。LQにおける消費者危険は通常は10%未満です。ＡＱＬ（合格品質限界）が生産者に対して、抜取検査でほとんどの場合に合格するような品質水準の目安を与えるのとは異なって、LQは消費者に合格ロットの真の品質に対してできる目安を与えるわけではありません。このため、LQは望ましい品質の最低3倍という現実的な選択をします。

③手順A（供給者と消費者がともに孤立していることを望んでいる場合）と手順B（供給者はロットが連続シリーズであることを望んでいますが、消費者は孤立して受け取ることを望んでいる場合）があります。手順Aは、抜取検査の結果に対して超幾何分布に基づいています。

④1回抜取方式の5つの基礎的な数値、すなわちロットサイズ、サンプルサイズ、合格判定数、AQL（または生産者危険品質）およびLQが可能な限り同じ表中に現れるようにします。

3）検査の手順

通常用いられる手順Aについて、その手順を示します。

手順1 ロットサイズNを指定します。

手順2 LQ（限界品質）および不適合品率（％）を決めます。

手順3 指定されたロットサイズおよび限界品質の値を指標として、JIS規格の付表10からサンプルサイズn、および合格判定数Acを求めます。

手順4 サンプルを抜き取り、試験を行います。

（ロットに対して）**合格・不合格の判定を下します。**

　サンプル中の不適合品数または不適合数が、合格判定数以下であればロットは合格、不合格判定数以上であればロットは不合格です。

4) 合格および不合格に対応するルール

①合格

　もしサンプル中に見いだされた不適合品の数が、抜取検査方式で指定された合格判定数（Ac）以下であれば、ロットは合格とします。

②不適合品

　ロットが合格となった場合でも、検査の途中で見いだされた不適合品は、サンプルの一部であってもなくても不合格とします。

③不合格および再提出

　もしサンプル中に見いだされた不適合品の数が合格判定数（Ac）より多ければ、ロットは不合格とします。不合格ロットは所定の条件を満足させない限り、再提出してはなりません。

● (5) スキップロット抜取検査（JIS Z 9015-3:2011）

　JIS Z 9015-3:2011「計数値検査に対する抜取検査基準—第3部：スキップロット抜取検査手順」は、提出された製品に対する検査の労力の軽減が図れます。一般的な計数値スキップ抜取検査手順について規定したものです。

　ロットが安定的な工程から提出されるのが確実な場合に、

　（検査を実施する）/（検査をしないで合格とする）

の割合を、品質の実績に応じて、1/2、1/3、1/4、1/5の比率でランダムに決定して実施する検査方式です。

　実施するときは、JIS Z 9015-1:2006「計数値検査に対する抜取検査手順—第1部：ロットごとの検査に対するAQL指標型抜取検査方式」のなみ検査を行います。

　ゆるい検査を適用して1回ごとのサンプルサイズを小さくするよりも、検査そのものを省略するほうが経済的効果が大きい場合に適用します。

21-1 多元配置実験

●（1）実験を計画するにあたって

実験を計画するにあたって、実験の場を管理するときに必要な考え方を示したものがフィッシャーの三原則で、反復の原則、無作為化の原則、そして局所管理の原則があります。

フィッシャーの三原則

● 反復の原則とは、同一の条件のもとで実験を繰り返すこと
● 無作為化の原則とは、実験の順序を無作為にすること
● 局所管理の原則とは、実験の場が均一になるようにブロックに分けること

実験計画法を行うには、まず目的となる「特性」を決めます。そして、特性に影響していると思われる要因を洗い出し、「因子」を設定します。実験に取り上げる因子には、**母数因子**と変量因子があり、温度や添加量など、再度実験するときに同じ条件を再現することができる因子を**母数因子**といいます。これらの母数因子の効果が統計的に有意かどうかを、因子の「水準」を設定して調べることになります。

因子と水準の設定

特　性：結果として現れる製品の品質（強度、長さ、含有率など）
因　子：特性に影響を与えそうで、実験に取り上げる要因
水　準：実験を行うにあたって因子の設定した条件（2水準、3水準）

実験の方法のうち、取り上げた因子とそれらの水準のすべての組合せについて、漏れなく実験することを**要因配置実験**といいますが、1つの因子を取り上げるのが**一元配置実験**、2つの因子を取り上げるのが**二元配置実験**です。

3つ以上の因子を取り上げるのを**多元配置実験**といいます。交互作用を検出する

には、各水準組合せで繰り返して実験をすることが必要となります。要因配置実験では、因子をたくさん取り上げると実験回数が多くなるため、因子をある程度絞り込んだあとで、要因効果がありそうな因子だけを取り上げて実験をします。

◎実験計画法を進めるにあたって

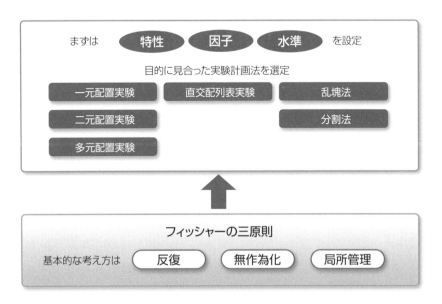

これに対して、一部の水準組合せだけを実験するのが**部分配置実験**です。部分配置実験では、どの水準組合せで実験するかを、必要な要因効果が検出できるように決めることが重要となります。部分配置実験において、どの水準組合せで実験を行うかを**直交配列表**で決めるのが**直交配列表実験**です。

2水準因子のための**2水準系直交配列表**や、3水準因子のための**3水準系直交配列表**が用意されています。水準数の異なる因子を一緒に実験するときには、**多水準法**や**擬水準法**が使われます。

ブロック因子を導入することで局所管理を行い、ブロックの違いによる効果やブロック因子が特性に与える影響を知ることで、取り上げた因子の効果を的確に検出するのが**乱塊法**です。また、実験を何段階かに分けて、各段階で実験順序をランダマイズして効率化を図る方法が**分割法**です。これらの方法は、多元配置実験や大きなサイズの直交配列表を用いた実験のように、実験回数が多くなるときに有効となります。

実験の方法

一元配置実験：1つの因子を取り上げて、各水準で繰り返し行う実験。

二元配置実験：2つの因子を取り上げて、各水準の組合せで行う実験。繰り
返しのある場合は交互作用効果も判定できます。

多元配置実験：3つ以上の因子を取り上げて、各水準の組合せで行う実験。
実験回数が多くなりすぎることがあります。

直交配列表実験：多くの因子を取り上げるとき、すべての水準組合せではな
く、一部の水準組合せで行う実験。どの水準組合せで実験するかは
直交配列表を使って決められます。

乱塊法：すべての実験の場をそろえるのではなく、いくつかのブロックに分
けて、ブロックですべての水準組合せについて行う実験です。例え
ば複数の実験日に分けて実施する場合などです。

分割法：水準変更が容易でない因子があるとき、まずその因子の水準につい
てランダム化し、次に他の因子の水準についてランダム化を行う、
というように段階的に行う実験です。

● (2) 多元配置実験とは

　3つ以上の因子を取り上げて、特性に影響を及ぼしているかどうかを調べるとき
に行う実験です。水準組合せの数が多くなるため、実験回数も多くなりますが、解析
方法は一元配置や二元配置と同じです。

　二元配置の24回の実験で、3つ目の因子Cを2水準に設定して、因子Aと因子Bの
各水準組合せにおいて1回ずつ実験することができます。これが繰り返しのない三
元配置実験で、二元配置実験と同じ実験回数で3つの因子の効果を調べることがで
きます。繰り返しをしていないため、3因子間の交互作用を検出することはできませ
んが、一般に3因子以上の間にある交互作用は考えない場合が多いことや、実験回数
が多くなりすぎることから、多元配置実験では繰り返しをしないこともあります。こ
の場合も24回の実験順序はランダムに決めなければなりません。

◎三元配置実験の因子と実験順序

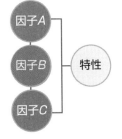

三元配置実験

因子		因子C_1				因子C_2			
		B_1	B_2	B_3	B_4	B_1	B_2	B_3	B_4
因子A	A_1	⑲	⑭	⑰	①	㉓	⑤	㉑	⑪
	A_2	⑫	⑦	⑨	⑯	⑮	㉒	④	㉔
	A_3	⑩	⑱	③	⑬	②	⑥	⑧	⑳

　例えば、機械部品の強度に影響を与える因子として、焼成温度(A：3水準)、材料組成(B：2水準)と焼成時間(C：2水準)を取り上げ、各水準組合せで2個ずつ試作して強度を測定しました。このとき、$3 \times 2 \times 2 \times 2 = 24$回の実験が必要となります。

　機械部品の強度データの例を次に示します。

▼三元配置の強度データ表

	B_1 (従来品)		B_2 (変更品)	
	C_1 (10分)	C_2 (15分)	C_1 (10分)	C_2 (15分)
A_1 (1200℃)	135, 140	148, 139	128, 137	135, 142
A_2 (1300℃)	151, 147	156, 160	166, 158	174, 168
A_3 (1400℃)	158, 151	165, 168	145, 136	160, 157

●（3）三元配置データの構造

　因子Aにl個の水準、因子Bにm個の水準、因子Cにn個の水準をとって、A, B, Cの各水準組合せにおいて繰り返しr回の実験を行いました。データの構造式は次のとおりです。

$$\chi_{lmnr} = \mu + a_l + b_m + c_n + (ab)_{lm} + (ac)_{ln} + (bc)_{mn} + (abc)_{lmn} + \epsilon_{lmnr}$$

（データ）＝（全体平均）＋（主効果A）＋（主効果B）＋（主効果C）＋（交互作用$A \times B$）＋（交互作用$A \times C$）＋（交互作用$B \times C$）＋（交互作用$A \times B \times C$）＋（誤差）

●（4）平方和の計算

$$S_{ABC} = \sum_{i=1}^{l} \sum_{j=1}^{m} \sum_{k=1}^{n} \frac{(A_i B_j C_k \text{ 水準のデータの合計})^2}{A_i B_j C_k \text{ 水準のデータ数}} - CT$$

$$S_{A \times B \times C} = S_{ABC} - (S_A + S_B + S_C + S_{A \times B} + S_{A \times C} + S_{B \times C})$$

$$S_E = S_T - (S_A + S_B + S_C + S_{A \times B} + S_{A \times C} + S_{B \times C} + S_{A \times B \times C})$$

$$\phi_{A \times B \times C} = \phi_A \times \phi_B \times \phi_C$$

$$\phi_E = \phi_T - (\phi_A + \phi_B + \phi_C + \phi_{A \times B} + \phi_{A \times C} + \phi_{B \times C} + \phi_{A \times B \times C})$$

繰り返しのないときは、$A_i B_j C_k$ 水準には1つしかデータがないので、

$$S_{ABC} = S_T$$

となり、3因子交互作用と誤差が交絡します。そのため、$S_{A \times B \times C}$ は考えません。

●（5）分散分析表の作成

　三元配置では、3つの主効果 A, B, C と3つの2因子交互作用 $A \times B$, $A \times C$, $B \times C$、繰り返しがあったら3因子交互作用 $A \times B \times C$ の要因効果があるかどうかを検定します。それぞれの F_0 値によって、各要因が統計的に有意であるかどうかを判定します。以上の結果をまとめて分散分析表を作成します。

要因	平方和S	自由度ϕ	分散V	分散比$(F_0$値$)$
A	S_A	ϕ_A	V_A	V_A / V_E
B	S_B	ϕ_B	V_B	V_B / V_E
C	S_C	ϕ_C	V_C	V_C / V_E
$A \times B$	$S_{A \times B}$	$\phi_{A \times B}$	$V_{A \times B}$	$V_{A \times B} / V_E$
$A \times C$	$S_{A \times C}$	$\phi_{A \times C}$	$V_{A \times C}$	$V_{A \times C} / V_E$
$B \times C$	$S_{B \times C}$	$\phi_{B \times C}$	$V_{B \times C}$	$V_{B \times C} / V_E$
$A \times B \times C$	$S_{A \times B \times C}$	$\phi_{A \times B \times C}$	$V_{A \times B \times C}$	$V_{A \times B \times C} / V_E$
E	S_E	ϕ_E	V_E	
合計	S_T	ϕ_T		

●（6）最適水準とその母平均の点推定

交互作用がある因子は水準組合せを考え、要因効果がないと見なされた交互作用は誤差項にプーリングします。

水準組合せにおける母平均の推定値は、データの構造式に基づいて計算します。3因子交互作用$A \times B \times C$の要因効果があったときには、$A,\ B,\ C$の水準組合せの中から最大となる組合せを見つけます。

$$\hat{\mu}(A_i B_j C_k) = \overline{\mu + a_i + b_j + c_k + (ab)_{ij} + (ac)_{ik} + (bc)_{jk} + (abc)_{ijk}} = \frac{T_{ijk\cdot}}{r}$$

3因子交互作用がないときに、3つの因子の組合せから最適水準を決めるのは誤りです。例えば、交互作用$A \times B$と$A \times C$の要因効果があったときは、ABの水準組合せとACの水準組合せから計算します。このとき、$\widehat{\mu + a_i}$を2回足していることになるので、1つ引くことになります。

$$
\begin{aligned}
\hat{\mu}(A_i B_j C_k) &= \overline{\mu + a_i + b_j + c_k + (ab)_{ij} + (ac)_{ik}} \\
&= \overline{\mu + a_i + b_j + (ab)_{ij}} + \overline{\mu + a_i + c_k + (ac)_{ik}} - \widehat{\mu + a_i} \\
&= \frac{T_{ij\bullet\bullet}}{nr} + \frac{T_{i\bullet k\bullet}}{mr} - \frac{T_{i\bullet\bullet\bullet}}{mnr}
\end{aligned}
$$

$\hat{\mu}(A_i B_j C_k)$ が最大となる水準組合せを求めるには、AB と AC の水準組合せについては大きくなるものを、A の水準については小さくなるものを求めなければなりませんが、このときに選ばれる因子 A の水準が一致するとは限りません。複数の交互作用にまたがっている因子があるときには、重複する因子に対して、水準ごとに母平均を計算して比較します。

● (7) 母平均の区間推定

点推定量の分散の推定値は、

$$V(\hat{\mu}(A_i B_j C_k)) = \frac{V_E}{n_e}$$

となります。有効反復数 n_e は田口の式あるいは伊奈の式で計算します。

$$\frac{1}{n_e} = \frac{点推定に用いた要因の自由度の和 + 1}{総データ数} \quad （田口の式）$$

$$= \frac{(l-1) + (m-1) + (n-1) + (l-1)(m-1) + (l-1)(n-1) + 1}{lmnr}$$

$$= \frac{m + n - 1}{mr}$$

$$\frac{1}{n_e} = 点推定に用いた式の係数の和 \quad （伊奈の式）$$

$$= \frac{1}{nr} + \frac{1}{mr} - \frac{1}{mnr}$$

このとき、$A_i B_j C_k$ 水準における母平均の信頼率 $(100 - \alpha)$ %の信頼区間は、

$$\hat{\mu}(A_i B_j C_k) \pm t(\phi_E, \alpha) \sqrt{\frac{V_E}{n_e}}$$

で与えられます。

多元配置実験（三元配置法）

機械部品の強度に影響を与える因子として、焼成温度（A：3水準）、材料組成（B：2水準）と焼成時間（C：2水準）を取り上げ、各水準組合せで2個ずつ試作して強度を測定しました。このとき、3×2×2×2＝24回の実験を行いました。

▼三元配置の強度データ表

| | B_1（従来品） | | B_2（変更品） | |
	C_1（10分）	C_2（15分）	C_1（10分）	C_2（15分）
A_1（1200℃）	135, 140	148, 139	128, 137	135, 142
A_2（1300℃）	151, 147	156, 160	166, 158	174, 168
A_3（1400℃）	158, 151	165, 168	145, 136	160, 157

焼成温度（A）、材料組成（B）、燃焼時間（C）は強度に影響しているか、また、交互作用はあるのか、を解析してみましょう。

得られたデータから二元表をつくります。

▼データの二元表

	B_1	B_2	合計
A_1	562	542	1104
A_2	614	666	1280
A_3	642	598	1240
合計	1818	1812	3624

	C_1	C_2	合計
A_1	540	564	1104
A_2	622	658	1280
A_3	590	650	1240
合計	1752	1872	3624

	C_1	C_2	合計
B_1	882	6	1818
B_2	870	6	1812
合計	1752	1872	3624

問題8の解答

手順1 分散分析表の作成

まず、修正項を求めます。

$$CT = \frac{3624^2}{24} = 547224$$

次に各平方和を求めます。

$$S_A = \frac{1104^2}{8} + \frac{1280^2}{8} + \frac{1240^2}{8} - 547224 = 2128$$

$$S_B = \frac{1818^2}{12} + \frac{1806^2}{12} - 547224 = 6$$

$$S_C = \frac{1752^2}{12} + \frac{1872^2}{12} - 547224 = 600$$

$$S_{AB} = \frac{562^2}{4} + \frac{542^2}{4} + \frac{614^2}{4} + \frac{666^2}{4} + \frac{642^2}{4} + \frac{598^2}{4} - 547224 = 2758$$

$$S_{AC} = \frac{540^2}{4} + \frac{564^2}{4} + \frac{622^2}{4} + \frac{658^2}{4} + \frac{590^2}{4} + \frac{650^2}{4} - 547224 = 2812$$

$$S_{BC} = \frac{882^2}{6} + \frac{936^2}{6} + \frac{870^2}{6} + \frac{936^2}{6} - 547224 = 612$$

$$S_{A \times B} = S_{AB} - S_A - S_B = 2758 - 2128 - 6 = 624$$

$$S_{A \times C} = S_{AC} - S_A - S_C = 2812 - 2128 - 600 = 84$$

$$S_{B \times C} = S_{BC} - S_B - S_C = 612 - 6 - 600 = 6$$

$$S_{ABC} = \frac{275^2}{2} + \frac{287^2}{2} + \cdots + \frac{317^2}{2} - 547224 = 3460$$

$$S_{A \times B \times C} = S_{ABC} - S_A - S_B - S_C - S_{A \times B} - S_{A \times C} - S_{B \times C}$$

$$= 3460 - 2128 - 6 - 600 - 624 - 84 - 6 = 12$$

$$S_E = S_T - S_{ABC} = 3718 - 3460 = 258$$

自由度は、次のようになります。

$$\phi_T = 24 - 1 = 23 \qquad \phi_A = 3 - 1 = 2 \qquad \phi_B = 2 - 1 = 1$$

$$\phi_C = 2 - 1 = 1 \qquad \phi_{A \times B} = 2 \times 1 = 2 \qquad \phi_{A \times C} = 2 \times 1 = 2$$

$$\phi_{B \times C} = 1 \times 1 = 1 \qquad \phi_{A \times B \times C} = 2 \times 1 \times 1 = 2$$

$$\phi_E = 23 - (2+1+1+2+2+1+2) = 12$$

分散分析表の結果から、主効果A, Cと交互作用$A \times B$は高度に有意となりました。交互作用$A \times C$は有意ではありませんが、F_0値が2付近であることから、プーリングはしません。交互作用$B \times C$と$A \times B \times C$は有意でなくF_0値も小さいので、誤差項にプーリングします。主効果Bは、交互作用$A \times B$が有意であることから因子Aとの組合せ効果が見られるため、プーリングしません。プーリング後の分散分析表を求めます。

▼分散分析表

要因	平方和S	自由度ϕ	分散V	F_0値
A	2128	2	1064.0	49.5**
B	6	1	6.0	0.28
C	600	1	600.0	27.9**
$A \times B$	624	2	312.0	14.5**
$A \times C$	84	2	42.0	1.95
$B \times C$	6	1	6.0	0.28
$A \times B \times C$	12	2	6.0	0.28
E	258	12	21.5	
合計	3718	23		

$F(2, 12; 0.05) = 3.89, \quad F(2, 12; 0.01) = 6.93$

$F(1, 12; 0.05) = 4.75, \quad F(1, 12; 0.01) = 9.33$

▼プーリング後の分散分析表

要因	平方和S	自由度ϕ	分散V	F_0値
A	2128	2	1064.0	57.8**
B	6	1	6.0	0.33
C	600	1	600.0	32.6**
$A \times B$	624	2	312.0	17.0**
$A \times C$	84	2	42.0	2.28
E	276	15	18.4	
T	3718	23		

$F(2, 15; 0.05) = 3.68, \quad F(2, 15; 0.01) = 6.36$

$F(1, 15; 0.05) = 4.54, \quad F(1, 15; 0.01) = 8.68$

手順2 **最適水準の決定**

2つの交互作用 $A \times B$ と $A \times C$ では因子 A が重複しているので、A の水準を固定して、B, C の最適水準を求めます。

$$\hat{\mu}(A_i B_j C_k) = \overline{\mu + a_i + b_j + c_k + (ab)_{ij} + (ac)_{ik}}$$

$$= \overline{\mu + a_i + b_j + (ab)_{ij}} + \overline{\mu + a_i + c_k + (ac)_{ik}} - \overline{\mu + a_i}$$

$$= \frac{T_{ij\bullet\bullet}}{nr} + \frac{T_{i\bullet k\bullet}}{mr} - \frac{T_{i\bullet\bullet\bullet}}{mnr}$$

1) 水準 A_1 のとき、AB 二元表より水準 B_1、AC 二元表より水準 C_2 のときに最大となります。

$$\hat{\mu}(A_1 B_1 C_2) = \overline{\mu + a_1 + b_1 + (ab)_{11}} + \overline{\mu + a_1 + c_2 + (ac)_{12}} - \overline{\mu + a_1}$$

$$= \frac{562}{4} + \frac{564}{4} - \frac{1104}{8} = 143.5$$

2) 水準 A_2 のとき、AB 二元表より水準 B_2、AC 二元表より水準 C_2 のときに最大となります。

$$\hat{\mu}(A_2 B_2 C_2) = \overline{\mu + a_2 + b_2 + (ab)_{22}} + \overline{\mu + a_2 + c_2 + (ac)_{22}} - \overline{\mu + a_2}$$

$$= \frac{666}{4} + \frac{658}{4} - \frac{1280}{8} = 171.0$$

3) 水準 A_3 のとき、AB 二元表より水準 B_1、AC 二元表より水準 C_2 のときに最大となります。

$$\hat{\mu}(A_3 B_1 C_2) = \overline{\mu + a_3 + b_1 + (ab)_{31}} + \overline{\mu + a_3 + c_2 + (ac)_{32}} - \overline{\mu + a_3}$$

$$= \frac{642}{4} + \frac{650}{4} - \frac{1240}{8} = 168.0$$

1)、2)、3)を比較して、最適水準は最も平均が高くなる $A_2 B_2 C_2$ です。

$A_2B_2C_2$ における母平均の点推定は、A_2B_2 における平均と、A_2C_2 における平均から、

$$\hat{\mu}(A_2B_2C_2) = \overline{\mu + a_2 + b_2 + (ab)_{22}} + \overline{\mu + a_2 + c_2 + (ac)_{22}} - \widehat{\mu + a_2}$$

$$= \frac{666}{4} + \frac{658}{4} - \frac{1280}{8} = 171.0$$

です。有効反復数は、伊奈の式から、

$$\frac{1}{n_e} = \frac{1}{4} + \frac{1}{4} - \frac{1}{8} = \frac{3}{8}$$

となるので、信頼率95%での信頼区間は、次のとおりになります。

$$\hat{\mu}(A_2B_2C_2) \pm t(\phi_E, \alpha)\sqrt{\frac{V_E}{n_e}} = 171.0 \pm t(15, 0.05)\sqrt{\frac{3}{8} \times 18.4}$$

$$= 171.0 \pm 2.131 \times 2.627$$

$$= 171.0 \pm 5.6$$

$$= 165.4 , 176.6$$

実験計画は
手順1. 目的を決める
手順2. 目的に見合った
　　　　解析方法を決める
手順3. 結果を出す
手順4. 再現実験を行う
で行います

21-2 乱塊法

●（1）乱塊法とは

多くの実験をするときに、均一の条件ですべての実験をすることは容易ではありません。例えば、繰り返しのある二元配置実験で24回の実験をするとき、同じ原料ロットから試作品を24個つくることができなかったり、1日に24回の実験をすることができなかったりすると、原料ロットの違いや実験日の違いが結果に影響しないようにしなければなりません。

◎乱塊法の因子と実験順序

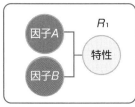
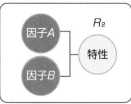

因子	R_1				R_2			
	B_1	B_2	B_3	B_4	B_1	B_2	B_3	B_4
A_1	⑪	⑤	⑩	①	⑪	⑥	⑨	④
A_2	⑧	⑦	④	⑨	⑦	⑩	②	⑫
A_3	⑫	⑥	③	②	③	⑧	①	⑤

乱塊法

このとき、**ブロック因子**として原料ロットや実験日を導入することで局所管理を行い、ブロックの違いによる効果も把握するのが**乱塊法**です。2つの原料ロット（R_1, R_2）からそれぞれ12個ずつ試作品をつくって実験をする場合、実験順序は原料ロットごとにランダムに決めます。つまり、乱塊法とは塊の中でランダマイズ（乱）する方法です。

●（2）乱塊法の解析

因子Aを4水準に設定して繰り返し3回の実験を考えます。12回の実験を1日で

行うのが難しいため、3日に分けて実験することにしました。各水準を1回ずつ計4回の実験をランダムな順に1日で実施します。

▼データ表

	R_1(1日目)	R_2(2日目)	R_3(3日目)
A_1	29	34	30
A_2	31	36	37
A_3	31	34	33
A_4	28	29	32

ブロック因子をRとすると、水準R_jにおけるA_i水準のデータは

$$x_{ij} = \mu + r_j + a_i + \varepsilon_{ij}$$

$$\sum_i a_i = 0, \ r_j \sim N(0, \sigma_R^2), \ \varepsilon_{ij} \sim N(0, \sigma^2), \ i = 1, ..., a, \ j = 1, ..., r$$

となり、主効果Aのほかにブロック因子の効果Rが取り上げられます。Rは**変量因子**ですから、Aとの**交互作用**は考えません。

　分散分析表にまとめ、ブロック間変動が有意でなくF_0値も小さければ、ブロックの影響はないものとして誤差へ**プーリング**します。

　ブロック因子を無視できないとき、水準A_iにはr個のデータがあるので、そこでの平均の分散は、

$$V(\overline{x}_i) = \frac{\sigma_R^2 + \sigma^2}{r}$$

となり、その推定値は

$$\hat{V}(\overline{x}_i) = \frac{\hat{\sigma}_R^2 + \hat{\sigma}^2}{r} = \frac{1}{r}\frac{V_R - V_E}{a} + \frac{V_E}{r} = \frac{V_R}{ar} + \frac{a-1}{ar}V_E$$

と表せます。一般には、総データ数Nと有効反復数n_eを用いて

$$\hat{V}(\overline{x}_i) = \frac{V_R}{N} + \frac{V_E}{n_e} \quad \text{ただし、} \quad \frac{1}{n_e} = \frac{a-1}{ar} = \frac{\phi_A}{N}$$

となります。

　有効反復数は田口の式から求められ、分子は点推定に用いた要因の自由度の和です。ここで、ブロック因子Rは含みません。

　信頼率95%の信頼区間は

$$\overline{x}_i \pm t(\phi^*, \alpha)\sqrt{\frac{V_R}{N} + \frac{V_E}{n_e}}$$

です。自由度 ϕ^* はサタースウェイト（Satterthwaite）の等価自由度であり、次の式で求めます。

$$\frac{(\frac{V_R}{N} + \frac{V_E}{n_e})^2}{\phi^*} = \frac{(\frac{V_R}{N})^2}{\phi_R} + \frac{(\frac{V_E}{n_e})^2}{\phi_r}$$

●（3）母平均の差の推定とブロック因子の有効性

　ある水準における母平均の推定値には、誤差ばらつきだけでなく、ブロック因子によるばらつきも含まれています。乱塊法で知りたいのは、どんなブロックが実現するか分からないときの因子の要因効果です。このとき、V_R と V_E を正しく分解できていることが必要となります。

　ブロック因子を考えずに、繰り返しのあるデータの一元配置実験として解析することは、乱塊法におけるブロック因子を誤差にプーリングすることと同じです。

　また、乱塊法では母平均の差をとるとブロック因子の影響がなくなります。水準 A_i と水準 A_j における平均の差は

$$\hat{\mu}_i - \hat{\mu}_j = \overline{x}_i - \overline{x}_j = (a_i - a_j) + (\overline{\varepsilon}_i - \overline{\varepsilon}_j) = \widehat{\mu + a_i} - \widehat{\mu + a_j}$$

と表せますが、ここでは、ブロック効果が相殺され、誤差ばらつきだけになります。このとき、

$$V(\overline{x}_i - \overline{x}_j) = \frac{\sigma^2}{r} + \frac{\sigma^2}{r} = \frac{2}{r}\sigma^2$$

から、その推定値は

$$\hat{V}(\overline{x}_i - \overline{x}_j) = \frac{2}{r}V_E$$

となり、信頼率95%の信頼区間は

$$(\overline{x}_i - \overline{x}_j) \pm t(\phi_E, a)\sqrt{\frac{2V_E}{r}}$$

となります。自由度には誤差自由度 ϕ_E を使います。

乱塊法実験

因子Aを4水準に設定して繰り返し3回の実験を考えます。12回の実験を1日で行うのが難しいため、3日に分けて実験することにしました。各水準を1回ずつ計4回の実験をランダムな順に1日で実施します。

▼データ表

	R_1(1日目)	R_2(2日目)	R_3(3日目)
A_1	29	34	30
A_2	31	36	37
A_3	31	34	33
A_4	28	29	32

問題9の解答　乱塊法実験

手順1 データの整理

まず、二元配置実験と同じ要領で平方和と自由度を計算します。

$$CT = \frac{384^2}{12} = 12288$$

$$S_T = (29^2 + 34^2 + \cdots + 32^2) - 12288 = 90.0 \qquad \phi_T = 12 - 1 = 11$$

$$S_A = \frac{93^2}{3} + \frac{104^2}{3} + \frac{98^2}{3} + \frac{89^2}{3} - 12288 = 42.0 \qquad \phi_A = 4 - 1 = 3$$

$$S_R = \frac{119^2}{4} + \frac{133^2}{4} + \frac{132^2}{4} - 12288 = 30.5 \qquad \phi_R = 3 - 1 = 2$$

$$S_E = 90.0 - 42.0 - 30.5 = 17.5 \qquad \phi_E = 11 - 3 - 2 = 6$$

手順2 分散分析表の作成

▼分散分析表

要因	平方和 S	自由度 ϕ	分散 V	F_0 値
A	42.0	3	14.00	4.80*
R	30.5	2	15.25	5.23*
E	17.5	6	2.917	
T	90.0	11		

　主効果 A とブロック因子 R はともに有意となりました。実験日によって特性が変化しています。

手順3 最適水準の決定と母平均の推定

　因子 A の各水準を比較して、水準 A_2 が最適水準となります。

　A_2 における母平均の点推定は、A_2 における平均から求めます。

$$\hat{\mu}(A_2) = \frac{104}{3} = 34.67 \rightarrow 34.7$$

　点推定量の分散にはブロック間変動も考えます。有効反復数は、田口の式から、

$$\frac{1}{n_e} = \frac{\phi_A}{N} = \frac{3}{12} = \frac{1}{4}$$

となりますので、

$$\hat{V}(\bar{x}_i) = \frac{V_R}{N} + \frac{V_E}{n_e} = \frac{15.25}{12} + \frac{2.917}{4} = 2.000$$

となります。サタースウェイトの等価自由度は

$$\frac{(\frac{15.25}{12} + \frac{2.917}{4})^2}{\phi^*} = \frac{(\frac{15.25}{12})^2}{2} + \frac{(\frac{2.917}{4})^2}{6}$$

から、$\phi^*=4.46$ となり、t分布の5%点は、

$$t(4.46, 0.05) = 0.54 \times t(4, 0.05) + 0.46 \times t(5, 0.05)$$
$$= 0.54 \times 2.776 + 0.46 \times 2.571$$
$$= 2.682$$

となります。したがって、A_2における母平均の信頼率95%の信頼区間は、次のようになります。

$$\overline{x}_2 \pm t(\phi^*, a)\sqrt{\frac{V_R}{N} + \frac{V_E}{n_e}} = 34.67 \pm t(4.46, 0.05)\sqrt{\frac{15.25}{12} + \frac{2.917}{4}}$$
$$= 34.67 \pm 2.682 \times 1.414$$
$$= 34.67 \pm 3.79$$
$$= 30.9, 38.5$$

実験が2日以上にわたるときは乱塊法を使うといいよ

試料が一次製品、二次製品と分かれる場合は分割法を使うといいよ

21-3 分割法

●（1）分割法とは

複数の工程にわたって実験を行う場合、二元配置実験、多元配置実験などの、ランダムな順序で実験を行うことを前提とする方法では不都合な場合があります。ランダム化実験では、実験のたびに最初の工程から最後の工程までを繰り返す必要がありますので、最初の工程が大がかりなバッチ処理で次の工程が簡便な加工工程であったとしても、実験のたびに水準を変えたバッチ処理から始めなくてはならないという問題があります。

このような場合、実験を何段階かに分けて、各段階で実験順序をランダマイズして効率化を図る方法が**分割法**です。例えば、因子Aが処理温度とするとき、ある温度のもとで因子Bと因子Cの水準組合せの実験を行い、次に温度を変更して因子Bと因子Cの水準組合せの実験を行う——というのが2段分割実験です。この場合はまず因子Aの設定順序を決め、次いで因子Bと因子Cの実験順序を決めることになります。

◎分割法の因子と実験順序

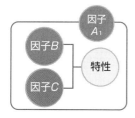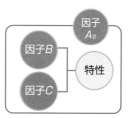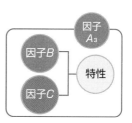

分割法		C_1				C_2			
因子		B_1	B_2	B_3	B_4	B_1	B_2	B_3	B_4
A_1	3	⑱	㉒	㉓	⑲	⑰	㉔	⑳	㉑
A_2	1	⑧	①	⑦	⑥	②	④	⑤	③
A_3	2	⑩	⑫	⑮	⑬	⑪	⑨	⑭	⑯

●（2）分割法の解析手順

金属材料の特性を向上させる目的で、熱処理温度A（4水準）と熱処理後の加工率B（3水準）を取り上げて実験を行いました。

▼データ表

		B_1	B_2	B_3	$T_{i \cdot k}$	T_{**k}
R_1	A_1	28	18	33	79	
	A_2	15	9	21	45	232
	A_3	16	7	23	46	
	A_4	22	14	26	62	
R_2	A_1	23	18	38	79	
	A_2	20	15	27	62	255
	A_3	12	8	24	44	
	A_4	25	16	29	70	

$$\sum (データ)^2 = 11.291$$

実験ではまずA_1からA_4の水準についてランダムな順序で熱処理を実施しました。各水準で熱処理された半製品を3つに分割し、それぞれB_1からB_3の水準についてランダムな順序で加工を行い、特性値を測定しました。さらに、以上の実験をR_1とR_2の2回反復した（実験順序は改めてランダムに定める）実験により得られたデータを、次の表に示します。なお、特性値は小さいほどよいとします。

本実験はAを1次因子、Bを2次因子とする反復2回の分割法です。
ABの二元表を次のとおり作成します。

▼AB二元表

	B_1	B_2	B_3	$T_{i \cdot \cdot}$
A_1	51	36	71	158
A_2	35	24	48	107
A_3	28	15	47	90
A_4	47	30	55	132
$T_{\cdot j \cdot}$	161	105	221	487

● (3) 分割法の解析

手順1 データの構造式

$$x_{ijk}=\mu+r_k+a_i+\varepsilon_{(1)ik}+b_j+(ab)_{ij}+\varepsilon_{(2)ijk}$$

$$\sum_{i=1}^{4} a_i = 0, \quad \sum_{j=1}^{3} b_i = 0, \quad \sum_{i=1}^{4} (ab)_{ij} = 0, \quad \sum_{j=1}^{3} (ab)_{ij} = 0$$

$$r_k \sim N(0, \sigma_R^2), \quad \varepsilon_{(1)ik} \sim N(0, \sigma_{(1)}^2), \quad \varepsilon_{(2)iik} \sim N(0, \sigma_{(2)}^2)$$

反復は、乱塊法におけるブロック因子と同様です。

$\varepsilon_{(1)}$ は1次単位に伴う誤差で1次誤差、$\varepsilon_{(2)}$ は2次単位に伴う誤差で2次誤差と呼ばれています。

手順2 平方和と自由度の計算

各要因の次数については以下のようなルールがあります。

①反復 R は形式的に0次要因と考えます。

②1次因子の主効果は1次要因、2次因子の主効果は2次要因、以下同様とします。

③同じ次数の因子間の交互作用は、その次数の要因となります。また、異なる次数の因子間の交互作用は高いほうの次数の要因となります。すなわち、

(0次因子) × (1次因子) = 1次要因

(1次因子) × (1次因子) = 1次要因

(1次因子) × (2次因子) = 2次要因

(2次因子) × (2次因子) = 2次要因

(0次因子) × (1次因子) × (2次因子) = 2次要因

などとなります。

したがって、本例の場合、R は形式的に0次要因、A と $A \times R$（1次誤差と交絡）が1次要因、B、$A \times B$、$B \times R$、$A \times B \times R$（2次誤差と交絡）が2次要因になります。

$$CT = \frac{(データの総和)^2}{(データの総数)} = \frac{487^2}{24} = 9882.04$$

$$S_T = (データの2乗の総和) - CT = 11291 - 9882.04 = 1408.96$$

$$S_R = \sum_k \frac{(R_k \text{ 水準のデータの和})^2}{(R_k \text{ 水準のデータ数})} - CT = \frac{118849}{12} - 9882.04 = 22.04$$

$$S_A = \sum_i \frac{(A_i \text{ 水準のデータの和})^2}{(A_i \text{ 水準のデータ数})} - CT = \frac{61937}{6} - 9882.04 = 440.79$$

$$S_B = \sum_j \frac{(B_j \text{ 水準のデータの和})^2}{(B_j \text{ 水準のデータ数})} - CT = \frac{85787}{8} - 9882.04 = 841.34$$

$$S_{AB} = \sum_i \sum_j \frac{(A_iB_j \text{ 水準のデータの和})^2}{(A_iB_j \text{ 水準のデータ数})} - CT = \frac{22395}{2} - 9882.04$$
$$= 1315.46$$

$$S_{A \times B} = S_{AB} - S_A - S_B = 1315.46 - 440.79 - 841.34 = 33.33$$

$$S_{AR} = \sum_i \sum_k \frac{(A_iR_k \text{ 水準のデータの和})^2}{(A_iR_k \text{ 水準のデータ数})} - CT = \frac{31147}{3} - 9882.04$$
$$= 500.29$$

$$S_{E(1)} = S_{A \times R} = S_{AR} - S_A - S_R = 500.29 - 440.79 - 22.04 = 37.46$$

$$S_{E(2)} = S_{B \times R} + S_{A \times B \times R} = S_T - S_R - S_A - S_{E(1)} - S_B - S_{A \times B}$$
$$= 1408.96 - 22.04 - 440.79 - 37.46 - 841.34 - 33.33 = 34.00$$

$$\varnothing_T = (\text{データの総数}) - 1 = 24 - 1 = 23$$

$$\varnothing_R = (R \text{ の水準数}) - 1 = 2 - 1 = 1$$

$$\varnothing_A = (A \text{ の水準数}) - 1 = 4 - 1 = 3$$

$$\varnothing_B = (B \text{ の水準数}) - 1 = 3 - 1 = 2$$

$$\varnothing_{A \times B} = \varnothing_A \times \varnothing_B = 3 \times 2 = 6$$

$$\varnothing_{E(1)} = \varnothing_{A \times R} = \varnothing_A \times \varnothing_R = 3 \times 1 = 3$$

$$\varnothing_{E(2)} = \varnothing_T - (\varnothing_R + \varnothing_A + \varnothing_{E(1)} + \varnothing_B + \varnothing_{A \times B})$$
$$= 23 - (1 + 3 + 3 + 2 + 6) = 8$$

手順3 分散分析表の作成

分散分析表を作成します。

$E(V)$ の書き方には以下のようなルールがあります。

①2次誤差 $\sigma_{(2)}^2$ はすべての要因の $E(V)$ に入り、その係数は1です。

②1次誤差 $\sigma_{(1)}^2$ は反復 R とすべての1次要因、1次誤差に入り、その係数は1次単位のデータ数となります。

③その他の係数はこれまでと同様に求めます。

▼分散分析表

要因	平方和 S	自由度 ϕ	平均平方 V	分散比 F_0
R	22.04	1	22.4	1.76
A	440.79	3	146.9	11.8*
$E_{(1)}$	37.46	3	12.49	2.94
B	841.34	2	420.7	99.0**
$A \times B$	33.33	6	5.555	1.31
$E_{(2)}$	34.00	8	4.250	
計	1408.96	23		

$F(1, 3; 0.05) = 10.1, F(1, 3; 0.01) = 34.1$
$F(3, 3; 0.05) = 9.28, F(3, 3; 0.01) = 29.5$
$F(2, 8; 0.05) = 4.46, F(2, 8; 0.01) = 8.65$
$F(3, 8; 0.05) = 4.07, F(3, 8; 0.01) = 7.59$
$F(6, 8; 0.05) = 3.58, F(6, 8; 0.01) = 6.37$

以上の $E(V)$ の構造から、反復と1次要因は1次誤差を用いて検定し、1次誤差および2次要因は2次誤差を用いて検定します。

また、検定の結果、要因効果を無視する場合には、その検定に用いた誤差へプーリングします。

分散分析の結果、主効果AとBが有意となりました。反復Rおよび交互作用$A \times B$は有意でなく、F_0値も小さいので、それぞれ1次誤差、2次誤差にプーリングし、分散分析表(2)を作成します。

▼プーリング後の分散分析表（2）

要因	平方和S	自由度ϕ	平均平方V	分散比F_0
A	440.79	3	146.9	9.87*
$E'_{(1)}$	59.50	4	14.89	3.10
B	841.34	2	420.7	87.5**
$E'_{(2)}$	67.33	14	4.81	
計		23		

$F(3, 4; 0.05) = 6.59$, $F(3, 4; 0.01) = 16.7$

$F(4, 14; 0.05) = 3.11$, $F(4, 14; 0.01) = 5.04$

$F(2, 14; 0.05) = 3.74$, $F(2, 14; 0.01) = 6.51$

分散分析の結果、主効果AとBが有意となりました。1次誤差はF_0の値が2を超えているので、無視しないものとします。

手順4 分散分析後のデータの構造式

分散分析後のデータの構造式は以下のように考えます。

$$x_{ijk} = \mu + a_i + \varepsilon_{(1)ik} + b_j + \varepsilon_{(2)ijk}$$

手順5 最適条件の決定

データの構造式およびデータ表より、最適条件は$A_3 B_2$となります。

手順6 最適条件における母平均の推定

最適条件での点推定値は次のとおりです。

$$\hat{\mu}(A_3 B_2) = \widehat{\mu + a_3 + b_2} = \widehat{\mu + a_3} + \widehat{\mu + b_2} - \hat{\mu}$$

$$= \bar{x}_{3 \cdot \cdot} + \bar{x}_{\cdot 2 \cdot} - \bar{x} = \frac{90}{6} + \frac{105}{8} - \frac{487}{24} = 7.83$$

また、信頼率 $(1 - \alpha)$ での区間推定を以下に示します。

まず、分割法における有効繰り返し数 (有効反復数) n_e は、1 次要因、2 次要因ごとに以下の田口の式から求めます。

$$\frac{1}{n_{e(1)}} = \frac{点推定に用いた 1 次要因の自由度の和 +1}{総データ数} = \frac{3+1}{24}$$

$$\frac{1}{n_{e(2)}} = \frac{点推定に用いた 2 次要因の自由度の和}{総データ数} = \frac{2}{24}$$

$$\hat{V}(\hat{\mu}(A_3 B_2)) = \frac{V_{E'(1)}}{n_{e(1)}} + \frac{V_{E'(2)}}{n_{e(2)}} = \frac{3+1}{24} V_{E'(1)} + \frac{2}{24} V_{E'(2)}$$

$$= \frac{1}{6} \times 14.89 + \frac{1}{12} \times 4.81 = 2.88$$

サタースウェイトの方法で等価自由度 ϕ^* を求めます。

$$\varnothing^* = \frac{\left(\frac{1}{6} V_{E'(1)} + \frac{1}{12} V_{E'(2)}\right)^2}{\dfrac{\left(\frac{1}{6} V_{E'(1)}\right)^2}{\varnothing_{E'(1)}} + \dfrac{\left(\frac{1}{12} V_{E'(2)}\right)^2}{\varnothing_{E'(2)}}} = \frac{\left(\frac{1}{6} \times 14.89 + \frac{1}{12} \times 4.81\right)^2}{\dfrac{\left(\frac{1}{6} \times 14.89\right)^2}{4} + \dfrac{\left(\frac{1}{12} \times 4.81\right)^2}{14}} = 5.4$$

t 分布表の値から、線形補開法により

$$t(5.4, \ 0.05) = (1 - 0.4) \times t(5, \ 0.05) + 0.4 \times t(6, \ 0.05)$$
$$= 0.6 \times 2.571 + 0.4 \times 2.447 = 2.521$$

これらから、区間推定は

$$\hat{\mu}(A_3 B_2) \pm = t(\varnothing^*, 0.05) \sqrt{\hat{V}(\hat{\mu}(A_3 B_2))} = 7.83 \pm 2.521 \sqrt{2.88}$$
$$= 7.83 \pm 7.28 = 3.6, \ 12.1$$

となります。

●（1）枝分かれ実験とは

枝分かれ実験とは、各種の分散成分の推定を目的とする実験計画法です。

誤差はいろいろな段階で分割することができます。例えば、複数のロットから2個ずつサンプリングし、それぞれのサンプルを2回ずつ測定すれば、ロット間の誤差、サンプル間の誤差、測定誤差をそれぞれ求めることができます。

●（2）枝分かれ実験の解析

ある会社では1バッチを1ロットとする生産方式で、工業用薬品を製造しています。この製品は不純物Cの含有量が重要特性であり、今回、そのばらつき状況を把握するため枝分かれ実験を行いました。実験は、ランダムに選んだ $l = 3$ ロット（$L_1 \sim L_3$）から、それぞれランダムに $m = 2$ 個のサンプル（S_1, S_2）を採取し、それぞれのサンプルについて $n = 2$ 回ずつ不純物Cの含有率を測定（M_1, M_2）しました。得られたデータ表から、ロット間変動、サンプリング誤差、測定誤差を推定してみます。

▼データ表

ロット	サンプル	M_1	M_2	$T_{ij\cdot}$	$T_{j\cdots}$
L_1	S_1	5	7	12	29
	S_2	9	8	17	
L_2	S_1	1	3	4	9
	S_2	3	2	5	
L_3	S_1	7	7	14	33
	S_2	9	10	19	

手順1 データ構造式

$x_{ijk} = \mu + \alpha_i + \beta_{ij} + \varepsilon_{ijk}$

α_i：ロット間変動

β_{ij}：サンプリング誤差

ε_{ijk}：測定誤差

$V(\alpha_i) = \sigma_L^2$

$V(\beta_{ij}) = \sigma_S^2$

$V(\varepsilon_{ijk}) = \sigma_M^2$

手順2 平方和と自由度の計算

$$\sum_i \sum_j \sum_k x_{ijk}^2 = 521,\ \sum_i \sum_j T_{ij\cdot}^2 = 1031,\ \sum_i T_{i\cdot\cdot}^2 = 2011,\ T = 71$$

$$S_T = \sum_i \sum_j \sum_k x_{ijk}^2 - \frac{T^2}{lmn} = 521 - \frac{71^2}{3 \times 2 \times 2} = 100.92$$

$$S_L = \frac{\sum_i T_{i\cdot\cdot}^2}{mn} - \frac{T^2}{lmn} = \frac{2011}{2 \times 2} - \frac{71^2}{3 \times 2 \times 2} = 82.67$$

$$S_S = \frac{\sum_i \sum_j T_{ij\cdot}^2}{n} - \frac{\sum_i T_{i\cdot\cdot}^2}{mn} = \frac{1031}{2} - \frac{2011}{2 \times 2} = 12.75$$

$$S_M = \sum_i \sum_j \sum_k x_{ijk}^2 - \frac{\sum_i \sum_j T_{ij\cdot}^2}{n} = 521 - \frac{1031}{2} = 5.50$$

$\phi_T = lmn - 1 = 3 \times 2 \times 2 - 1 = 11$

$\phi_L = l - 1 = 3 - 1 = 2$

$\phi_S = l(m-1) = 3 \times 1 = 3$

$\phi_M = lm(n-1) = 3 \times 2 \times 1 = 6$

手順3 分散分析表の作成

▼分散分析表

要因	平方和 S	自由度 ϕ	平均平方 V	分散比 F_0
L	82.67	2	41.34	V_L/V_S=9.73*
S	12.75	3	6	V_S/V_M=4.63
M	5.50	6	0.917	
計	100.92	11		

$F(2, 3; 0.05) = 9.55$, $F(2, 3; 0.01) = 30.8$

$F(3, 6; 0.05) = 4.76$, $F(3, 6; 0.01) = 9.78$

ロット間変動 L は、有意水準5%で有意となりました。

手順4 分散成分の推定

各分散成分は分散（平均平方）とその期待値から、

$$V_L = \hat{\sigma}_M^2 + n\hat{\sigma}_S^2 + nm\hat{\sigma}_L^2 = \hat{\sigma}_M^2 + 2\hat{\sigma}_S^2 + 4\hat{\sigma}_L^2$$
$$V_S = \hat{\sigma}_M^2 + n\hat{\sigma}_S^2 = \hat{\sigma}_M^2 + 2\hat{\sigma}_S^2$$
$$V_M = \hat{\sigma}_M^2$$

となります。これを解いて、

$$\hat{\sigma}_L^2 = \frac{V_L - V_M}{mn} = \frac{41.34 - 0.917}{4} = 10.106 = (3.148)^2$$

$$\hat{\sigma}_S^2 = \frac{V_S - V_M}{n} = \frac{6 - 0.917}{2} = 2.541 = (1.594)^2$$

$$\hat{\sigma}_M^2 = V_M = 0.917 = (0.958)^2$$

となります。

21-5 直交表実験《多水準法、擬水準法、分割法》

● (1) 直交配列表実験とは

　多くの因子を取り上げると要因効果の数も多くなり、すべての要因効果を調べるには大規模な**要因配置実験**を計画しなければなりません。すべての水準組合せで実験するのではなく、一部の水準組合せで実験を行うのが**部分配置実験**であり、調べようとする要因効果が適切に検出できるようにどの水準組合せで実験するかを直交配列表を使って決める実験が**直交配列表実験（直交表実験）**です。

　多くの因子を取り上げると因子間の交互作用もたくさん考えられます。しかし、実際にはそれらがすべて存在しているとは限らないため、交互作用が技術的に考えられるもの、存在を確かめたいものだけを取り上げて、これらの交互作用が検出できるよう効率的な実験を計画します。取り上げる因子がすべて2水準の場合は**2水準系直交配列表実験**を、すべて3水準の場合は**3水準系直交配列表実験**を行います。異なる水準の因子が存在する場合には、**多水準法**や**擬水準法**によって実験を計画することができます。また、**乱塊法**や**分割法**を直交配列表実験に組み込むこともできます。因子Aを3水準、因子Bを4水準、因子Cを2水準にとった場合は、次に示す16回の実験で3つの主効果（A, B, C）と2つの交互作用（$A \times C, B \times C$）を検出することができます。

◎直交配列表実験の因子と実験順序

因子		因子C_1				因子C_2			
		B_1	B_2	B_3	B_4	B_1	B_2	B_3	B_4
因子A	A_1	⑯	⑮	⑭	③	⑤	⑫	⑨	②
	A_2	①	―	―	⑦	⑪	―	―	⑥
	A_3	―	④	⑬	―	―	⑧	⑩	―

直交配列表実験

いまここで、*A, B, C* の３つの因子にそれぞれ３つの水準を設定して実験すると、全部で27通りの組合せがあります。下の図の27個の立方体はそれぞれの水準組合せを表しています。すべての組合せについて実験するのが要因配置実験で、色の付いている９個の立方体だけを実施するのが部分配置実験です。このとき、９個の立方体は、どの方向から見ても９つの正方形に色が付いて見えるように選ばれています。

　例えば、図の矢印方向から見たときには、*A* の効果と *B* の効果をすべて拾って実験をしたということに対応しています。

◎部分配置実験のイメージ図

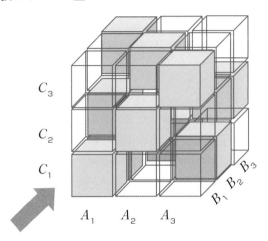

●（2）2水準系直交配列表実験

1）2水準系直交配列表実験の概要

　主効果と交互作用の関係を表したものが線点図です。この線点図は、主効果を点で、交互作用を線で表したものです。実験で取り上げる要因に対して必要な線点図と同じ構造を、用意された線点図に見つけることができれば、その直交配列表を使って要因を割り付けることができます。

◎2水準系直交配列表実験に必要な線点図

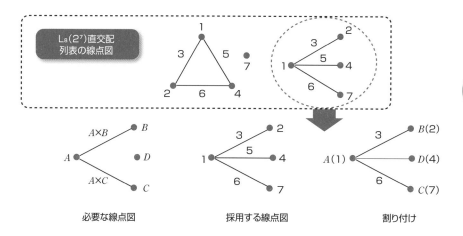

必要な線点図　　　　　　採用する線点図　　　　　割り付け

4つの2水準因子（A, B, C, D）を取り上げ、それらの主効果と2つの交互作用（$A \times B, A \times C$）を調べる実験を計画します。6つの要因効果を調べるので、7列以上が必要になるため、2水準系直交配列表実験を用います。

線点図への当てはめを考えます。このとき、因子Aを第[1]列、因子Bを第[2]列、因子Cを第[7]列、因子Dを第[4]列に割り付け、2つの交互作用は$A \times B$が第[3]列、$A \times C$が第[6]列に現れます。誤差は、第[5]列に現れます。

▼$L_8(2^7)$直交表とデータ

No.	[1] A	[2] B	[3] $A \times B$	[4] D	[5]	[6] $A \times C$	[7] C	水準 組合せ	データ
1	1	1	1	1	1	1	1	$A_1 B_1 C_1 D_1$	70
2	1	1	1	2	2	2	2	$A_1 B_1 C_1 D_1$	77
3	1	2	2	1	1	2	2	$A_1 B_1 C_1 D_1$	87
4	1	2	2	2	2	1	1	$A_1 B_1 C_1 D_1$	66
5	2	1	2	1	2	1	2	$A_1 B_1 C_1 D_1$	94
6	2	1	2	2	1	2	1	$A_1 B_1 C_1 D_1$	84
7	2	2	1	1	2	2	1	$A_1 B_1 C_1 D_1$	66
8	2	2	1	2	1	1	2	$A_1 B_1 C_1 D_1$	71

●（2）2水準系直交配列表実験の解析（$L_8(2^7)$）

　2水準系直交配列表を使って実験を行います。ここでは、適切な電気抵抗値を得るための最適な水準を求める事例です。

　そこで、4つの因子（A：炭素含有率、B：加熱温度、C：注入量、D：冷却温度）を取り上げて、各2水準を設定し、$L_8(2^7)$直交配列表に配列しました。

▼電気抵抗値のデータ表

No.	炭素含有率 [1] A	加熱温度 [2] B	$A \times B$ [3] $A \times B$	冷却温度 [4] D	[5]	$A \times C$ [6] $A \times C$	注入量 [7] C	電気抵抗値 データ
1	1	1	1	1	1	1	1	70
2	1	1	1	2	2	2	2	77
3	1	2	2	1	1	2	2	87
4	1	2	2	2	2	1	1	66
5	2	1	2	1	2	1	2	94
6	2	1	2	2	1	2	1	84
7	2	2	1	1	2	2	1	66
8	2	2	1	2	1	1	2	77

　このデータ表からデータ補助表を作成します。

▼データ補助表

No.	炭素含有率 [1] A	加熱温度 [2] B	$A \times B$ [3] $A \times B$	冷却温度 [4] D	[5]	$A \times C$ [6] $A \times C$	注入量 [7] C	電気抵抗値 データ
1	1	1	1	1	1	1	1	70
2	1	1	1	2	2	2	2	77
3	1	2	2	1	1	2	2	87
4	1	2	2	2	2	1	1	66
5	2	1	2	1	2	1	2	94
6	2	1	2	2	1	2	1	84
7	2	2	1	1	2	2	1	66
8	2	2	1	2	1	1	2	77
第1水準の和T_1	300	325	290	317	318	307	286	621
第2水準の和T_2	321	296	331	304	303	314	335	
差	−21	29	−41	13	15	−7	−49	
平方和S	55.1	105.1	210.1	21.1	28.1	6.1	300.1	

第[1]列の場合の計算は、次のとおりです。

① 第1水準の合計＝（データ表№1〜4の合計）＝70+77+87+66=300
② 第2水準の合計＝（データ表№5〜8の合計）＝94+84+66+77=321
③ 差＝第1水準の合計－第2水準の合計＝300-321=-21
④ 平方和＝差^2/データ数＝$(-21)^2$/8=55.1

また、交互作用を調べるために二元表（A_iB_j, A_iC_k）にまとめます。

⑤ 二元表（A_iB_j）のA_1B_1＝データ№1＋データ№2=70+77=147

以下、同様に計算します。

このデータ表から交互作用を取り上げたAB二元表とAC二元表を作成します。

◎二元表

▼AB二元表

	B_1	B_2
A_1	147	153
A_2	178	143

▼AC二元表

	C_1	C_2
A_1	136	164
A_2	150	171

手順1 データのグラフ化

◎データのグラフ化

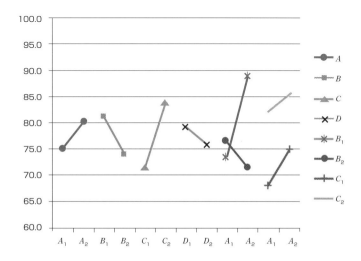

グラフから分かるのは、因子 A、因子 B、因子 C は効果がありそうだということです。因子 D は、効果があるとは思えません。また、交互作用 $A \times B$ はありそうですが、交互作用 $A \times C$ はないように思われます。

手順2 分散分析表の作成

因子 A の場合の計算は、次のとおりです。

① 平方和 S_A = 第[1]列の平方和 = 55.1
② 自由度 ϕ_A = 水準 − 1 = 2 − 1 = 1
③ 分散 V_A = 平方和 S_A / 自由度 ϕ_A = 55.1/1 = 55.1
④ 分散比 F_0 = 分散 V_A / 誤差分散 V_e = 55.1/28.1 = 1.96
⑤ F_0 境界値 = $F(\phi_A, \phi_e; \alpha)$ = F (1,1; 0.05) = 161.4

以下、同じように因子 B、因子 C、因子 D、交互作用 $A \times B$、交互作用 $A \times C$、誤差 E を計算し、分散分析表にまとめます。

分散分析表によると、すべて有意ではありませんが、因子 A、因子 B、因子 C、交互作用 $A \times B$ の分散比 F_0 値が2.00以上あることから、効果があると思われます。因子 D（F_0 値 =0.75）と交互作用 $A \times C$（F_0 値 =0.22）は、2.00より小さいので無視することにしました。

▼分散分析表

要因	平方和 S	自由度 ϕ	分散 V	F_0 値	P 値	F 境界値
因子 A	55.13	1	55.1	1.96	39.5%	161.4
因子 B	105.13	1	105.1	3.74	30.4%	161.4
因子 C	300.13	1	300.1	10.67	18.9%	161.4
因子 D	21.13	1	21.1	0.75	54.5%	161.4
交互作用 $A \times B$	210.13	1	210.1	7.47	22.3%	161.4
交互作用 $A \times C$	6.13	1	6.1	0.22	72.2%	161.4
誤差 E	28.13	1	28.1			
合計 T	725.88	7				

手順3　プーリングの検討

　ここで作成した分散分析表では、どの要因も有意水準5％で有意ではありませんが、F_0値が小さい主効果Dと交互作用$A \times C$をプーリングします。

　プーリング後は、再度、分散分析表を作成します。

▼プーリング後の分散分析表

要因	平方和S	自由度ϕ	分散V	F_0値	P値	F境界値
因子A	55.13	1	55.1	2.99	18.2%	10.1
因子B	105.13	1	105.1	5.70	9.7%	10.1
因子C	300.13	1	300.1	16.26	2.7%	10.1
交互作用$A \times B$	210.13	1	210.1	11.38	4.3%	10.1
誤差E	55.38	3	18.5			
合計T	725.88	7				

　プーリング後の分散分析表の結果から、電気抵抗値は、因子A（炭素含有率）、因子B（加熱温度）、因子C（注入量）と交互作用$A \times B$（炭素含有率と加熱温度）に影響されるものと思われました。

手順4　最適水準の決定と母平均の推定

　因子Aと因子Bの組合せが最大となるのはAB二元表から水準$A_2 B_1$、因子Cは単独で水準C_2が選ばれ、最適水準は$A_2 B_1 C_2$となります。

　最適水準$A_2 B_1 C_2$における母平均の点推定値は、$A_2 B_1$における平均とC_2における平均から求めます。

$$\hat{\mu}(A_2 B_1 C_2) = \overline{\mu + a_2 + b_1 + (ab)_{21}} + \overline{\mu + c_2} - \hat{\mu}$$

$$= \frac{178}{2} + \frac{335}{4} - \frac{621}{8} = 95.12$$

　有効反復数n_eは、「伊奈の式」から、$\dfrac{1}{n_e} = \dfrac{1}{2} + \dfrac{1}{4} - \dfrac{1}{8} = \dfrac{5}{8}$ となるので、信頼率95%での信頼区間は、次のようになります。

$$\hat{\mu}(A_2 B_1 C_2) \pm t(\phi_E, b)\sqrt{\frac{V_E}{n_e}} = 95.12 \pm t(3, 0.05)\sqrt{\frac{5}{8} \times 18.5}$$

$$= 95.12 \pm 3.182 \times 3.400 = 84.3,\ 105.94$$

電気抵抗値の最適水準は、炭素含有率10%、加熱温度250度、注入量30Lのときであることが分かりました。このときの電気抵抗値の平均値の推定は、点推定95.1 Ω、信頼率95%での区間推定は、84.3〜105.9 Ωです。

◎最適水準の設定と最適水準時の平均値の推定

	炭素含有率	加熱温度	$A \times B$	冷却温度		$A \times C$	注入量
No.	[1] A	[2] B	[3] $A \times B$	[4] D	[5]	[6] $A \times C$	[7] C
第1水準の和 T_1	300	325	290	317	318	307	286
第2水準の和 T_2	321	296	331	304	303	314	335
差	−21	29	−41	13	15	−7	−49
平方和 S	55.1	105.1	210.1	21.1	28.1		300.1

■AB二元表	B_1	B_2
A_1	147	153
A_2	178	143

A_2 B_1 C_2 が最大値（最適水準）

最適水準は、炭素含有率10%、加熱温度250度、注入量30L

●（3）2水準系直交配列表実験の解析（$L_{16}(2^{15})$）

もっと多くの要因を取り上げるには、さらに大きな直交配列表が必要になります。このとき、どの2つの列でも(1, 1)、(1, 2)、(2, 1)、(2, 2)の組合せが同じ回数現れるには、16通り、32通り、64通りのように、2倍ずつ大きくしなければなりません。

$L_8(2^7)$の次に大きな直交配列表は$L_{16}(2^{15})$であり、16通りの水準組合せで15個の要因を交絡しないように表すことができます。

例えば、第[1]列の第1水準における実験はNo. 1〜8ですが、この8回にはその他のいずれの列でも第1水準と第2水準は4回現れており、第[1]列の第1水準の合計をとると、他の列に割り付けられた要因効果は相殺されます。

1）L_{16}への割り付け例

もう少し複雑な例として、5つの主効果A, B, C, D, Fと6つの交互作用$A \times B, A$

166

$\times C, A \times D, B \times C, B \times D, D \times F$を取り上げる実験で、要因割り付けをしてみましょう。

11の要因効果と誤差を割り付けるには12列以上が必要となるので、$L_{16}(2^{15})$直交配列表を用います。必要な線点図をつくり、用意された線点図に当てはめます。

◎L_{16}線点図の一例

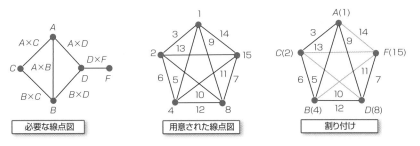

▼$L_{16}(2^{15})$直交配列表

No.	[1]	[2]	[3]	[4]	[5]	[6]	[7]	[8]	[9]	[10]	[11]	[12]	[13]	[14]	[15]
1	1	1	1	1	1	1	1	1	1	1	1	1	1	1	1
2	1	1	1	1	1	1	1	2	2	2	2	2	2	2	2
3	1	1	1	2	2	2	2	1	1	1	1	2	2	2	2
4	1	1	1	2	2	2	2	2	2	2	1	1	1	1	1
5	1	2	2	1	1	2	2	1	1	2	2	1	1	2	2
6	1	2	2	1	1	2	2	2	2	1	1	2	2	1	1
7	1	2	2	2	2	1	1	1	1	2	2	2	2	1	1
8	1	2	2	2	2	1	1	2	2	1	1	1	1	2	2
9	2	1	2	1	2	1	2	1	2	1	2	1	2	1	2
10	2	1	2	1	2	1	2	2	1	2	1	2	1	2	1
11	2	1	2	2	1	2	1	1	2	1	2	2	1	2	1
12	2	1	2	2	1	2	1	2	1	2	1	1	2	1	2
13	2	2	1	1	2	2	1	1	2	2	1	1	2	2	1
14	2	2	1	1	2	2	1	2	1	1	2	2	1	1	2
15	2	2	1	2	1	1	2	1	2	2	1	2	1	1	2
16	2	2	1	2	1	1	2	2	1	1	2	1	2	2	1
成分	a	a	a		a		a		a		a		a		a
	b	b	b			b	b			b	b			b	b
			c	c	c	c						c	c	c	c
								d	d	d	d	d	d	d	d

2）直交配列表実験計画の実施手順

　直交配列表を用いて実験を計画し、得られたデータを解析する分散分析法の流れをまとめます。

手順1　実験の計画

①取り上げる因子と交互作用を決めます。

②適切な直交配列表を選び、要因を割り付けます。実験を行う水準組合せが決まります。

手順2　実験の実施とデータのグラフ化

①得られた水準組合せで実験を行い、データをとります。実験№の順にするのではなく、実験の順序はランダムに決めなければなりません。

②データを整理して、分散分析やグラフ化に必要な情報をまとめます。

③得られたデータをグラフ化して、要因効果の概略を見ます。

手順3　分散分析

①各要因の平方和と自由度を求めます。

②分散分析表にまとめ、要因効果の有無を検定します。

③要因効果がないと判断された要因は誤差にプーリングします。分散分析の結果から、要因効果のあった要因を求めます。

手順4　最適水準における母平均の推定

①最適な水準組合せを求めます。

②最適水準における母平均を推定します。

　L_{16}直交配列表に用いる線点図を次に示します。

◎L_{16}に用いる線点図

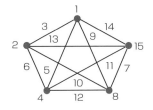
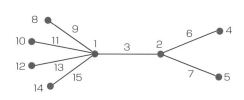

●（4）3水準系直交配列表実験の解析

1）3水準系直交配列表実験とは

各因子に3つの水準をとった実験の計画には、3水準系直交配列表が使われます。2つの因子の水準組合せには、$(1, 1)$, $(1, 2)$, $(1, 3)$, $(2, 1)$, $(2, 2)$, $(2, 3)$, $(3, 1)$, $(3, 2)$, $(3, 3)$の9通りがありますが、これらの9通りの組合せが同じ回数現れる配列を考えます。最も小さい配列表は$L_9(3^4)$であり、4つの列があります。どの2つの列を見ても、9通りの水準組合せが1回ずつ現れています。

▼$L_9(3^4)$直交配列表

No.	[1]	[2]	[3]	[4]
1	1	1	1	1
2	1	2	2	2
3	1	3	3	3
4	2	1	2	3
5	2	2	3	1
6	2	3	1	2
7	3	1	3	2
8	3	2	1	3
9	3	3	2	1
成分	a	b	a b	a b^2

より大きな直交配列表をつくるには、3倍ずつ大きくする必要があり、$L_9(3^4)$の次に大きな直交配列表は$L_{27}(3^{13})$となります。27通りの水準組合せと13の列を持っています。

▼$L_{27}(3^{13})$直交配列表

No.	[1]	[2]	[3]	[4]	[5]	[6]	[7]	[8]	[9]	[10]	[11]	[12]	[13]
1	1	1	1	1	1	1	1	1	1	1	1	1	1
2	1	1	1	1	2	2	2	2	2	2	2	2	2
3	1	1	1	1	3	3	3	3	3	3	3	3	3
4	1	2	2	2	1	1	1	2	2	2	3	3	3
5	1	2	2	2	2	2	2	3	3	3	1	1	1
6	1	2	2	2	3	3	3	1	1	1	2	2	2
7	1	3	3	3	1	1	1	3	3	3	2	2	2
8	1	3	3	3	2	2	2	1	1	1	3	3	3
9	1	3	3	3	3	3	3	2	2	2	1	1	1
10	2	1	2	3	1	2	3	1	2	3	1	2	3
11	2	1	2	3	2	3	1	2	3	1	2	3	1
12	2	1	2	3	3	1	2	3	1	2	3	1	2
13	2	2	3	1	1	2	3	2	3	1	3	1	2
14	2	2	3	1	2	3	1	3	1	2	1	2	3
15	2	2	3	1	3	1	2	1	2	3	2	3	1
16	2	3	1	2	1	2	3	3	1	2	2	3	1
17	2	3	1	2	2	3	1	1	2	3	3	1	2
18	2	3	1	2	3	1	2	2	3	1	1	2	3
19	3	1	3	2	1	3	2	1	3	2	1	3	2
20	3	1	3	2	2	1	3	2	1	3	2	1	3
21	3	1	3	2	3	2	1	3	2	1	3	2	1
22	3	2	1	3	1	3	2	2	1	3	3	2	1
23	3	2	1	3	2	1	3	3	2	1	1	3	2
24	3	2	1	3	3	2	1	1	3	2	2	1	3
25	3	3	2	1	1	3	2	3	2	1	2	1	3
26	3	3	2	1	2	1	3	1	3	2	3	2	1

27	3	3	2	1	3	2	1	2	1	3	1	3	2
成分	a		a	a		a	a		a	a		a	a
		b	b	b^2			b	b	b^2	b	b^2	b	b
					c	c	c^2	c	c	c^2	c^2	c	c^2

2) 要因の割り付け

　交互作用が他の要因と交絡しないように割り付けなければなりません。3水準因子の自由度は2ですから、これらの交互作用の自由度は$2 \times 2 = 4$になります。列自由度は2なので、3水準因子の交互作用を表すには2つの列が必要になります。

　直交配列表の成分表示から交互作用の現れる列を見つけるとき、成分pの列と成分qの列の交互作用は、成分pqの列と成分pq^2の列という2つの列に現れます。例えば、$L_{27}(3^{13})$において、第[2]列：bと第[9]列：abcの交互作用は、

$$b \times abc = ab^2c \rightarrow 第[12]列$$
$$b \times (abc)^2 = a^2b^3c^2 = a^2c^2 = (a^2c^2)^2 = a^4c^4 = ac \rightarrow 第[6]列$$

より、第[5]列と第[12]列に現れます。ここでは、3水準系であるため$a^3 = b^3 = c^3 = 1$とします。また、a^2c^2のように成分表示にないときには、全体を2乗します。

　線点図を用いて割り付けることもできます。$L_{27}(3^{13})$に対する線点図は次の2種類が用意されています。必要な線点図をつくって、用意されている線点図への当てはめを考えます。

◎ $L_{27}(3^{13})$ 直交配列表の線点図

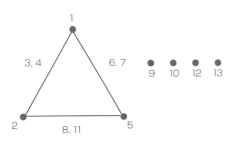
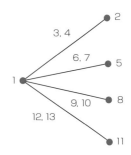

◎3水準因子の割り付け

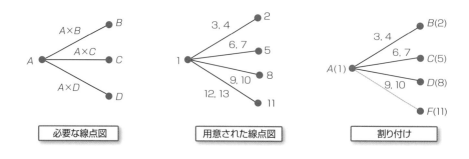

必要な線点図	用意された線点図	割り付け

5つの3水準因子(A, B, C, D, F)を取り上げ、それらの主効果と3つの交互作用($A \times B$, $A \times C$, $A \times D$)を調べる実験を計画してみます。主効果の自由度は2、交互作用の自由度は4ですから、要因自由度の合計は22となり、11列以上の配列表が必要となるため、$L_{27}(3^{13})$直交配列表を用います。

このとき、因子Aを第[1]列、因子Bを第[2]列、因子Cを第[5]列、因子Dを第[8]列、因子Fを第[11]列に割り付けます。交互作用$A \times B$は第[3]列と第[4]列に、$A \times C$は第[6]列と第[7]列に、$A \times D$は第[9]列と第[10]列に現れます。残っている第[12]列と第[13]列が誤差となります。

243通りの水準組合せの中から27通りを選んでおり、例えば、No. 4の実験では、$A_1B_2C_1D_2F_3$の水準組合せで実験することになります。

3水準系では交互作用がたくさんの列に現れるため、列の数が十分にあっても割り付けができないことがあります。例えば、交互作用$A \times D$のかわりに$B \times D$を調べる実験でも、11列以上あればいいですが、$L_{27}(3^{13})$直交配列表では、どのように割り付けても、交互作用を交絡しないようにはできません。$L_{81}(3^{40})$が必要になり、実験回数は3倍になってしまいます。取り上げる交互作用を選ぶにあたっては、必要となる実験の大きさと、交互作用を取り上げる必要性を十分に検討しなければなりません。

3) 分散分析

5つの3水準因子(A, B, C, D, F)の主効果と3つの交互作用($A \times B$, $A \times C$, $A \times D$)を調べる実験を$L_{27}(3^{13})$直交配列表を用いて計画して、27回の実験を行い、次ページのデータを得ました。

◎グラフ化

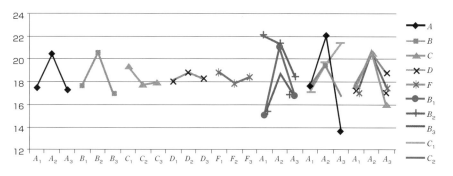

▼因子の割り付けとデータ

No.	[1] A	[2] B	[3] $A \times B$	[4] $A \times B$	[5] C	[6] $A \times C$	[7] $A \times C$	[8] D	[9] $A \times D$	[10] $A \times D$	[11] F	[12]	[13]	データ
1	1	1	1	1	1	1	1	1	1	1	1	1	1	14
2	1	1	1	1	2	2	2	2	2	2	2	2	2	15
3	1	1	1	1	3	3	3	3	3	3	3	3	3	16
4	1	2	2	2	1	1	1	2	2	2	3	3	3	23
5	1	2	2	2	2	2	2	3	3	3	1	1	1	21
6	1	2	2	2	3	3	3	1	1	1	2	2	2	22
7	1	3	3	3	1	1	1	3	3	3	2	2	2	14
8	1	3	3	3	2	2	2	1	1	1	3	3	3	17
9	1	3	3	3	3	3	3	2	2	2	1	1	1	15
10	2	1	2	3	1	2	3	1	2	3	1	2	3	21
11	2	1	2	3	2	3	1	2	3	1	2	3	1	22
12	2	1	2	3	3	1	2	3	1	2	3	1	2	20
13	2	2	3	1	1	2	3	2	3	1	3	1	2	20
14	2	2	3	1	2	3	1	3	1	2	1	2	3	24
15	2	2	3	1	3	1	2	1	2	3	2	3	1	20
16	2	3	1	2	1	2	3	3	1	2	2	3	1	18
17	2	3	1	2	2	3	1	1	2	3	3	1	2	20
18	2	3	1	2	3	1	2	2	3	1	1	2	3	18
19	3	1	3	2	1	3	2	1	3	2	1	3	2	21
20	3	1	3	2	2	1	3	2	1	3	2	1	3	14
21	3	1	3	2	3	2	1	3	2	1	3	2	1	15
22	3	2	1	3	1	3	2	2	1	3	3	2	1	23
23	3	2	1	3	2	1	3	3	2	1	1	3	2	16
24	3	2	1	3	3	2	1	1	3	2	2	1	3	16

25	3	3	2	1	1	3	2	3	2	1	2	1	3	20
26	3	3	2	1	2	1	3	1	3	2	3	2	1	11
27	3	3	2	1	3	2	1	2	1	3	1	3	2	19

　この結果を見ると、主効果A, B, Cと交互作用$A \times B, A \times C$の効果がありそうですが、主効果D, Fと交互作用$A \times D$の効果は判然としません。

　要因効果を調べるために、分散分析を行います。第[k]列の平方和は、

$$S_{[k]} = \frac{T_{[k]1}^2}{N/3} + \frac{T_{[k]2}^2}{N/3} + \frac{T_{[k]3}^2}{N/3} - \frac{T^2}{N}$$

で計算できます。3水準の一元配置実験のときの平方和と同じです。主効果の要因平方和は、割り付けられた列の平方和です。

　平方和と自由度を求めたら、分散分析表にまとめて、要因効果の有無を検定します。

　プーリングの基準は、2水準系直交配列表実験などのこれまでの分散分析と同じで、誤差と見なすことのできる要因を誤差にプーリングして、分散分析表をつくり直します。

4）3水準系直交配列表実験の解析例

　先ほどのデータ表のデータについて、どの因子が影響しているのか解析してみましょう。

手順1 データの整理

　各列で水準ごとの合計を計算して、列平方和を求めます。また、交互作用を調べるために二元表にまとめます。

▼データ補助表

No.	[1] A	[2] B	[3] $A \times B$	[4] $A \times B$	[5] C	[6] $A \times C$	[7] $A \times C$	[8] D	[9] $A \times D$	[10] $A \times D$	[11] F	[12]	[13]
第1 水準の和	157	158	156	159	174	150	167	162	171	164	169	160	159
第2 水準の和	183	185	179	172	160	162	175	169	165	163	161	163	167
第3 水準の和	155	152	160	164	161	183	153	164	159	168	165	172	169
$S_{[k]}$	54.22	68.67	33.56	9.56	13.56	62.00	27.56	2.89	8.00	1.56	3.56	8.67	6.22

　次に、各平方和を計算します。要因の割り付けられた列の列平方和が要因平方和となります。

◎二元表

▼AB二元表

	B_1	B_2	B_3
A_1	45	66	46
A_2	63	64	56
A_3	50	55	50

▼AC二元表

	C_1	C_2	C_3
A_1	51	53	53
A_2	59	66	58
A_3	64	41	50

▼AD二元表

	D_1	D_2	D_3
A_1	53	53	51
A_2	61	60	62
A_3	48	56	51

手順2　分散分析表の作成

▼分散分析表

要因	S	ϕ	V	F_0値	P値	$E(V)$
A	54.22	2	27.11	7.28*	4.6%	$\sigma^2 + 9\sigma_A^2$
B	68.67	2	34.33	9.22*	3.2%	$\sigma^2 + 9\sigma_B^2$
C	13.56	2	6.78	1.82	27.4%	$\sigma^2 + 9\sigma_C^2$
D	2.89	2	1.44	0.39	70.1%	$\sigma^2 + 9\sigma_D^2$
F	3.56	2	1.78	0.48	65.2%	$\sigma^2 + 9\sigma_F^2$
$A \times B$	43.11	4	10.78	2.90	16.4%	$\sigma^2 + 3\sigma_{A \times B}^2$
$A \times C$	89.56	4	22.39	6.02	5.5%	$\sigma^2 + 3\sigma_{A \times C}^2$
$A \times D$	9.56	4	2.39	0.64	66.1%	$\sigma^2 + 3\sigma_{A \times D}^2$
E	14.89	4	3.722			σ^2
T	300.00	26				

　主効果AとBが有意となりました。交互作用$A \times B$と$A \times C$は有意ではありませんが、F_0値が小さくなく、P値も20%以下なのでプーリングしません。主効果Cは、有意でなくF_0値も2以下ですが、交互作用$A \times C$は有意でないが2以上あるのでプーリングしません。主効果D, Fと交互作用$A \times D$はF_0値が小さいので誤差にプーリングして、分散分析表を作成します。

▼プーリング後の分散分析表

要因	S	ϕ	V	F_0値	P値	$E(V)$
A	54.22	2	27.11	10.5**	0.2%	$\sigma^2 + 9\sigma_A^2$
B	68.67	2	34.33	13.3**	0.1%	$\sigma^2 + 9\sigma_B^2$
C	13.56	2	6.78	2.63	11.3%	$\sigma^2 + 9\sigma_C^2$
$A \times B$	43.11	4	10.78	4.19*	2.4%	$\sigma^2 + 3\sigma_{A \times B}^2$
$A \times C$	89.56	4	22.39	8.70**	0.2%	$\sigma^2 + 3\sigma_{A \times C}^2$
E	30.89	12	2.574			σ^2
T	300.00	26				

　プーリング後の分散分析の結果、主効果A, Bと交互作用$A \times C$が高度に有意、交互作用$A \times B$が有意となりました。

手順3　最適水準の決定と母平均の推定

　推定に用いるデータの構造式は

$$x = \mu + a + b + c + (ab) + (ac) + \varepsilon$$

ですが、2つの交互作用$A \times B$と$A \times C$において因子Aが重複しているので、以下のようにします。

(ⅰ)Aの水準を固定して、そのときのB, Cの最適水準を求めます。

$$\hat{\mu}(ABC) = \overline{\mu + a + b + c + (ab) + (ac)}$$
$$= \overline{\mu + a + b + (ab)} + \overline{\mu + a + c + (ac)} - \overline{\mu + a}$$
$$= \frac{\text{水準}AB\text{の合計}}{3} + \frac{\text{水準}AC\text{の合計}}{3} - \frac{\text{水準}A\text{の合計}}{9}$$

(ⅱ)AC二元表よりC_2が選ばれます。

$$\hat{\mu}(A_2 B_2 C_2) = \overline{\mu + a_2 + b_2 + (ab)_{22}} + \overline{\mu + a_2 + c_2 + (ac)_{22}} - \overline{\mu + a_2}$$
$$= \frac{64}{3} + \frac{66}{3} - \frac{183}{9}$$
$$= 23.0$$

(ⅲ)A_3のとき、AB二元表よりB_2、AC二元表よりC_1が選ばれます。

176

$$\hat{\mu}(A_3B_2C_1) = \overbrace{\mu + a_3 + b_2 + (ab)_{32}} + \overbrace{\mu + a_3 + c_1 + (ac)_{31}} - \overbrace{\mu + a_3}$$

$$= \frac{55}{3} + \frac{64}{3} - \frac{155}{9}$$

$$= 22.4$$

（ⅰ）、（ⅱ）、（ⅲ）を比較して、最も大きくなる$A_2B_2C_2$が最適水準です。

$A_2B_2C_2$における母平均の点推定値は23.0です。有効反復数n_eは、伊奈の式から、

$$\frac{1}{n_e} = \frac{1}{3} + \frac{1}{3} - \frac{1}{9} = \frac{5}{9}$$

となりますので、信頼率95%での信頼区間は、次のようになります。

$$\hat{\mu}(.A_2B_2C_2) \pm t(\phi_E, 0.95)\sqrt{\frac{V_E}{n_e}} = 23.0 \pm t(12, 0.05)\sqrt{\frac{5}{9} \times 2.574}$$

$$= 23.0 \pm 2.179 \times 1.196$$

$$= 23.0 \pm 2.6$$

$$= 20.4, \ 25.6$$

●（5）多水準法の解析

1）多水準法とは

　ほとんどの因子は2水準だが、いくつかの因子は4水準に設定したい——というときには、2水準系直交配列表に4水準因子を取り入れて実験を行う**多水準法**が使われます。

　4水準因子を2水準系直交配列表に割り付ける方法です。2つの列の水準組合せは、どの2列をとってきても $(1, 1), (1, 2), (2, 1), (2, 2)$ の4通りありました。この4通りの組合せに4つの水準を割り当てて考えます。つまり、2つの列を使って4水準因子を表します。

　2つの列には、その交互作用が現れる列が存在します。例えば、で第[1]列と第[2]列で4水準因子を表したとすると、第[3]列にはこれらの列の交互作用が現れます。これらの3つの列の水準組合せは8通りではなく4通りですから、これらの3つの列を用いて4水準因子の割当てが決定されます。

2水準の組合せ	4水準因子
(1,1)	第1水準
(1,2)	第2水準
(2,1)	第3水準
(2,2)	第4水準

1) 4水準因子の割り付け

2水準系直交配列表に4水準因子を割り付けるときには、3つの列を用いて割り付けますが、互いに主効果と交互作用の関係にある3つの列に割り付けます。

3つの列の自由度の和は3となり、4水準因子の自由度3とも一致します。4つの水準は2つの列の組合せで表すことができますが、これらの2つの列の交互作用が現れる列にも4水準因子の主効果が現れます。

4水準因子と2水準因子の交互作用は、4水準因子を割り付けた3つの列のそれぞれと、2水準因子を割り付けた列との交互作用列に現れます。したがって、交互作用も3つの列に割り付けられます。

4水準因子が2つある場合には、これらの主効果で6列必要となります。さらにこれらの交互作用も考えるなら、それだけで9列も必要となります。多水準法を使うと、必要となる列数が多くなるので、実際に適用するときには4水準因子は1つのみとするのがよいでしょう。

2) 割り付けの実際

4水準因子Aと3つの2水準因子B, C, Dを取り上げ、交互作用として$A \times B, B \times C, B \times D$の3つを考慮するときの因子割り付けを考えてみましょう。

主効果の自由度は$3 + 1 + 1 + 1 = 6$、交互作用の自由度は$3 + 1 + 1 = 5$ですから、少なくとも11列必要です。そこで、$L_{16}(2^{15})$直交配列表への割り付けを考えます。

まず、必要となる線点図を描きます。主効果Aと交互作用$A \times B$には3つの列が必要となります。これを用意された線点図に当てはめてみますが、そのまま当てはまるものはありません。

Aを第[1][2][3]列、Bを第[4]列としたとき、第[3]列と第[4]列の交互作用となる第[7]列を移動させることで、必要な線点図とすることができます。

この結果、因子Aは第[1][2][3]列、Bは第[4]列、Cは第[15]列、Dは第[8]列に割り付け、交互作用$A \times B$は第[5][6][7]列、$B \times C$は第[11]列、$B \times D$は第[12]列に現れるような実験が計画できます。

◎多因子の割り付け

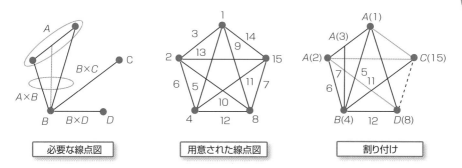

必要な線点図　　用意された線点図　　割り付け

3）平方和の計算

　4水準因子Aの要因平方和は、割り付けられた3つの列の列平方和の合計で求めます。交互作用も割り付けられた列の列平方和の合計です。要因が割り付けられなかった列が誤差となります。

　平方和は次のようになります。

$$S_A = S_{[1]} + S_{[2]} + S_{[3]},\ S_B = S_{[4]},\ S_C = S_{[15]},\ S_D = S_{[8]}$$
$$S_{A \times B} = S_{[5]} + S_{[6]} + S_{[7]},\ S_{B \times C} = S_{[11]},\ S_{B \times D} = S_{[12]}$$
$$S_E = S_{[9]} + S_{[10]} + S_{[13]} + S_{[14]}$$

　自由度は次のようになります。

$$\phi_A = 3,\ \phi_B = 1,\ \phi_C = 1,\ \phi_D = 1,\ \phi_{A \times B} = 3,\ \phi_{B \times C} = 1,\ \phi_{B \times D} = 1,\ \phi_E = 4$$

　これらをまとめて分散分析表が得られます。

　分散分析の結果、プーリングの有無の判断、最適水準の決定、母平均の推定を行います。4水準因子の各水準におけるデータ数が異なることに注意すれば、解析方法はこれまでと同じです。

● （6）疑水準法の解析

1) 疑水準法とは

　ほとんどの因子は3水準だが、いくつかの因子は2水準しかない——というときには、水準系直交配列表に2水準因子を取り入れて実験を行う擬水準法が使われます。

　2水準因子を、3水準系直交配列表に割り付ける方法です。2つの水準のうちの一方を3番目の水準として重複させて設定し、3水準因子をつくります。

　例えば、2水準因子Aにおいて第1水準を重複させる水準とした場合、形式的な3水準因子Pを次のように対応させます。

▼疑水準法のつくり方

形式的な3水準因子	元の2水準因子
P_1	A_1
P_2	A_2
P_3	A_1

2) 割り付けの実際

　2水準因子は形式的につくられた3水準因子に置き換えていますから、割り付ける因子はすべて3水準因子で揃っています。したがって、通常の3水準系直交配列表への割り付けと同じ方法で割り付けを行います。

　2水準因子Aと3水準因子B, Cを取り上げ、交互作用とて$A \times B$, $B \times C$を考慮するときの因子割り付けを考えてみましょう。

　因子Aは、A_1水準を重複水準とした擬水準を設定して3水準因子Pとし、3つの3水準因子P, B, Cと2つの交互作用$P \times B$, $B \times C$を割り付けます。主効果の自由度は$2 + 2 + 2 = 6$、交互作用の自由度は$4 + 4 = 8$ですから、合計の自由度は14と、少なくとも7列が必要です。そこで、$L_{27}(3^{12})$直交配列表への割り付けを考えます。

　必要となる線点図を描き、これを用意された線点図に当てはめます。この結果、因子Pは第[2]列、Bは第[1]列、Cは第[11]列に割り付け、交互作用$B \times P$は第[3][4]列、$B \times C$は第[12][13]列に現れるような実験が計画できます。第[2]列で水準1と水準3となっている18通りの実験はA_1水準で、水準2となっている9通りの実験はA_2水準で行います。

◎疑因子の割り付け

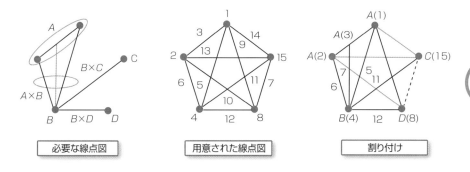

| 必要な線点図 | 用意された線点図 | 割り付け |

3) 平方和の計算

　2水準因子Aの要因平方和は列平方和からは計算できません。擬水準を設定した因子Aとこれに関わる交互作用の要因平方和は、一元配置や二元配置に用いた定義式から計算します。

$$S_A = \sum_{i=1}^{2} \frac{(A_i水準の和)^2}{A_i水準のデータ数} - \frac{(合計)^2}{総データ数}$$

$$S_{AB} = \sum_{j=1}^{3} \sum_{i=1}^{2} \frac{(A_iB_j水準の和)^2}{A_iB_j水準のデータ数} - \frac{(合計)^2}{総データ数}$$

$$S_{A \times B} = S_{AB} - S_A - S_B$$

　擬水準因子Pの平方和S_Pの自由度は2ですが、2水準因子Aの平方S_Aの自由度は1です。S_PとS_Aの差は誤差を表し、誤差自由度も1だけ大きくなります。因子Pの交互作用がある場合も、因子Pの交互作用との差が誤差となります。誤差平方和は総平方和から各要因平方和を引いて求めます。平方和は次のように計算します。

$$S_T = S_{[1]} + \cdots + S_{[16]}$$

$$S_A = \frac{(A_1水準の和)^2}{18} + \frac{(A_2水準の和)^2}{9} - \frac{(合計)^2}{27}$$

$$S_B = S_{[1]}$$

$$S_C = S_{[11]}$$

$$S_{AB} = \frac{(A_1B_1水準の和)^2}{6} + \frac{(A_1B_2水準の和)^2}{6} - \frac{(A_1B_3水準の和)^2}{6}$$
$$+ \frac{(A_2B_1水準の和)^2}{3} + \frac{(A_2B_2水準の和)^2}{3} + \frac{(A_2B_3水準の和)^2}{3} - \frac{(合計)^2}{27}$$

$$S_{A \times B} = S_{AB} - S_A - S_B$$
$$S_{B \times C} = S_{[12]} + S_{[13]}$$
$$S_E = S_T - (S_A + S_B + S_C + S_{A \times B} + S_{B \times C})$$

自由度は、$\phi_A = 1$, $\phi_B = 2$, $\phi_C = 2$, $\phi_{A \times B} = 2$

$\phi_{B \times C} = 4$, $\phi_E = 15$

です。これらをまとめて分散分析表が得られます。

各水準におけるデータ数に注意すれば、解析方法はこれまでと同じですが、有効反復数は伊奈の式で求めます。田口の式では求められません。

● (7) 直交配列表実験における分割法の解析例

次のデータを解析してみます。

▼直交配列表実験における分割法のデータ表

No.	[1] R	[2] A	[3]	[4] B	[5]	[6] A×B	[7] D×F	[8] C	[9] D	[10] A×C	[11] A×D	[12] B×C	[13]	[14] F	[15]	実験順序 1次	実験順序 2次	データ
1	1	1	1	1	1	1	1	1	1	1	1	1	1	1	1	6	12	13.5
2	1	1	1	1	1	1	1	2	2	2	2	2	2	2	2		11	16.2
3	1	1	1	2	2	2	2	1	1	1	1	2	2	2	2	7	13	31.2
4	1	1	1	2	2	2	2	2	2	2	2	1	1	1	1		14	21.9
5	1	2	2	1	1	2	2	1	1	2	2	1	1	2	2	8	15	20.5
6	1	2	2	1	1	2	2	2	2	1	1	2	2	1	1		16	12.1
7	1	2	2	2	2	1	1	1	1	2	2	2	2	1	1	5	10	20.7
8	1	2	2	2	2	1	1	2	2	1	1	1	1	2	2		9	14.4
9	2	1	2	1	2	1	2	1	2	1	2	1	2	1	2	1	1	20.6
10	2	1	2	1	2	1	2	2	1	2	1	2	1	2	1		2	21.9
11	2	1	2	2	1	2	1	1	2	1	2	2	1	2	1	3	6	28.7
12	2	1	2	2	1	2	1	2	1	2	1	1	2	1	2		5	25.2
13	2	2	1	1	2	2	1	1	2	2	1	1	2	2	1	4	7	22.4
14	2	2	1	1	2	2	1	2	1	1	2	2	1	1	2		8	12.1
15	2	2	1	2	1	1	2	1	2	2	1	2	1	1	2	2	3	19.1
16	2	2	1	2	1	1	2	2	1	1	2	1	2	2	1		4	15.0
成分	a	b	a b	c	a c	b c	a b c	d	a d	b d	a b d	c d	a c d	b c d	a b c d			
群	1群	2群		3群		4群												
単位	1次単位					2次単位												

手順1 データの整理

各列で第1水準と第2水準の合計を計算して、列平方和を求めます。また、交互作用を調べるために5つの二元表をつくります。

▼平方和を計算するためのデータ表

No.	[1] R	[2] A	[3]	[4] B	[5]	[6] $A \times B$	[7] $D \times F$
第1水準の和	150.5	179.2	151.4	13	150.3	141.4	153.2
第2水準の和	165.0	136.3	164.1	176.2	165.2	174.1	162.3
$S_{[k]}$	13.141	115.026	10.081	85.101	13.876	66.831	5.176

[8] C	[9] D	[10] $A \times C$	[11] $A \times D$	[12] $B \times C$	[13]	[14] F	[15]
176.7	160.1	147.6	159.8	153.5	152.1	145.2	156.2
138.8	155.4	167.9	155.7	162.0	163.4	170.3	15
89.776	1.381	25.756	1.051	4.516	7.981	376	0.601

	B_1	B_2
A_1	72.2	107.0
A_2	67.1	69.2

	C_1	C_2
A_1	94.0	85.2
A_2	82.7	53.6

	D_1	D_2
A_1	91.8	87.4
A_2	68.3	68.0

	C_1	C_2
B_1	77.0	62.3
B_2	99.7	76.5

	F_1	F_2
D_1	71.5	88.6
D_2	73.7	81.7

◎グラフ化

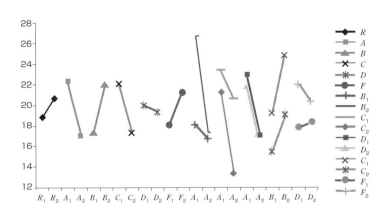

データをグラフ化すると、主効果A, B, C, Fと交互作用$A \times B$, $A \times C$は効果がありそうですが、反復R、主効果Dおよび交互作用$A \times D$, $B \times C$, $D \times F$の効果は判然としません。

手順2 分散分析表の作成

▼分散分析表

要因	S	ϕ	V	F_0値
R	13.14	1	13.14	1.10
A	115.03	1	115.03	9.60
B	85.10	1	85.10	7.10
$A \times B$	66.83	1	66.83	5.58
$D \times F$	5.18	1	5.18	0.43
$E(1)$	23.96	2	11.98	2.79
C	89.78	1	89.78	20.9*
D	1.38	1	1.38	0.32
F	38.00	1	38.00	9.18
$A \times C$	25.76	1	25.76	6.00
$A \times D$	1.05	1	1.05	0.24
$B \times C$	4.52	1	4.52	1.05
$E(2)$	8.58	2	4.29	
T	479.66	15		

　主効果Cのみが有意となりました。F_0値の小さい反復Rと交互作用$D \times F$は1次誤差に、主効果Dと交互作用$A \times D$, $B \times C$は2次誤差にプーリングして、分散分析表をつくり直します（次ページ参照）。

　主効果Cが高度に有意、主効果A, B, Fと交互作用$A \times C$が有意となりました。誤差分散の推定値を$E(V)$に基づいて計算します。

$$\hat{\sigma}_{(1)}^2 = \frac{V_{E(1)} - V_{E(2)}}{2} = \frac{10.57 - 3.11}{2} = 3.73$$

$$\hat{\sigma}_{(2)}^2 = V_{E(2)} = 3.11$$

▼プーリング後の分散分析表

要因	S	ϕ	V	F_0値
A	115.03	1	115.03	10.9*
B	85.10	1	85.10	8.05*
$A \times B$	66.83	1	66.83	6.32
$E'(1)$	42.27	4	10.57	3.40
C	89.78	1	89.78	28.9**
F	38	1	38	12.7*
$A \times C$	25.76	1	25.76	8.29*
$E'(2)$	15.53	5	3.11	
T	479.66	15		

手順3 最適水準の決定と母平均の推定

推定に用いるデータの構造式は

$$x_{ijkl} = \underbrace{\mu + a_i + b_j + (ab)_{ij} + \varepsilon_{(1)ij}}_{1次} + \underbrace{c_k + f_l + (ac)_{ik} + \varepsilon_{(2)ijkl}}_{2次}$$

ですが、2つの交互作用において因子Aが重複しているので、Aの水準を固定して、そのときのB, Cの最適水準を求めます。

(i) A_1のとき、AB二元表よりB_2、AC二元表よりC_1が選ばれます。

$$\hat{u}(A_1B_2C_1) = \overbrace{\mu + a_1 + b_2 + (ab)_{12}} + \overbrace{\mu + a_1 + c_1 + (ac)_{11}} - \overbrace{\mu + a_1}$$

$$= \frac{107.0}{4} + \frac{94.0}{4} - \frac{179.2}{8} = 27.85$$

(ii) A_2のとき、AB二元表よりB_2、AC二元表よりC_1が選ばれます。

$$\hat{\mu}(A_2B_2C_1) = \overbrace{\mu + a_2 + b_2 + (ab)_{22}} + \overbrace{\mu + a_2 + c_1 + (ac)_{21}} - \overbrace{\mu + a_2}$$

$$= \frac{69.2}{4} + \frac{82.7}{4} - \frac{136.3}{8} = 20.94$$

(i)、(ii)を比較して、平均が大きい$A_1 B_2 C_1$が選ばれます。因子Fについては単独でF_2が選ばれます。したがって、$A_1 B_2 C_1 F_2$が最適水準です。

$A_1 B_2 C_1 F_2$における母平均の点推定値は、次のように求められます。

区間推定では、反復のないときの分割法による方法を適用します。各次数における有効反復数は

$$\frac{1}{n_{e(1)}} = \frac{1 + 1 + 1}{16} = \frac{3}{16}, \quad \frac{1}{n_{e(2)}} = \frac{1 + 1 + 1}{16} = \frac{3}{16}$$

となるので、点推定量の分散は

$$\hat{V}(\bar{x}) = \frac{V_{E(1)}}{N} + \frac{V_{E(1)}}{n_{e(1)}} + \frac{V_{E(2)}}{n_{e(2)}} = \frac{V_{E(1)}}{4} + \frac{V_{E(2)}}{8}$$

$$= \frac{10.57}{4} + \frac{3}{16} \times 3.11 = 3.226$$

となります。サタースウェイトの等価自由度は、

$$\frac{(\frac{10.57}{4} + \frac{3}{16} \times 3.11)^2}{\phi^*} = \frac{(\frac{10.57}{4})^2}{4} + \frac{(\frac{3}{16} \times 3.11)^2}{5}$$

から、$\phi^* = 5.74$ となり、t分布の5%点は

$$t(5.74, 0.05) = 0.74 \times t(6, 0.05) + 0.26 \times t(5, 0.05)$$
$$= 0.74 \times 2.447 + 0.26 \times 2.571 = 2.479$$

となります。したがって、最適水準における母平均の信頼区間は、次のようになります。

$$\hat{\mu} \pm t(\phi^*, \alpha)\sqrt{\hat{V}(\bar{x})} = 29.42 \pm t(5.74, 0.05)\sqrt{3.226}$$
$$= 29.42 \pm 2.479 \times 1.796$$
$$= 29.42 \pm 4.45$$
$$= 25.0, 33.9$$

21-6 応答曲面法、直交多項式【定義と基本的な考え方】

●（1）応答曲面法とは

応答曲面法は、応答変数 y と連続量である説明変数 x の関係を曲面として定め、連続量としての最適水準を求める手法です。

応答曲面法では p 個の説明変数 $x_1, x_2, \cdots, x_p$ と応答変数 y の関係を、以下のようなモデルで考えます。

$$y = f(x_1, x_2, \cdots, x_p) + \varepsilon \quad \text{ただし、} \varepsilon \sim N(0, \sigma^2)$$

関数 $E(y) = f(x_1, x_2, \cdots, x_p)$ を**応答関数**といいます。関数 f は任意ですが、1次または2次の多項式を用いることが多いです。また、応答変数と説明変数との関係を幾何学的に示したものが応答曲面です。

応答関数が説明変数の1次の多項式のときは、

$$E(y) = \beta_0 + \sum_{i=1}^{p} \beta_i x_i$$

となります。これは β に関する線形関数なので、回帰分析と同様に最小二乗法を用いて β_i を推定することができきます。

応答曲面法では経験則に基づくモデルを設定し、実験計画に従ってデータを収集し解析を行います。この実験計画を**応答曲面計画**といいます。応答曲面計画の主要なタイプであり、実験を効率的に行える計画法として、**中心複合計画**、**ボックス・ベーンケン計画**などがあります。

●（2）直交多項式とは

一元配置実験などで、取り上げた因子が計量因子であり、各水準の間隔が等しく、各水準の繰り返し数が等しいときには、その因子の変動を、**直交多項式**を使って分解し解析することができます。

直交多項式を用いることで、y の変動に x の p 次多項式、

$$y = b_0 + b_1 x + b_2 x^2 + \cdots + b_p x^p$$

を当てはめること（曲線回帰）を、容易に手計算にて行うことができます。

　さらに、多項式に対して平方和$S_{(k)}$を求めることができます。$S_{(k)}$はk次の多項式の変動の大きさを表します。

　直交多項式は、次の特徴を持っています。

1）直交多項式を利用することで、手計算でも曲線回帰の計算ができます。

2）直交多項式は、各水準の繰り返し数が一定で、水準の間隔が一定である場合に適用できます。この条件を満たさない場合は、重回帰分析を行います。
　直交多項式分解において、さらに高次の多項式の当てはめを行うときには、いままでに計算された回帰係数や平方和をすべてそのまま使うことができ、新たに高次の多項式の回帰係数と平方和を追加する形となります。

3）二元配置実験の場合にも直交多項式分解を適用できます。

● 参考：フィッシャーの3原則

　実験を計画するにあたって、的確な統計的判断を下すためには、誤差を精度よく求めなければなりません。実験の場を管理するときに必要な考え方を示したものが、この章の冒頭でも述べた**フィッシャーの3原則**で、**反復の原則**、**無作為化の原則**、そして**局所管理の原則**と呼ばれるものです。

◎フィッシャーの3原則

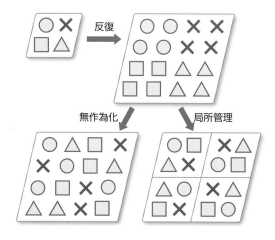

1）反復
◎反復の原則

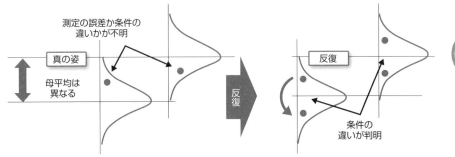

測定の誤差か条件の違いが不明

真の姿

母平均は異なる

反復

反復

条件の違いが判明

反復の原則とは、観測誤差の大きさを評価し、推定精度を向上させることです。同一の条件のもとで実験を繰り返すことが反復です。1回しか実験していなければ、測定値に違いがあっても、それが条件の違いによる差なのか、誤差なのかの判断ができません。そこで、反復により複数回の実験をして誤差のばらつきを求めます。そしてその回数が多ければ多いほど、多くの情報が得られ、推定の精度も高くなります。

2）無作為化

無作為化の原則とは、系統誤差を偶然誤差へ転化することです。反復を多くとると、実験回数も増え、時間もかかります。そうすると、複数の実験装置を使ったり、何人かで分担して実験したりすることになります。その場合、実験の条件、実験者の癖などをそろえることは難しくなり、これらに依存した系統誤差が発生することになります。

この系統誤差を予測することは不可能ですし、なくすことも難しいです。この系統誤差を偶然誤差にしてしまう方法が無作為化です。つまり、繰り返しを行う順序を無作為に決めることで、偶然誤差として処理することができるようになります。

◎無作為化の原理と誤差

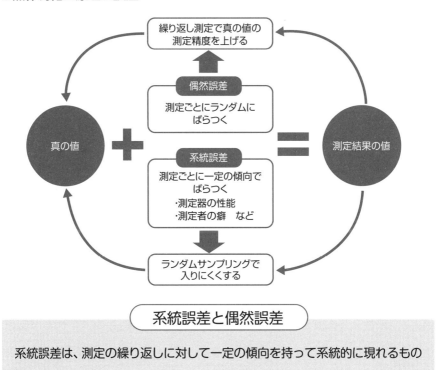

系統誤差と偶然誤差

系統誤差は、測定の繰り返しに対して一定の傾向を持って系統的に現れるもの

偶然誤差は、測定ごとにランダムにばらつくものです。

例えば、1mmの目盛の定規で長さを測るとき、0.1mmを目分量で読むときの誤差は偶然誤差ですが、そもそも定規が正確でないなど測定器の性能によって生じるずれは系統誤差です。このようなときは、1本の定規を使うのではなく、何本かの定規の中からランダムに選んで使います。

系統誤差は、その原因が分かれば取り除くことができますが、実際にはいろいろな原因による誤差が合わさっているので、系統誤差をなくすことは難しいです。しかし、ランダムサンプリングを行うことによって、系統的な誤差を入りにくくすることができます。

偶然誤差は測定の精度を規定するもので、測定のたびにランダムな値をとるため、個々のデータにおいてそれを取り除くことはできません。しかし、測定を繰り返し十分な回数の測定を行うことで、真の値の推定精度を上げることができます。

3）局所管理

　局所管理の原則とは、系統誤差をなくして精度を向上させることです。多くの繰り返しをするときには、完全な無作為化を実現するのは難しくなります。そんなとき、実験の場を条件が均一になるようなブロックに分けることが局所管理です。実験装置とか実験者といった、系統誤差が生じる可能性のある要因によってブロックに分け、それぞれのブロック内に比較したい条件を全部入れる方法です。**乱塊法**という実験計画は、局所管理を積極的に取り入れた方法です。

第**21**章　実験計画法

◎局所管理の原則

局所管理（乱塊法の活用）

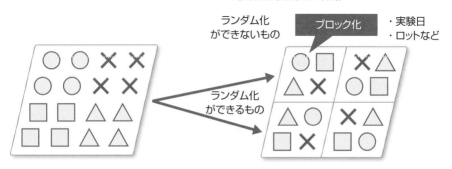

直交配列表実験は、3水準ではなく2水準を2回実施したほうが、実験の回数は少なくて済みます

22-1 ノンパラメトリック法【定義と基本的な考え方】

●（1）ノンパラメトリック法とは

　これまで見てきた手法は、サンプルを抽出した母集団の特性がある特定の分布、特に正規分布に従うと仮定できる場合に適用できるものでした。これらの手法は，母集団の分布を仮定し、その**母数（パラメータ）**に関して統計的推測を行うので**パラメトリック（parametric）法**といいます。

　これに対して、母集団の分布が特定の分布に従うと仮定できない場合の統計解析の手法があり、それを**ノンパラメトリック（nonparametric）法**といいます。

●（2）ノンパラメトリック法の特長

　ノンパラメトリック法の特長として、次の3つを挙げることができます。

①分類データや順位データしか得ることができない場合に適用できる

　ノンパラメトリック法を適用できる代表的なデータ形式としては分類データや順位データがあります。

　順位データとは、調査の対象が持つ特性を何らかの基準を用いて順位付けることによって得られるデータです。例えば、n個の製品の品質のよさを1位、2位、…、n位と順序付けたデータ、事象の重大性の程度、好みなどで順位付けたデータ、アンケートの回答で製品を「非常によい」、「よい」、「普通」、「悪い」、「非常に悪い」という形で評価したデータなどがあります。これらの形式のデータに対してはノンパラメトリック法が有効です。

　また、「表面の平滑度（なめらかさ）」という特性のように、数値化は困難だが順位付けは可能な場合にも有効です。

　さらに、計量データが得られていても、測定が大ざっぱなためにデータの細かな値自体にはあまり信頼がおけないような場合には、パラメトリック法を適用するのではなく、データを意図的に順位に変換してノンパラメトリック法を用いて解析する必要があります。

②特定の分布を仮定する必要がない

　パラメトリック法では通常、母集団分布に正規分布を仮定します。過去のデータの蓄積により正規性が確認されている場合、あるいは多数のよく管理されたデータをとることにより正規性を確認できる場合は、解析においてこの仮定をおくことは妥当です。しかし、これらの確認を行わずに、正規性の仮定を自動的に設定していたり、正規性が否定された場合の手法を知らずに、むりやりパラメトリック法を適用していることがあります。

　これに対して，ノンパラメトリック法は特定の分布を仮定できない場合に適用可能な手法です。

　特に、母集団分布の形が非対称で一山型の場合や、左右対称の一山型ではあるが正規分布と比べて裾が重い（広がりが大きい）分布のとき、検定や推定の効率がよくなります。

③外れ値の影響を受けにくい

　ノンパラメトリック法では、何らかの条件を満たす個数（順位もその1つです）に基づいて統計的推測（検定や推定）を行います。そのため、データに外れ値が含まれていても、それらの影響をあまり受けません。この性質を、外れ値に対する**ロバストネス**（robustness：頑健性）といいます。これに対し、パラメトリック法は外れ値に大きく影響を受ける手法です。前項（②）は、分布形の仮定に対するノンパラメトリック法の持つロバストネスということができます。

　ノンパラメトリック法は、順位や何らかの条件に合った個数をデータとするので直感的に理解しやすく、また適用が簡単です。文献によってはノンパラメトリック法をデータ数が少ない場合の解析法、あるいは簡易的な解析法として位置付けているものもありますが、むしろ上記①～③のような積極的な意味を持った手法と考えるべきです。

　ノンパラメトリック法はこうした利点を持ちますが、母集団分布に関する弱い仮定のもとで統計的推測を行うので、パラメトリック法と比べると見かけ上弱い結論しか得ることができません。このことは、データに特定の分布が仮定できる場合には、獲得できる情報の一部をノンパラメトリック法の適用により失う可能性があることを意味します。とはいえ、たとえそういう場合にノンパラメトリック法を適用したとしても、情報のロスはそう大きくはないという結果がさまざまな文献で報告さ

れています。

　ノンパラメトリック法においても、パラメトリック法に匹敵する膨大な理論・手法の体系が構築されています。

● (3) ノンパラメトリック法の種類

1) 2つの母集団に関する推測 (対応のないデータの場合)

　①分布の中心位置の差の検定

　②ウィルコクソン検定

　③ばらつきの大きさの違いの検定……ムッド検定

2) 1つの母集団に関する推測

　①ウィルコクソンの符号付き順位検定

　②対応のある2つのデータの中心位置の差の検定

3) 相関分析

　①スピアマンの順位相関係数

　②ケンドールの順位相関係数

4) 分散分析法

　①一元配置法……クラスカル・ウォリス検定

　②二元配置法、乱塊法……フリードマン検定

　③ケンドールの一致係数

目的を対立仮説に
設定すればいいのね

検定とは帰無仮説を
捨てるか否かだよ

23-1 感性品質と官能評価手法【定義と基本的な考え方】

● (1) 感性品質とは

感性品質とは、人間の感覚だけでなく、人間の情緒や感情、気持ちや気分、好感度、選好、快適性、使いやすさ、生活の豊かさなどの「感じ方」をも含んだ品質のことをいいます。

生産現場における官能評価では、感情や感性が加わると正しい判断はできません。しかし、お客様が新製品をどう評価するかは、お客様の感性そのものの判断といえます。

人の行動は、感情に影響を受けるだけでなく、理屈や損得勘定といった理性的な側面に基づく場合も多いものです。感性と理性は対極にあるといえます。

最近の新しい商品は、感性に訴えるものが多くなってきています。品質管理の分野でも、科学的な計測や試験に加え、官能評価や感性評価が重要な位置を占める時代になってきています。

● (2) 官能評価手法

1) 官能評価とは

官能評価（官能分析）とは、「官能特性を人の感覚器官である五官によって調べ評価すること」です。ここで、五官とは、五感を感じる5つの器官（目、耳、鼻、舌、皮膚）をいい、五感とは、視覚、聴覚、嗅覚、味覚、触覚のことをいいます。

2) 官能評価の特徴

官能評価の特徴としては、次のようなものがあります。

① ばらつきが大きく、結果が安定しない。
② 検査のたびに、結果が大きく変わる。
③ 官能試験に参加する評価者（パネリストという。集団の場合はパネルと呼ぶ）の評価能力が極めて重要であり、訓練が必要。

3）官能評価におけるデータ

官能評価における特性値は、数値とは限らず、言語、図や写真、検査見本などによって表現される場合もあります。

このうち、数値データは、分類データや順位データなどが多く用いられ、これらの解析には**ノンパラメトリック法**が適用されることが多いものです。

4）官能評価の試験方法

官能評価では、特殊な試験方法が用いられることが少なくありません。JIS Z 9080:2004に記載されている試験方法は、次のとおりです。

①感度試験

評価者の選抜および訓練によく用いられます。

次の3つのタイプがあります。

・評価者の閾値を確かめるための試験

・腐敗検知試験のように、ある濃度の物質とそれ以外の低濃度の物質が共存しない場合の試験

・下降系列または上昇系列を用いた希釈法

②識別試験法

2つの試料に差があるかどうかを決定するために用いられます。

・2点試験法　・3点試験法　・1対2点試験法　・2対5点試験法

・A非A試験法

③尺度およびカテゴリーを用いる試験方法

差の順番もしくは大きさ、または試料が該当するカテゴリーもしくは分類を評価するのに用います。

・順位法　・分類　・格付け法　・採点法　・等級付け

④分析形試験法または記述的試験法

1つ以上の官能特性について定性的、かつ、定量的に特徴をとらえるために、1つ以上の試料に適用します。

- ・簡単な記述的試験法
- ・定量的記述的試験法およびプロファイル法

● 参考：SD法

1）SD法とは

SD法（Semantic Differential Method）とは、アンケートなどの質問に言葉（質問）を度合いの順序に並べて与えておき、評価対象がどのカテゴリーに属するかを回答させる手法です。

2）SD法による質問のポイント

SD法によってアンケートの質問を考える場合、次の事項を考慮して作成します。

①反対語や否定語など意味的に対になる評価尺度を両端におきます。

②「どちらともいえない」という中立的な回答を入れるために、必ず奇数段階の評価とします。

③評価段階数は5段階または7段階がよく、一般的には5段階が評価しやすいといえます。

④評価点は、+2, +1, 0, −1, −2　または　5, 4, 3, 2, 1　とします。

⑤質問数は20程度（10～30くらい）とします。

また、評価点と人数を掛けた値の累積値を人数で割った値を「**SD値**」と呼びます。この値で質問項目の評価レベルを測定することができます。

24-1 母相関係数の検定と推定

●（1）相関係数とは

相関の度合いを統計量として把握するには、相関係数 r を計算します。

x の平方和 $\quad S_{xx} = \sum x_i^2 - \dfrac{\left(\sum x_i\right)^2}{n}$, $\quad y$ の平方和 $\quad S_{yy} = \sum y_i^2 - \dfrac{\left(\sum y_i\right)^2}{n}$

x と y の積和 $\quad S_{xy} = \sum x_i y_i - \dfrac{\left(\sum x_i\right)\left(\sum y_i\right)}{n}$, $\quad$ 相関係数 $\quad r = \dfrac{S_{xy}}{\sqrt{S_{xx} \times S_{yy}}}$

この相関係数 r は、$-1 \leq r \leq +1$ の範囲の値をとります。

◎相関係数の概念

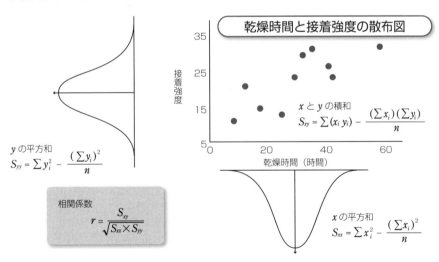

y の平方和
$$S_{yy} = \sum y_i^2 - \frac{\left(\sum y_i\right)^2}{n}$$

相関係数
$$r = \frac{S_{xy}}{\sqrt{S_{xx} \times S_{yy}}}$$

乾燥時間と接着強度の散布図

接着強度

乾燥時間（時間）

x と y の積和
$$S_{xy} = \sum (x_i \, y_i) - \frac{\left(\sum x_i\right)\left(\sum y_i\right)}{n}$$

x の平方和
$$S_{xx} = \sum x_i^2 - \frac{\left(\sum x_i\right)^2}{n}$$

●（2）母相関係数

　母相関係数 $p=0$ の2変量正規母集団から大きさ n のサンプルを取り出したときの相関係数を r とすると、

$$t = \frac{r\sqrt{n-2}}{\sqrt{1-r^2}}$$

は自由度 $(n-2)$ の t 分布に従います。この結果から、$p=0$ に対する仮説検定をすることができます。これを**無相関の検定**といいます。

データの組数が30以下の場合で活用できます。

● (3) 無相関の検定

無相関の検定の解析手順は次のとおりです。

[手順1] **仮説の設定**

　　　　帰無仮説 $H_0 : p=0$　　対立仮説 $H_1 : p \neq 0$

[手順2] **有意水準の設定**　有意水準 $\alpha = 0.05$

[手順3] **棄却域の設定**　　棄却域 $R : |t_0| \geq t(n-2, \alpha)$

[手順4] **検定統計量の計算**

　　検定統計量　$|t_0| = \left| \dfrac{r\sqrt{n-2}}{\sqrt{1-r^2}} \right|$

[手順5] **判定**

検定統計量 t_0 と棄却域 $t(n-2, \alpha)$ を比較します。

①有意であれば、帰無仮説 H_0 を捨てて、相関があるといいます。

②有意でなければ、相関があるとはいいきれない、と判断します。

● (4) 無相関の検定の解析例

　運動はダイエットに効果があるのか——ある職場で、メタボリック症候群が話題になりました。ダイエット効果を上げるため、食事を少し控えて、食後は軽く運動してみようということになります。運動によりダイエットの効果が出ているのか調べることにしました。スタッフごとに1か月間のダイエット効果と1日あたりの運動量を測定することにしました。

▼運動量とダイエット効果のデータ表

メンバー	x	y	x^2	y^2	xy
スタッフA	60	122	3,600	14,884	7,320
スタッフB	20	96	400	9,216	1,920
スタッフC	22	91	484	8,281	2,002
スタッフD	12	87	144	7,569	1,044
スタッフE	12	91	144	8,281	1,092
スタッフF	22	107	484	11,490	2,354
スタッフG	52	126	2,704	15,876	6,552
スタッフH	47	112	2,209	12,544	5,261
スタッフI	33	104	1,089	10,816	3,432
スタッフJ	6	97	36	9,409	582
合　計	286	1,032	11,294	108,325	31,562

無相関の検定の手順は次のとおりです。

手順1 **仮説の設定**　　帰無仮説 $H_0 : p = 0$　　対立仮説 $H_1 : p \neq 0$

手順2 **有意水準の設定**　　有意水準 $\alpha = 0.05$

手順3 **棄却域の設定**　　棄却域　$R : t_0 \geq t(n-2, \alpha) = t(10-2, 0.05) = t(8, 0.05)$
$= 2.306$

手順4 **統計量の計算**　　統計量　$|t_0| = \left| \dfrac{r\sqrt{n-2}}{\sqrt{1-r^2}} \right| = \dfrac{0.900\sqrt{10-2}}{\sqrt{1-0.900^2}} = 5.838$

手順5 **判定**　　$|t_0| = 5.838 > t(8, 0.05) = 2.306$

有意水準5％で有意となります。したがって、運動量とダイエット効果は相関があるといえます。

25-1 相関と回帰の違い、単回帰分析

●（1）相関と回帰の違い

　　相関分析とは、xとyとの関連性を見ることであり、その関連性を調べる統計的手法です。xとyはともに正規分布に従ってばらつく量です。

　　回帰分析とは、データの形式や散布図を描いてみるという点では相関分析と同じですが、「xのほうは指定できる変数と考える」という点が異なっています。

◎相関分析と回帰分析の違い

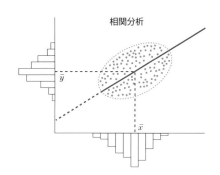
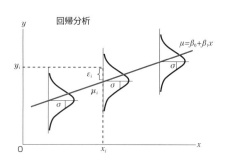

●（2）回帰分析の検討

　　説明変数xのいくつかの値で観測された目的変数の値yについて、このxとyの母平均との間に成り立つ関数関係を直線で表される関係として分析するのが回帰分析です。回帰分析の解析手順は、次のとおりです。

①回帰母数β_0, β_1を最小二乗法により推定します。

②回帰関係の有意性を検討します。

③回帰係数の有意性を検討します。

④寄与率を求めて、得られた回帰式の性能を評価します。

⑤残差の検討を行い、得られた回帰式の妥当性を検討します。

◎回帰分析の概要

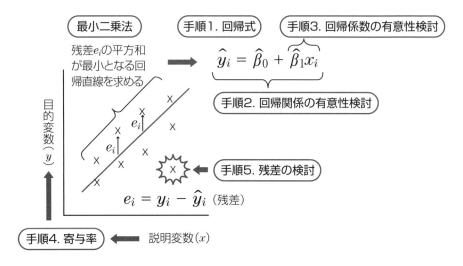

　ある会社では、各工場で設置している電気設備の状況を把握することとなりました。長年使っていると劣化してくるので、いつ点検をし、いつ改修すればいいかを調べるため、8か所の設備の経年と劣化度を測定しました。その結果が次の表です。

▼経年と劣化度のデータ表

No.	経年 x	劣化度 y	x^2	y^2	xy
1	12	22	144	484	264
2	12	24	144	576	288
3	11	21	121	441	231
4	7	19	49	361	133
5	8	19	64	361	152
6	9	22	81	484	198
7	14	24	196	576	336
8	11	23	121	529	253
計	84	174	920	3812	1855

手順1 回帰式の予測

回帰係数はデータ表から最小二乗法で求めます。

母切片の推定値 $\hat{\beta}_0 = \bar{y} - \hat{\beta}_1 \bar{x} = 21.75 - 0.737 \times 10.5 = 14.01$

母回帰係数の推定値 $\hat{\beta}_1 = \dfrac{S_{xy}}{S_{xx}} = \dfrac{28}{38} = 0.737$

したがって、**回帰式**は次の式になります。

回帰式 $\hat{y}_i = \hat{\beta}_0 + \hat{\beta}_1 x = 14.01 + 0.737x$

手順2 回帰関係の有意性の検討

残差平方和は $S_e - S_{yy} \quad \dfrac{S_{xy}^2}{S_{xx}}$

と表します。総平方和 S_{yy} から残差平方和 S_e を引いたのが回帰による平方和 S_R であり、予測値 $\bar{y}_i$ と平均 $\bar{y}$ との差の平方和を表しています。

回帰による平方和 $S_R = \dfrac{S_{xy}^2}{S_{xx}}$

このように、平方和は回帰による平方和と残差平方和に分解されます。

全体の平方和 $S_T = S_R + S_e$

回帰による自由度と残差平方和の自由度はそれぞれ

回帰による自由度 $\phi_R = 1$, 残差平方和の自由度 $\phi_e = n - 2$

となり、誤差分散 σ^2 の推定値 V_e は、次のようになります。

誤差分散の推定値 $V_e = \dfrac{S_e}{n-2}$

以上の結果から、**回帰関係**が**有意**であるかどうかの検定（$H_0 : \beta_1 = 0$, $H_1 : \beta_1 \neq 0$）のための分散分析表を作成します。

▼分散分析表

要因	平方和	自由度	分散	F値
回帰 R	20.632	1	20.632	18.019
残差 e	6.868	6	1.145	
計 T	27.5	7		

手順3 回帰係数 β_1 について検定・区間推定

回帰係数 β_1 が"ゼロ"かどうかを検定するには、$\hat{\beta}_1$ を標準化して σ^2 を推定値 V_e で置き換えます。帰無仮説 $H_0 : \beta_1 = 0$ のもとでは

検定統計量　$t_0 = \dfrac{\hat{\beta}_1}{\sqrt{\dfrac{V_e}{S_{xx}}}}$　は自由度 $(n-2)$ の t 分布に従います。

したがって、$|t_0| \geq t(n-2, \alpha)$ のとき、有意水準 α で帰無仮説 $H_0 : \beta_1 = 0$ が棄却されることになります。

①**仮説の設定**　帰無仮説　$H_0 : \beta_1 = 0$　　　対立仮説　$H_1 : \beta_1 \neq 0$

②**棄却域の設定**　R : $t_0 > (\phi_e, \alpha) = t(6, 0.05) = 2.447$

③**統計量の計算**　統計量　$t_0 = \dfrac{\hat{\beta}_1}{\sqrt{\dfrac{V_e}{S_{xx}}}} = \dfrac{0.735}{\sqrt{\dfrac{1.145}{38}}} = 4.249$

④**判定**　有意水準5%で有意となり、$\hat{\beta}_1 \neq 0$ といえます。

◎回帰関係と回帰係数の有意性検討

分散分析表

回帰の有意性	自由度	変動	分散	観測された分散比	有意F値
回帰 R	1	1300.69	1300.69	32.9908	0.00043
残差 e	8	315.407	39.4259		
合計 T	9	1616.1			

観測された分散比＞2.00
または有意P値＜0.05

回帰式　$$\hat{y}_i = \hat{\beta}_0 + \hat{\beta}_1 x_i$$

t値＞1.41
またはP値＜0.05

回帰係数の有意性	係数	標準誤差	t	P 値
切片	84.6873	3.78118	22.397	1.7×10^{-8}
運動量（分）	0.64625	0.11251	5.74377	0.00043

手順4　寄与率

直線のデータへの当てはめのよさを測る指標として、寄与率があります。

寄与率　$R^2 = \dfrac{S_R}{S_{yy}} = 1 - \dfrac{S_e}{S_{yy}}$

R^2はxとyの相関係数r_{xy}と次の関係があります。

寄与率と相関係数の関係　$R^2 = \dfrac{S_R}{S_{yy}} = \dfrac{S_{xy}^2 / S_{xx}}{S_{yy}} = \left[\dfrac{S_{xy}}{\sqrt{S_{xx} S_{yy}}}\right]^2 = r_{xy}^2$

このR^2は寄与率と呼ばれる量で、「全変動のうち回帰によって説明できる変動の割合」であり、1に近いほど求めた回帰式が成り立ちます。

$S_R = \hat{\beta}_1$,　$S_{xy} = 0.737 \times 28 = 20.636$　　　寄与率　$R^2 = \dfrac{S_R}{S_{yy}} = \dfrac{20.636}{27.5} = 0.750$

寄与率とは、ある要因が結果に影響する割合をいいます。
寄与率が50%以下なら別の要因が考えられます。そのときは別の要因も考えてみてください

◎寄与率

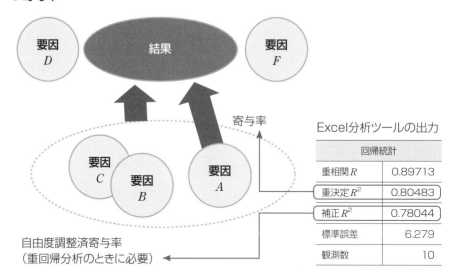

Excel分析ツールの出力

回帰統計	
重相関 R	0.89713
重決定 R^2	0.80483
補正 R^2	0.78044
標準誤差	6.279
観測数	10

寄与率

自由度調整済寄与率
（重回帰分析のときに必要）

手順5 残差分析

残差 $e_i = y_i - \hat{y}_i$ は正規分布に従っているはずですが、もしそうでなければ、当てはめた単回帰モデルが適切でないことが考えられます。残差 e_i を誤差分散の推定値によって標準化して標準化残差を求めます。

▼標準化残差

No	変数 x_i	予測値 $\hat{y}_i$	実測値 y_i	残差 $e_i = y_i - \hat{y}_i$	標準化残差 $e_i' = \dfrac{e_i}{\sqrt{V_e}}$
1	12	22.85	22	−0.85	−0.79
2	12	22.85	24	1.15	1.07
3	11	22.11	21	−1.11	−1.04
4	7	19.16	19	−0.16	−0.16
5	8	19.91	19	−0.91	−0.85
6	9	20.64	22	1.36	1.27
7	14	24.33	24	−0.33	−0.31
8	11	22.12	23	0.88	0.82

$$e_i' = \frac{e_i}{\sqrt{V_e}} = \frac{e_i}{\sqrt{\dfrac{S_e}{n-2}}}$$

　点 (x_i, e_i') を散布図に表して、曲線的な構造がないか、誤差の等分散性はあるか、e_i' の値が ±3 を超えているものがないかなどを確認します。

　確認するポイントは、

①「$|e'| \geq 3.0$ なら注意」
④「$|e'| \geq 2.5$ なら留意」

と考えて、そのサンプルが異常でないかどうかを検討します。異常である理由が見つかれば、そのサンプルを外して解析をやり直します。

　時系列的な周期性がないかどうかは、データのとられた順に**標準化残差**をプロットしてみるとよく分かります。これらの結果から異常が見つかれば、曲線回帰や多項式回帰などのモデルを検討したり、異常値かどうかを検討し、異常の原因を探ることが必要となります。

◎標準化残差のプロット図

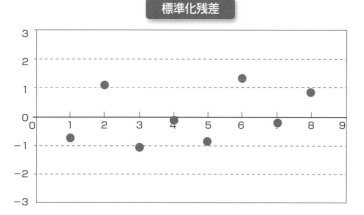

　ここでは、標準化残差のプロット図から特に異常な点はないものと思われます。

● (1) 繰り返しのある場合の単回帰分析とは

単回帰分析において、同じ説明変数の値で複数のデータをとれる場合があります。

例えば、説明変数が設定温度で目的変数が収率の場合、設定温度は通常いくつかの水準で実験されます。このような実験では、説明変数と目的変数の関係を**単回帰分析**で把握することができるだけでなく、設定温度を要因だと考えた一元配置実験として実験誤差を把握することもできます。これを**繰り返しのある単回帰分析**といいます。

繰り返しのある単回帰分析は、説明変数$x=x_i$のときに目的変数yがn回観測されているデータを分析することです。このデータをy_{ij}とおきます。このときデータの構造式は、次のとおりです。

$$y_{ij} = \beta_0 + \beta_1(x_i - \bar{x}) + \tau + \varepsilon_y, i=1,\cdots,l, j=1,\cdots,n$$

ここで、v_iは**高次回帰**と呼ばれ、2次以上の影響を表します。

高次回帰は、水準間が等間隔であれば、直交多項式の2次以上の項に相当します。まず、総平方和が、以下のように3つの平方和に分解されます。

$$
\begin{aligned}
S_T &= \sum_{i=1}^{l}\sum_{j=1}^{n}(y_{ij}-\bar{\bar{y}})^2 = \sum_{i=1}^{l}\sum_{j=1}^{n}[(y_{ij}-\bar{y}_i.)-(\bar{y}_i.-\bar{\bar{y}}_i)]^2 \\
&= \sum_{i=1}^{l}\sum_{j=1}^{n}(y_{ij}-\bar{y}_i.)^2 + n\sum_{i=1}^{l}[(\bar{y}_i-\hat{y}_i.)-(\hat{y}_i.-\bar{\bar{y}})]^2 \\
&= \sum_{i=1}^{l}\sum_{j=1}^{n}(y_{ij}-\bar{y}_i.)^2 + n\sum_{i=1}^{l}(\bar{y}_i.-\hat{y}_i)^2 + n\sum_{i=1}^{l}(\hat{y}_i-\bar{\bar{y}})^2
\end{aligned}
$$

ここで、最初の項は一元配置実験の誤差平方和、

$$S_E = \sum_{i=1}^{l}\sum_{j=1}^{n}(y_{ij}-\bar{y}_i.)^2$$

です。3番目の項は単回帰分析における回帰平方和、

$$S_R = n\sum_{i=1}^{l}(\hat{y}_i - \overline{\overline{y}})^2$$

です。2番目の項は、**当てはまりの悪さの平方和**と呼び、高次回帰の平方和に相当します。$S_T = S_A + S_E = S_R + S_E$ に注目すると、

$$S_{lof} = S_A - S_R = S_e - S_E = n\sum_{i=1}^{l}(\overline{y}_i. - \hat{y}_i)^2$$

と考えられます。このことから，自由度も求められます。

$$\phi_{lof} = l - 2, \ \phi_R = 1, \ \phi_A = l - 1, \ \phi_g = l(n-1), \ \phi_r = ln - 1$$

これらを分散分析表にまとめると、次のようになります。

要因	S	ϕ	V	F_0
直線回帰 R 当てはまりの悪さ lof	S_R S_{lof}	ϕ_R ϕ_{lof}	$V_R = S_R / \phi_R$ $V_{lof} = S_{lof} / \phi_{lof}$	V_R / V_E V_{lof} / V_E
級間 A 誤差 E	S_A S_E	ϕ_A ϕ_E	$V_A = S_A / \phi_A$ $V_E = S_E / \phi_E$	V_A / V_E
計	S_T	ϕ_T		

　この分析では、まずはじめに温度 A が要因として効果があるかどうかを確かめます。もし、有意でなければ分析を終了します。

　有意であれば、次に**当てはまりの悪さ（高次回帰）**の有意性を調べます。このとき、有意水準は5%とせず、重回帰分析での変数選択に合わせて、**F値が2より大きけれ**ば一元配置実験の結果を最終結果とします。

　F値が2以下ならば、当てはまりの悪さを誤差にプーリングして、通常の単回帰分析の結果を最終結果とします。このとき、目的変数と説明変数の関係は**直線関係にある**といいます。

●（2）繰り返しのある場合の単回帰分析の解析の手順

　問題形式で例を示し、分散分析をするまでの手順を次に紹介します。

10 繰り返しのある場合の単回帰分析

　合成繊維Pの加熱による収縮率について、温度を変えて測定した結果を次に示します。加熱温度に対する収縮率の回帰式を求めてください。

▼データ表

温度x(℃)	100	120	140	160	180
収縮率y(%)	2.9	3.5	5.2	5.9	6.4
	2.1	3.1	4.2	6.2	6.5
	3.1	3.8	4.6	5.6	7.3

問題10の解答

手順1　データの構造式

データを図示します。

データの構造式　　$y_{ij} = \beta_0 + \beta_i x_i + \tau_i + \varepsilon_{ij}$

◎加熱温度xと収縮率

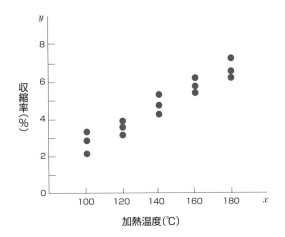

加熱温度(℃)

収縮率yは加熱温度xに対して直線的に変化するように見えます。異常な点もなく、等分散のように思われます。

手順2 $\bar{x}, \bar{y}, S_{xx}, S_{yy}, S_{xy}$ **の計算**

データに、

$$X_i = (x_i - 140)/20$$

$$Y_i = (y_i - 5.0) \times 10$$

の変換をして補助表をつくります。

▼補助表（1）

（計）

X_i	−2	−1	0	1	2	
n_i	3	3	3	3	3	$N = \sum_i^k n_i = 15$
$n_i X_i$	−6	−3	0	3	6	$\sum_i^k n_i X_i = 0$
	−21	−15	2	9	14	
Y_{ij}	−29	−19	−8	12	15	
	−19	−12	−4	6	23	
$T_i = \sum_j^{n_i} Y_{ij}$	−69	−46	−10	27	52	$T = \sum_i^k \sum_j^{n_i} Y_{ij} = -46$
$T_{i.}^2$	4761	2116	100	729	2704	$\sum_i^k T_{i.}^2 = 10410$
$X_i T_{i.}$	138	46	0	27	104	$\sum_i^k X_i T_{i.} = 315$
$T_{i.}^2 / n_i$	1587.0	705.3	33.3	243.0	901.3	$\sum_i^k T_{i.}^2 / n_i = 3470$

▼補助表（2）

$X_{i.}^2$	4	1	0	1	4	$\sum_i^k X_i^2 = 10$
n_i	3	3	3	3	3	
$n_i X_i^2$	12	3	0	3	12	$\sum_i^k n_i X_i^2 = 30$
	441	225	4	81	196	
Y_{ij}^2	841	361	64	144	225	
	361	144	16	36	529	
小計	1643	730	84	261	950	$\sum_i^k \sum_j^{n_i} Y_{ij}^2 = 3668$

$$S_{XX} = \sum_{i}^{k} n_i X_i^2 - \frac{\left(\sum_{i}^{k} n_i X_i \right)^2}{N} = 30 - \frac{0^2}{15} = 30$$

$$S_{YY} = \sum_{i}^{k}\sum_{i}^{n_i} Y_{ij}^2 - \frac{T^2}{N} = 3668 - \frac{(-46)^2}{15} = 3527$$

$$S_{XY} = \sum_{i}^{n} X_i T_i - \frac{(\sum n_i X_i) \cdot T}{N} = 315 - \frac{0 \times (-46)}{15} = 315$$

元の単位に戻して

$$S_{xx} = S_{XX}/h^2 = 30 \times 20^2 = 12000$$

$$S_{yy} = S_{YY}/g^2 = 3527/10^2 = 35.27$$

$$S_{xy} = S_{XY} \times h/g = 315 \times \frac{20}{10} = 630$$

また、

$$\bar{x} = x_0 + \frac{\sum_{i}^{k} n_i X_i}{N} \times \frac{1}{h} = 140 + \frac{0}{15} \times 20 = 140$$

$$\bar{y} = y_0 + \frac{\sum_{i}^{k}\sum_{j}^{n_i} Y_{ij}}{N} \times \frac{1}{g} = 5.0 + \frac{-46}{15} \times \frac{1}{10} = 4.69$$

手順3 分散分析表の作成

$$CT = \frac{T^2}{N} = \frac{(-46)^2}{15} = 141$$

$$S_T = S_{yy} = 35.27$$

$$S_A = \left(\sum_{i=1}^{k} \frac{T_i^2 \cdot}{n_i} - CT \right)/g^2 = (3470 - 141)/10^2 = 33.29$$

$$S_E = S_T - S_A = 35.27 - 33.29 = 1.98$$

$$S_R = \frac{S_{xy}^2}{S_{xx}} = \frac{630^2}{12000} = 33.07$$

$$S_{lof} = S_A - S_R = 33.29 - 33.07 = 0.22$$

と計算されます。自由度は、

$$\varnothing_T = N - 1 = 15 - 1 = 14$$

$$\varnothing_A = k - 1 = 5 - 1 = 4$$

$$\varnothing_E = \varnothing_T - \varnothing_A = 14 - 4 = 10$$

$$\varnothing_R = 1$$

$$\varnothing_{lof} = \varnothing_A - \varnothing_R = 4 - 1 = 3$$

となり、分散分析表が得られます。

▼分散分析表（1）

要因	S	ϕ	V	F_0
直線回帰	33.07	1	33.07	−
当てはまりの悪さ lof	0.22	3	0.073	< 1
級間	33.29	4	8.32	42.0**
級内	1.98	10	0.198	
計	35.27	14		

　級間変動は高度に有意です。高次回帰は有意でなく、直線回帰に比べ分散ははるかに小さいので、級内変動とともにプーリングします。

$$\begin{cases} S_e = S_E + S_{lof} = 1.98 + 2.22 = 2.20 \\ \varnothing_e = \varnothing_E + \varnothing_{lof} = 10 + 3 = 13 \end{cases}$$

分散分析は、次のようになります。

▼分散分析表（2）

要因	S	ϕ	V	F_0	$E(V)$
直線回帰	33.07	1	33.07	195.7**	$\sigma^2 + 12000\, \beta_1^2$
残差	2.20	13	0.169		σ^2
計	35.27	14			

直線回帰は高度に有意となります。収縮率yは加熱温度xに対して直線的に変化すると考えて間違いないでしょう。したがって、データの$y_{ij} = \beta_0 + \beta_1 x_1 + \varepsilon_{ij}$とする単回帰モデルを推定します。

手順4 回帰母数の推定値の計算

$$\hat{\beta}_1 = \frac{S_{xy}}{S_{xx}} = \frac{630}{12000} = 0.0525$$

$$\hat{\beta}_0 = \bar{y} - \hat{\beta}_1 \bar{x} = 4.69 - 0.0525 \times 140 = -2.66$$

手順5 母回帰式の推定

推定された回帰式は、

$$\hat{\mu} = -2.66 + 0.0525x \qquad \beta = -2.66 + 0.0525\text{J}$$

これを散布図に描くと、次の図になります。

◎xに対するyの回帰直線

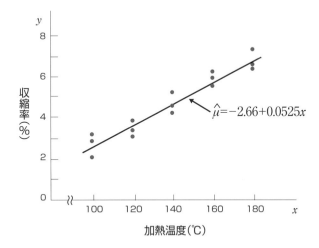

26-1 重回帰式の推定

●（1）重回帰分析の解析手順

　2つ以上の説明変数を扱ったり、1つの説明変数でも多項式モデルによる回帰を考えたりする場合には、**重回帰分析**が行われます。重回帰分析は、**目的変数**が複数の変量の1次式として表される関数関係を考えるものです。

　安打数、本塁打数、三振数、犠飛打数を説明変数、打点数を目的変数として重回帰分析を行うことを考えてみましょう。打点数をこれら4つの**説明変数**の1次式として表したものが**重回帰モデル**です。これによって、例えば、安打を150本、本塁打を15本打って、三振を40回、犠打を10回した選手の打点数はいくつか、を推定することもできます。しかし、この場合、打点数に関係のない変数が説明変数に用いられていたり、説明変数間に強い相関関係のある変数が含まれていたりすると、適切な重回帰モデルとはいえません。重回帰分析の解析の流れは、次のとおりです。

Step 1．回帰母数$\beta_0, \beta_1, \beta_2, \cdots, \beta_p$を最小2乗法により推定します。

Step 2．回帰関係の有意性の検討を行います。

Step 3．自由度調整済寄与率を求め、得られた回帰式の性能を評価します。

Step 4．回帰係数の有意性の検討を行います。

Step 5．残差の検討を行い、得られた回帰式の妥当性を検討します。

Step 6．多重共線性の検討を行います。

Step 7．説明変数の検討を行い、有用な変数を選択します。

●（2）回帰式の推定（Step 1）

　p個の説明変数$x_1, x_2, \cdots, x_p$が値$x_{1i}, x_{2i}, \cdots, x_{pi}$をとったとき、変数$y$の期待値$\mu_i = E(y|x_{1i}, x_{2i}, \cdots, x_{pi})$は$x_1, x_2, \cdots, x_p$の1次式として

$\mu_i = \beta_0 + \beta_1 x_{1i} + \beta_2 x_{2i} + \cdots + \beta_p x_{pi}$

と表します。ただし、$\beta_0, \beta_1, \beta_2, \cdots, \beta_p$が観測データから推測すべき未知の母数で、偏回帰係数といいます。観測値y_iは誤差e_iを伴って観測されるため

$$y_i = \beta_0 + \beta_1 x_{1i} + \beta_2 x_{2i} + \cdots + \beta_p x_{pi} + e_i$$

と表され、これが**重回帰モデル**の構造式です。ここでe_iは平均0、分散σ^2の正規分布に互いに独立に従うものです。

偏回帰係数β_iの推定値b_iは、観測値と予測値の差である残差の平方和が最小となるように決められます。$x_1 = x_{1i}, x_2 = x_{2i}, \cdots, x_p = x_{pi}$のときの予測値は

$$\hat{y}_i = \beta_0 + \beta_1 x_{1i} + \beta_2 x_{2i} + \cdots + \beta_p x_{pi}$$

と表されるので、残差e_iの平方和$S_e = \sum e_i^2$が最小となる推定値b_iは、次の連立方程式の解として与えられます。

$$\begin{pmatrix} n & \sum x_{1i} & \sum x_{2i} & \cdots & \sum x_{pi} \\ \sum x_{1i} & \sum x_{1i}^2 & \sum x_{1i}x_{2i} & \cdots & \sum x_{1i}x_{pi} \\ \sum x_{2i} & \sum x_{2i}x_{1i} & \sum x_{2i}^2 & \cdots & \sum x_{2i}x_{pi} \\ \vdots & \vdots & \vdots & \ddots & \vdots \\ \sum x_{pi} & \sum x_{pi}x_{1i} & \sum x_{pi}x_{2i} & \cdots & \sum x_{pi}^2 \end{pmatrix} \begin{pmatrix} b_0 \\ b_1 \\ b_2 \\ \vdots \\ b_p \end{pmatrix} = \begin{pmatrix} \sum y_i \\ \sum x_{1i}y_i \\ \sum x_{2i}y_i \\ \vdots \\ \sum x_{pi}y_i \end{pmatrix}$$

式の最初の項から

$$b_0 = \bar{y} - b_1\bar{x}_1 - b_2\bar{x}_2 - \cdots - b_p\bar{x}_p$$

が得られ、これを式の残りの項に代入すると、積和平方和を用いて

$$\begin{pmatrix} S_{11} & S_{12} & \cdots & S_{1p} \\ S_{21} & S_{22} & \cdots & S_{2p} \\ \vdots & \vdots & \ddots & \vdots \\ S_{p1} & S_{p2} & \cdots & S_{pp} \end{pmatrix} \begin{pmatrix} b_1 \\ b_2 \\ \vdots \\ b_p \end{pmatrix} = \begin{pmatrix} S_{1y} \\ S_{2y} \\ \vdots \\ S_{py} \end{pmatrix}$$

と書くことができます。ここで

$$S_{kl} = \sum_{i=1}^{n} (x_{ki} - \bar{x}_k)(x_{li} - \bar{x}_l)$$

$$S_{ky} = \sum_{i=1}^{n} (x_{ki} - \bar{x}_k)(y_i - \bar{y})$$

です。偏回帰係数の推定値b_iは

$$
\begin{pmatrix} b_1 \\ b_2 \\ \vdots \\ b_p \end{pmatrix} = \begin{pmatrix} S_{11} & S_{12} & \cdots & S_{1p} \\ S_{21} & S_{22} & \cdots & S_{2p} \\ \vdots & \vdots & \ddots & \vdots \\ S_{p1} & S_{p2} & \cdots & S_{pp} \end{pmatrix}^{-1} \begin{pmatrix} S_{1y} \\ S_{2y} \\ \vdots \\ S_{py} \end{pmatrix}
$$

として求められます。$p=1$ のときは単回帰分析と同じです。

● 参考：逆行列

正方行列（行数と列数の同じ行列）A（例えば、$p \times p$ 行列）に対して、

$$
AA^{-1} = A^{-1}A = I_p = \begin{bmatrix} 1 & 0 & \cdots & 0 \\ 0 & 1 & \cdots & 0 \\ \vdots & \vdots & \ddots & \vdots \\ 0 & 0 & \cdots & 1 \end{bmatrix} \qquad I_p：p次の単位行列
$$

を満たす行列 A^{-1} を A の**逆行列**と呼びます。正方行列に対して逆行列は常に存在するとは限りませんが、もし存在するなら一意です。2×2 行列の場合には次のように逆行列を簡単に求めることができます。

$$
A = \begin{bmatrix} a & b \\ c & d \end{bmatrix} \Leftrightarrow A^{-1} = \frac{1}{ad-bc}\begin{bmatrix} d & -b \\ -c & a \end{bmatrix}
$$

ただし、$ad - bc=0$ の場合には逆行列は存在しません。

26-2 分散分析

●（1）回帰関係の有意性検討（Step 2）

総平方和は、単回帰分析と同じように、回帰による平方和と残差平方和に分解することができます。

$$S_T = S_R + S_e$$

ここで、回帰による平方和 S_R は

$$S_R = b_1 S_{1y} + b_2 S_{2y} + \cdots + b_p S_{py}$$

となります。総平方和S_Tから回帰による平方和S_Rを引いたのが残差平方和S_eです。回帰による平方和と残差平方和の自由度はそれぞれ

$$\phi_R = p$$
$$\phi_e = n - p - 1$$

となり、誤差分散σ^2の推定値V_eは

$$V_e = \frac{S_e}{n - p - 1}$$

となります。以上の結果から、回帰関係が有意であるかどうかの検定のための分散分析表を得ます。

▼回帰のための分散分析表

要因	平方和S	自由度ϕ	分散V	F_0値
回帰R	S_R	$\phi_R = p$	$V_R = S_R$	$F_0 = \dfrac{V_R}{V_e}$
残差e	$S_e = S_T - S_R$	$\phi_e = n - p - 1$	$V_e = \dfrac{S_e}{n - p - 1}$	
計T	$S_T = S_{yy}$	$\phi_T = n - 1$		

● (2) 寄与率と自由度調整済寄与率 (Step 3)

データy_iと予測値$\hat{y}_i$の相関係数を、**重相関係数**といいます。回帰式への当てはめのよさを測る指標である寄与率は、重相関係数の2乗で与えられます。

$$R^2 = \frac{S_R}{S_T} = 1 - \frac{S_e}{S_T}$$

しかし、重回帰分析では説明変数の数が増えると、寄与率は大きくなってしまうため、自由度による調整を行って

$$R^{*2} = 1 - \frac{V_e}{V_T} = 1 - \frac{\dfrac{S_e}{n - p - 1}}{\dfrac{S_T}{n - 1}}$$

を考えることが多いものです。これを**自由度調整済寄与率**といいます。また、

$$R^* = \sqrt{1 - \frac{V_e}{V_T}}$$

を**自由度調整済重相関係数**といいます。

回帰母数に関する検定と推定

●（1）回帰係数の有意性検討（Step 4）

個々の偏回帰係数がゼロかどうかの検定は、

$$t_0 = \frac{b_j}{\sqrt{S^{jj}V_e}}$$

が自由度 $n-p-1$ の t 分布に従うことに基づいて行われます。ここで、S^{jj} は上式の逆行列の (i,i) 成分を表しています。

回帰診断

●（1）回帰診断とは

前節までにおいて、重回帰分析に関する基本的な事項は説明しましたが、それらは、データが重回帰モデルおよび誤差項 e に関する仮定をすべて満足している、という前提に立っていました。しかし、実際にデータの解析を行う場面において、これらの前提条件がすべて満たされているということはむしろまれであるかもしれません。

前提条件がわずかでも満たされないからといって、これまでの最小二乗法に基づく統計的推測や結論が完全に損われるというものではありませんが、実際のデータが、想定しているモデルから大きくかい離しているとき、われわれはまったく誤った結論を導いているかもしれないのです。

例えば、数値データの例において、単回帰分析で見たように、その簡約統計量（平均、平方和・積和）がほとんど等しく、したがって、母回帰の推定値などはまったく同じだったにもかかわらず、散布図による視覚的考察の結果からは大きく逸脱した結論が得られていた場合、

①目的変数yに対して説明変数xが線形関係にない（第Ⅱ組のデータ）

②回帰モデルの周りの誤差が等分散でない（第Ⅲ組のデータ）

など、重要な仮定からの逸脱があり、幸運にも、これが散布図によって発見できたのです。

しかし、説明変数の個数pが多くなると、こうした散布図の作成そのものが困難になるだけでなく、たとえ統計ソフトによって散布図が作成できたとしても、二次元空間における正確な情報を2個のヒストグラムで決して再現できないように、多次元空間における状況はいかなる角度からの二次元空間への写影（散布図）によっても完全に再現することはできません。その意味で、われわれが想定したさまざまな仮定に対する診断は慎重なうえにも慎重を期して行う必要があります。

ここでは以下の点について主に説明します。

①誤差項に対する仮定について

・独立性

・等分散性

・正規性

②回帰モデルの線形性について

③異常な観測値の有無について

④回帰分析の結果に大きく影響するかもしれない観測値の有無について

⑤説明変数間の従属性について

ところで、こうした診断を行うための道具として何を用いればよいのでしょうか。その有力な方法の1つは、残差$\{e_i\}$の分布状況を調べることです。そこで，まず残差$\{e_i\}$の分布について考えてみます。

● （2）残差の検討（Step 5）

得られた重回帰式の妥当性を検討するために、残差$e_i = y_i - \hat{y}_i$を見ます。単回帰分析では散布図によって妥当性を見ることもできますが、重回帰分析では複数の説明変数を取り上げているため、残差検討は重要です。検討方法は単回帰分析と同様で、残差e_iを誤差分散の推定値によって標準化した標準化残差を求めます。

$$e_i' = \frac{e_i}{\sqrt{V_e}}$$

◎安打と本塁打の標準化残差

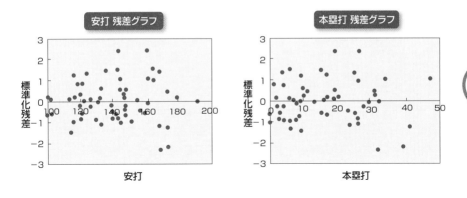

e_i'の値が±3を超えているものがないかを見るとともに、各説明変数について点(x_{ki}, e_i')を散布図に表して、曲線的な構造がないか、誤差の等分散性はあるかなどを確認します。標準化残差で3を超えるものはなく、特に問題は見られません。

● (3) 多重共線性の検討 (Step 6)

また、重回帰分析に特有の問題として、**多重共線性**と呼ばれるものがあります。いかに寄与率の高い重回帰式が得られたとしても、説明変数間に強い相関関係が見られるときには、偏回帰係数の推定値が不安定になり、信用できないものになってしまいます。説明変数間の相関係数の中で、大きさが1に近いものがあれば、一方を説明変数から取り除くなどして安定した回帰式を求めることが行われます。

▼相関係数

	安打	本塁打	三振	犠飛打
安打	1			
本塁打	0.463851	1		
三振	0.41405	0.705574	1	
犠飛打	−0.31606	−0.4982	−0.3148	1

26-5 変数選択

● (1) 変数選択 (Step 7)

　説明変数を増やせば寄与率は高くなっていきますが、目的変数に関係のない変数が入ったり、説明変数の間で情報の重複が多くなったりします。つまり、目的変数にまったく関係のない説明変数であっても、それを重回帰式に取り入れると寄与率は高くなります。しかし、本来関係のない変数であるので、それを重回帰式に入れるのは不適切です。できるだけ単純で、よい予測のできる回帰式を見つけなければなりません。そのためには適切な説明変数を選択する必要があります。

　説明変数の選択手法には、

①すべての変数を取り込んだ段階から不要な変数を削除していく**変数減少法**
②定数項だけのモデルから有用な変数を追加していく**変数増加法**
③それらの両方を取り入れた**変数増減法**

があります。

　例えば、「コンビニの売上高」に対して、要因（売場面積、接客態度、立地条件、照明の明るさ）との関係度合いを偏回帰係数などで調べていきます。

◎コンビニ評価と売上高のデータ表

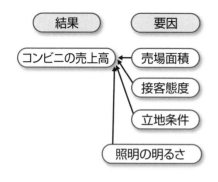

売上高	売場面積	接客態度	立地条件	明るさ
636	240	4.49	4.34	3.95
453	221	4.14	3.47	3.76
691	249	4.82	4.38	2.87
554	210	4.19	3.88	4.58
438	189	3.83	4.42	3.34
528	202	3.73	3.97	4.57
393	178	3.47	3.35	4.35
513	258	3.66	3.75	3.86
583	191	4.08	4.12	3.69
377	207	3.27	3.36	3.80

重回帰式

$$(売上高) = \hat{\beta}_0 + \hat{\beta}_1 \times (面積) + \hat{\beta}_2 \times (接客態度) + \hat{\beta}_3 (立地条件) + \hat{\beta}_4 (明るさ)$$

次の図の調査結果から、何に取り組めば売上高を上げられるのか考えてみるときに、売上高を目的変数とする重回帰分析をしてみます。解析方法は複雑ですが、パソコンでExcelを使えば簡単に答えを出してくれます。

◎Excel2019による重回帰分析の解析手順

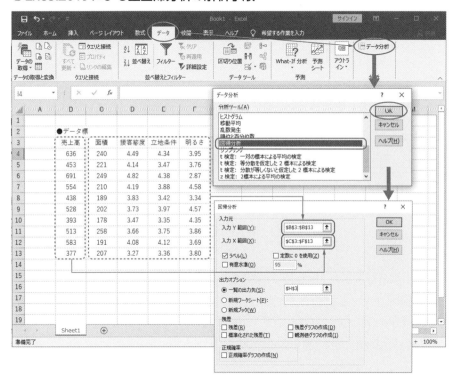

この結果から次のことが分かります。

「重相関 R」(=0.99)は、「売上高」と「面積」から「明るさ」までの要因群との相関係数です。この重相関係数の2乗が寄与率(「重決定 R^2」=0.99)であり、目的変数である「売上高」を「面積」「接客態度」「立地条件」「明るさ」の4項目で99%説明できることになります。ただし、重回帰分析の場合、要因間に重複する要素があるため、次の自由度調整済寄与率(「補正 R^2」=0.98)を使います。ここでは補正 R^2 = 98%です。

◎コンビニの売上高に対する重回帰分析の結果

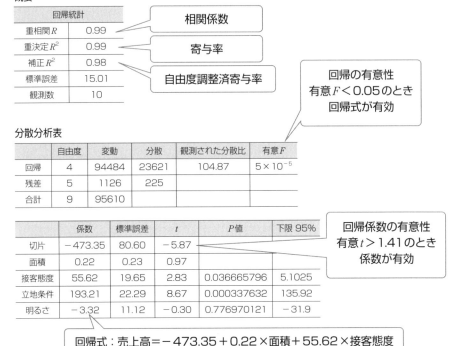

概要

回帰統計	
重相関 R	0.99
重決定 R^2	0.99
補正 R^2	0.98
標準誤差	15.01
観測数	10

相関係数

寄与率

自由度調整済寄与率

回帰の有意性
有意 $F <$ 0.05 のとき
回帰式が有効

分散分析表

	自由度	変動	分散	観測された分散比	有意 F
回帰	4	94484	23621	104.87	5×10^{-5}
残差	5	1126	225		
合計	9	95610			

	係数	標準誤差	t	P値	下限 95%
切片	-473.35	80.60	-5.87		
面積	0.22	0.23	0.97		
接客態度	55.62	19.65	2.83	0.036665796	5.1025
立地条件	193.21	22.29	8.67	0.000337632	135.92
明るさ	-3.32	11.12	-0.30	0.776970121	-31.9

回帰係数の有意性
有意 $t >$ 1.41 のとき
係数が有効

回帰式：売上高 $= -473.35 + 0.22 \times$ 面積 $+ 55.62 \times$ 接客態度 $+ 193.21 \times$ 立地条件 $- 3.32 \times$ 明るさ

　次に、分散分析表の「有意 F」の値から、求めた重回帰式が意味のあるものかどうかを評価します。ここでは、「有意 F」$= 5 \times 10^{-5} < 0.05$（有意水準5%の場合）であり、求めた重回帰式は成り立ちます。

　「係数」の欄の数字から、重回帰式を書き出してみたのが次の式です。

$$回帰式：売上高 = -473.35 + 0.22 \times 面積 + 55.62 \times 接客態度$$
$$+ 193.21 \times 立地条件 - 3.32 \times 明るさ$$

●（2）結果の精度を上げる変数選択

この式から4つの要因に対しての売上高を予測することもできますが、係数の2つ右の列にある「t」の値が小さいと式がぼやけてしまうので、係数の「t」が1.41より小さい要因を外してもう一度、重回帰分析を行ったほうが精度がよくなります。これを**変数選択**といって、精度の悪い要因を外して、解析の精度を上げる方法です。

一般的に、$t < 1.41$の要因は外します。その結果、得られた売上高の重回帰分析の結果が次のとおりです。

◎変数減少法による変数選択の結果

概要

回帰統計	
重相関 R	0.99
重決定 R^2	0.99
補正 R^2	0.98
標準誤差	14.18
観測数	10

相関係数

寄与率

自由度調整済寄与率

回帰の有意性
有意 $F < 0.05$ のとき
回帰式が有効

分散分析表

	自由度	変動	分散	観測された分散比	有意F
回帰	2	94202	47101	234.11	3.88×10^{-7}
残差	7	1408	201		
合計	9	95610			

	係数	標準誤差	t	P値	下限 95%
切片	−473.55	46.00	−10.29		
接客態度	61.61	16.44	3.75		
立地条件	196.02	19.50	10.05		

回帰係数の有意性
有意 $t > 1.41$ のとき
係数が有効

回帰式：売上高＝−473.55＋61.61×接客態度＋196.02×立地条件

変数選択後の重回帰分析から、売上高を上げるには「接客態度」と「立地条件」が重要な要因だということが分かりました。

26-6 さまざまな回帰式

● (1) 多項式回帰モデル

重回帰モデルは、回帰母数 $\beta_0,\ \beta_1,\ \beta_2,\ \cdots,\ \beta_p$ について線形であることがその条件ですから、一般には以下のように書くことができます。

$$y = \beta_0 + \beta_1 z_1 + \cdots + \beta_p z_p$$

上の式の形に表現できるモデルでありさえすれば、一般的方法によって解析できます。これらの方法によって取り扱い得るいくつかのモデルを取り上げてみます。

上の式において $p=1,\ z=x$ とおくと、次のようになります。これは**単回帰モデル**です。

$$y = \beta_0 + \beta_1 x + \varepsilon$$

2つ以上の説明変数を扱ったり、1つの説明変数でも多項式モデルによる回帰を考えたりする場合には、重回帰分析が行われます。

重回帰分析は、目的変数が複数の変量の1次式として表される関数関係を考えるものです。安打数、本塁打数、三振数、犠飛打数を説明変数、打点数を目的変数として重回帰分析を行うことを考えてみます。打点数をこれら4つの説明変数の1次式として表したものが重回帰モデルです。これによって、例えば安打を150本、本塁打を15本打って、三振を40回、犠打を10回した選手の打点数はいくつかを推定することもできます。

● (2) 重回帰モデル

p 個の説明変数 $x_1,\ x_2,\ \cdots,\ x_p$ が値 $x_{1i},\ x_{2i},\ \cdots,\ x_{pi}$ をとったとき、変数 y の期待値 $\mu_i = E(y|x_{1i},\ x_{2i},\ \cdots,\ x_{pi})$ は $x_1,\ x_2,\ \cdots,\ x_p$ の1次式として

$$\mu_i = \beta_0 + \beta_1 x_{1i} + \beta_2 x_{2i} + \cdots \beta_p x_{pi}$$

と表します。ただし、$\beta_0,\ \beta_1,\ \beta_2,\ \cdots,\ \beta_p$ が観測データから推測すべき未知の母数で、偏回帰係数といいます。観測値 y_i は誤差 e_i を伴って観測されるため次のように表され、これが**重回帰モデル**です。

$$y_i = \beta_0 + \beta_1 x_{1i} + \beta_2 x_{2i} + \cdots + \beta_p x_{pi} + e_i$$

ある耐火材における強度に及ぼす影響を検討するため、40ロットについて、原料の平均粒度、原料の納入メーカ、製造したラインの関係を調べました。その結果を表に示します。

平均粒度	強度	メーカ	ライン		平均粒度	強度	メーカ	ライン
12.7	21.5	2	0		21.5	15.2	2	1
17.3	20.7	1	0		19.0	20.7	1	1
16.1	20.6	2	0		16.5	21.2	2	1
20.7	18.1	2	0		12.6	24.5	1	1
19.4	16.9	2	0		19.3	16.2	2	1
14.0	22.9	2	0		13.7	24.0	1	0
18.7	17.6	1	1		16.4	20.9	2	0
18.8	20.7	1	1		18.0	18.1	2	0
14.6	21.9	2	1		16.9	20.5	2	0
13.0	23.8	1	1		17.2	21.4	1	0
16.5	21.7	1	0		17.5	20.3	2	1
14.5	23.0	1	0		21.2	17.3	1	1
19.3	17.2	1	0		17.9	18.3	2	1
19.3	19.9	1	0		18.5	19.4	2	1
15.8	19.5	2	0		12.4	23.9	2	1
17.1	18.2	1	1		17.3	18.3	2	0
17.6	17.5	2	1		19.2	18.5	1	0
16.1	19.4	2	1		17.6	19.9	2	0
14.8	20.9	2	1		17.1	19.7	1	0
17.0	15.9	2	1		12.9	21.8	2	0

強度を目的変数 (y) とし、説明変数として平均粒度 (x_1)、納入メーカ (x_2)、製造ライン (x_3) を取り上げ、重回帰分析を行いました。納入メーカにはA社とB社があり、A社は$x_2=1$、B社は$x_2=2$とします。製造ラインはライン1とライン2があり、ライン1は$x_3=0$、ライン2は$x_3=1$とします。重回帰分析の結果を以下に示します。

	係数	標準誤差	t	P値	下限 95%	上限 95%
切片	35.91876	1.601006	22.43512	9.44×10^{-23}	32.617177	39.16575
平均粒度	-0.81286	0.08253	-9.84927	9.31×10^{-12}	-0.98024	-0.64548
メーカ	-1.33904	0.402124	-3.32991	0.002015	-2.15458	-0.52349
ライン	-0.17797	0.392468	-0.45346	0.652941	-0.97393	0.617994

　回帰は高度に有意となっており、自由度調整済寄与率は72.09%です。製造ライン
の偏回帰係数は、t値が小さく、P値も大きいので、強度に及ぼす影響は小さいと考
えられるため、説明変数から外すことにします。その結果は次のようになります。

▼変数選択実施後の重回帰分析の結果

概要

回帰統計	
重相関 R	0.860778
重決定 R^2	0.740938
補正 R^2	0.726935
標準誤差	1.22121
観測数	40

分散分析表

	自由度	変動	分散	観測された分散比	有意 F
回帰	2	157.8199	78.90995	52.91161	1.41×10^{-11}
残差	37	55.1801	1.491354		
合計	39	213			

	係数	標準誤差	t	P値	下限 95%	上限 95%
切片	35.86681	1.579666	22.70531	2.55×10^{-23}	32.6661	39.06752
平均粒度	-0.81328	0.081634	-9.9625	5.08×10^{-12}	-0.97868	-0.64787
メーカ	-1.35775	0.395683	-3.43142	0.001492	-2.15948	-0.55602

　重回帰式は$\mu = 35.867 - 0.813x_1 - 1.358x_2$となり、自由度調整済寄与率は72.69%と
なっています。原料メーカの違いでは、A社のほうがB社より強度の母平均が1.358
だけ高くなることが分かります。残差プロットを見ると、3を超える標準化残差はな
いものの、2.5を超えるものが1点あります。強度が特に小さいものであるため、この
ロットについてはほかに何か要因がないかなど十分に検討する必要があります。

27-1 判別分析

● (1) 多変量解析とは

私たちの周りにはいろいろなデータや資料が存在します。これらのデータの多くは、複数の項目からできています。例えば、人の体型を表すデータには、身長、体重、座高、胸囲などがあり、これには性別、年齢などの属性もあります。また、会社の業績を表すデータにも多くの指標が用いられています。

一般にものごとを表現するときには、一元的な視点からの評価ではなく、さまざまな側面から評価することが望まれ、そのために複数の項目についてデータがとられています。このような、多くの項目から構成されるデータを解析するのが**多変量解析**です。

多変量解析では、サンプル間の優劣や類似性などの関係を調べたり、変数間の関連性を調べたりします。それによって、サンプル間、あるいは変数間にある関係を定量的に把握することができるようになります。

● (2) 多変量解析の手法

▼多変量解析の種類

目的変数		目的	説明変数	適用できる手法
ある	量的データ	関係式を見つける 量を予測する	量的データ	重回帰分析
			質的データ	数量化I類
	質的データ	要素を分類する 質を予測する	量的データ	判別分析
			質的データ	数量化II類
ない		変量を要約する 変量を分類する	量的データ	主成分分析 クラスター分析 因子分析
			質的データ	数量化III類

外的な基準となる目的変数があるか、**目的変数**や**説明変数**に質的データがあるかどうかなどによって、適用する多変量解析の手法が決まります。

多変量解析で基本となるのは説明変数が**量的データ**であるときの手法です。その拡張によって**質的データ**を扱うことができるようになります。

●（3）判別分析とは

調査対象のサンプルがいくつかのカテゴリーに分かれているとき、サンプルの属性データを用いて、そのサンプルがどのカテゴリーに属するかを判別するのが判別分析です。いくつかの検査データや症状から病気かどうかを診断したり、企業の財務諸表のデータから倒産の可能性を予測したり、また、顧客の購買情報などから優良顧客かどうかを判断したり、といったたくさんの応用例があります。

重回帰分析では、定量的な連続量の目的変数を複数の説明変数によって説明しました。**判別分析**では、目的変数は定性的な離散量のカテゴリーデータです。病気かどうか、倒産の可能性があるかどうか、優良顧客かどうか、正常か異常かなど、一般に2つの群を考えることが多いですが、3つ以上の群を考えることもできます。

●（4）判別分析の解析例

投手の成績データに含まれている各投手の四死球の数と自責点を使って、その投手が右投げか左投げかを判別することができるでしょうか。四死球と自責点について、右投げと左投げに分けて統計量を計算してみましょう。

▼四死球と自責点のデータ

	右投手 (R) 19人		左投手 (L) 7人		全体26人	
	四死球	自責点	四死球	自責点	四死球	自責点
平均	48.947	42.895	51.571	54.857	49.654	46.115
分散	255.719	145.988	84.619	157.810	205.835	172.266
共分散	141.833		54.762		121.722	

出典：「多変量解析の基本と実践がよ〜くわかる本」森田浩著、秀和システム、2014

左投手のほうが四死球も自責点も多く、右投手では四死球のばらつきがとても大きいようです。右投手と左投手では、四死球と自責点に何らかの違いがあるかもしれません。

　横軸に四死球、縦軸に自責点をとって、散布図に表してみます。●が右投手で、○が左投手です。これらの点が2つに分かれていれば、うまく分類することができるのですが、混ざり合っているのではっきりと2つに分類することはできません。

◎四死球と自責点の差

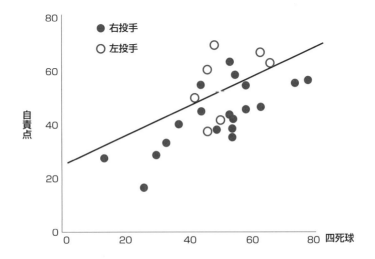

出典：「多変量解析の基本と実践がよ〜くわかる本」森田浩著、秀和システム、2014

　ここで、図に示したような直線を引いてみます。直線の下側には右投手の●が、上側には左投手の○が集まっています。そこで、この直線の下側にある投手は右投げ、上側にある投手は左投げと判別することにします。そうすると、右投手で右投げと判別されなかったのは3人、左投手で左投げと判別されなかったのは2人ですから、26人の投手のうち5人は間違っていますが、21人を正しく判別することができています。誤った判別になった割合は5/26＝19.2％です。このときの判別結果は次のようになります。

▼判別の結果

	右投手	左投手	計
右投げと判別	16	2	18
左投げと判別	3	5	8
計	19	7	26

●（5）判別の方法

　判別分析には、直線などの関数によってどの群に判別されるかを決める方法や、サンプルがどの群に最も近いかによって判断する方法があります。前者は判別関数による方法で、線形関数による分析がよく用いられます。後者はマハラノビス距離による方法です。

27-2 主成分分析

●（1）主成分分析法とは

　主成分分析法とは、多くの変量の値を、できる限り情報の損失を抑えながら、2次元や3次元に縮小して見やすくする手法です。

　この解析手法は、多数の変数の中で相関係数の大きい変数の組があれば、まとめて1変数に集約していくことを基本にしています。

●（2）主成分分析法の解析手順

手順1 解析する目的を決めます。

　全社的に実施しているセミナー15コースを、「IT教材の充実」から始まって、「独特なスタイル」まで6つの評価尺度で評価し、どういったセミナーがよいのかを探ってみることにしました。

評価は、5段階評価で「5」に近いほどよい評価点とします。この評価に合わせて、セミナーごとの受講希望者の動向も5段階で評価することにしました。

●評価の概要

評価セミナー数：15コース

評価項目：「IT教材の充実度」「テキストの充実度」「実習の充実度」
　　　　　　「優秀な講師陣」「事務局のお薦め」「独特なスタイル」

結果評価：「受講者数の増加状況」

評価点：「5点：非常によい」「4点：よい」「3点：普通」「2点：悪い」
　　　　　「1点：非常に悪い」

手順2　データを収集します。

目的に合わせて、データを収集します。

収集するデータは、アンケート形式でも実測値でもかまいません。数値データであれば解析できます。

主成分分析に必要なデータは、各サンプルにすべての評価点が入っていることが必要条件です。したがって、アンケートなどからデータを収集するときは、すべての項目に何らかの評価点が記入されているかどうかに注意しておきます。

ここでは、15コースのセミナーを評価した結果をマトリックス・データ形式にまとめています。各行左端にコース名を記入し、各列上端に評価項目をタイトルとして記入します。

手順3　データを標準化します。

ここでのデータは、すべての項目の評価点の大きさと単位が同じですが、身長、体重、年齢などのように評価項目によって値の大きさや単位が異なる場合、単位の取り方によって、答えが変わります。

そのため、各データを平均値0、標準偏差1のデータに変換することで、この問題を解消することができます。この方法を**データの標準化**（または**データの基準化**）といいます。

標準化データは、次の式で計算します。

$$標準化データ = \frac{(データ) - (平均値)}{(標準偏差)}$$

▼データ表

	IT教材の 充実度	テキストの 充実度	実習の充実度	優秀な講師陣	事務局の お薦め	独特な スタイル
コースA	4	4	2	3	2	3
コースB	3	2	2	3	5	4
コースC	3	5	5	5	4	3
コースD	4	3	4	2	2	2
コースE	4	3	4	3	2	2
コースF	3	4	1	5	4	5
コースG	2	2	4	2	1	1
コースH	1	3	5	4	3	3
コースI	2	2	3	3	2	2
コースJ	2	2	3	2	1	3
コースK	3	1	2	1	2	3
コースL	3	2	3	1	2	3
コースM	3	1	2	1	3	1
コースN	5	2	2	2	3	2
コースO	2	1	1	1	4	5

▼標準化したデータ

	IT教材の 充実度	テキストの 充実度	実習の充実度	優秀な講師陣	事務局の お薦め	独特な スタイル
コースA	1.033	1.292	−0.666	0.344	−0.567	0.166
コースB	0.065	−0.393	−0.666	0.344	1.986	0.994
コースC	0.065	2.134	1.638	1.819	1.135	0.166
コースD	1.033	0.449	0.870	−0.393	−0.567	−0.663
コースE	1.033	0.449	0.870	0.344	−0.567	−0.663
コースF	0.065	1.292	−1.434	1.819	1.135	1.823
コースG	−0.904	−0.393	0.870	−0.393	−1.418	−1.491
コースH	−1.872	0.449	1.638	1.082	0.284	0.166
コースI	−0.904	−0.393	0.102	0.344	−0.567	−0.663
コースJ	−0.904	−0.393	0.102	−0.393	−1.418	0.166
コースK	0.065	−1.235	−0.666	−1.131	−0.567	0.166
コースL	0.065	−0.393	0.102	−1.131	−0.567	0.166
コースM	0.065	−1.235	−0.666	−1.131	0.284	−1.491
コースN	2.001	−0.393	−0.666	−0.393	0.284	−0.663
コースO	−0.904	−1.235	−1.434	−1.131	1.135	1.823

例えば、コースAの「IT教材の充実度」の標準化したデータは、

$$「IT教材の充実度」の標準化データ = \frac{4 - 2.933}{1.033} = 1.033$$

となります。

手順4　相関係数を計算します。

相関係数とは、2つの項目間に関係があるかどうかを評価する係数です。

相関係数は、−1から+1までの値をとり、±1に近いほど相関があるといい、この相関が強い項目を1つにまとめることが主成分分析法の特徴です。

「テキストの充実度」と「優秀な講師陣」の2つの項目の相関係数は0.855であり、+1に近いため相関が強いということが分かります。以下、「事務局のお薦め」と「独特なスタイル」の相関係数が0.604、「テキストの充実度」と「実習の充実度」の相関係数が0.413と続いています。この相関係数の一覧表をここで示します。これを**相関行列**と呼びます。

▼相関行列

	相関係数					
	IT教材の充実度	テキストの充実度	実習の充実度	優秀な講師陣	事務局のお薦め	独特なスタイル
IT教材の充実度	1					
テキストの充実度	0.202	1				
実習の充実度	−0.220	0.413	1			
優秀な講師陣	−0.075	0.855	0.326	1		
事務局のお薦め	0.039	0.171	−0.311	0.389	1	
独特なスタイル	−0.183	0.169	−0.473	0.288	0.604	1

手順5　固有値から取り上げる主成分を選びます。

固有値とは、新しい評価尺度（主成分）それぞれが、全体の情報量（ばらつきの大きさ）のうち、どれくらいのパーセントを占めているかを表しています。

例えば、次ページの表の新しい1番目の主成分は、全体の情報量の37.8%（固有値÷主成分の数、2.265÷6）となります。これを**寄与率**といい、「1つの主成分が、元の全変数が持っている情報の何割を説明できるか」を表しています。第1主成分と第2主成分の寄与率を足した69.1%を**累積寄与率**といいます。

主成分をいくつ採用するかは、累積寄与率が70〜80%以上で、固有値が1以上ということが目安になります。ここでは、第1主成分（固有値2.265）と第2主成分（固有値1.882）を取り上げることにします。この2つで、累積寄与率が69.1%であり、ほぼ70%をクリアしています。

▼固有値から取り上げる主成分を選ぶ

取り上げる主成分

固有値・寄与率・固有ベクトル						
主成分	Z_1	Z_2	Z_3	Z_4	Z_5	Z_6
固有値	2.265	1.882	1.145	0.444	0.213	0.050
寄与率	37.8%	31.4%	19.1%	7.4%	3.6%	0.8%
累積寄与率	37.8%	69.1%	88.2%	95.6%	99.2%	100.0%
固有ベクトル						
IT教材の充実度	−0.006	0.020	0.927	−0.040	0.229	0.295
テキストの充実度	0.548	−0.324	0.221	0.305	0.066	−0.669
実習の充実度	0.093	−0.651	−0.219	−0.335	0.597	0.225
優秀な講師陣	0.610	−0.208	−0.038	0.043	−0.521	0.556
事務局のお薦め	0.419	0.419	0.016	−0.778	0.038	−0.205
独特なスタイル	0.379	0.502	−0.207	0.432	0.560	0.250

手順6 因子負荷量から主成分のネーミングを行います。

各主成分と元の評価尺度（「IT教材の充実度」など6項目）との相関係数を計算したものを**因子負荷量**といいます。この値は、各主成分が元の各変数とどれくらい強く関わっているかを示すものです。

新たに取り上げた第1主成分と第2主成分の**ネーミング**を行います。主成分のネーミングは、「主観的に」行われますが、その際、手がかりとなるのは、主成分を構成している固有ベクトルや因子負荷量の大きさと符号です。

例えば、第1主成分（Z_1）は、ほぼ6項目とも「＋」の値を示しており、これを「講義の充実性」とネーミングします。同様に第2主成分（Z_2）は、「テキストの充実度」「実習の充実度」と「優秀な講師陣」が「−」であり、「IT教材の充実度」「事務局のお薦め」と「独特なスタイル」が「＋」であることから、これを「内容の話題性」とネーミングします。

▼主成分のネーミング

主成分	因子負荷量					
	Z_1	Z_2	Z_3	Z_4	Z_5	Z_6
IT教材の充実度	-0.010	0.027	0.991	-0.027	0.106	0.066
テキストの充実度	0.825	-0.445	0.236	0.203	0.030	-0.150
実習の充実度	0.140	-0.893	-0.234	-0.223	0.276	0.051
優秀な講師陣	0.918	-0.286				
事務局のお薦め	0.630	0.575				
独特なスタイル	0.570	0.688				

主成分のネーミング → 講義の充実性 / 内容の話題性

第1主成分Z_1 講義の充実性

第2主成分Z_2 内容の話題性

手順7 主成分得点の計算とグラフから考察します。

　主成分の式を使って対称的に（例えばコース別に）、主成分の値を算出したものが**主成分得点**です。

　主成分得点は、対象のグループ分けや対象の評価に使います。グループ分けの際に役立つものは主成分同士の散布図です。第2主成分まで採用するのであれば、第1主成分と第2主成分の散布図を作成し、視覚的にグループ分けを行います。

　ここでは、第1主成分「講義の充実性」と第2主成分「内容の話題性」の散布図を描き、別データから「受講者数が増えてきているコース」をマーキングすると、4つのコース（B、C、F、H）は、話題性というよりも確実に理解できるセミナーであることが分かります。

　主成分分析はこのようにして、視覚に訴えられなかった多次元データについて、情報の損失をできる限り抑えながら、2次元で考察することができます。

▼主成分得点から分かること

	主成分得点		受講者数の増加
	Z_1	Z_2	
コースA	0.675	−0.192	3
コースB	1.140	1.822	4
コースC	2.969	−1.577	5
コースD	−0.408	−1.180	3
コースE	0.042	−1.334	2
コースF	2.849	1.526	5
コースG	−1.527	−1.718	2
コースH	1.252	−1.272	4
コースI	−0.479	−0.599	2
コースJ	−0.971	−0.387	2
コースK	−1.604	0.916	2
コースL	−1.071	0.143	2
コースM	−1.875	0.442	1
コースN	−0.662	0.469	2
コースO	−0.329	2.942	1

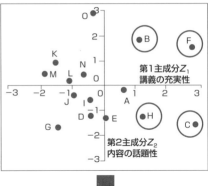

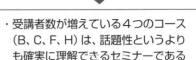

・受講者数が増えている4つのコース（B、C、F、H）は、話題性というよりも確実に理解できるセミナーであることが分かった。

27-3 クラスター分析 【定義と基本的な考え方】

●（1）クラスター分析とは

クラスターとは、英語で「房」「集団」「群れ」のことで、似たものがたくさん集まっている様子を表したものです。**クラスター分析**とは、異なる性質のものが混ざり合った集団から、互いに似た性質を持つものを集め、クラスターをつくる方法です。対象となるサンプル（人、行）や変数（項目、列）をいくつかのグループに分け、簡単にいえば「似たものを集める手法」です。

クラスター分析では、生活者の購買データやアンケート調査などから、生活者や商品をクラスター分けします。そのため、会員登録時に記入もしくは入力するような属性情報による分類とは違った分類が可能です。例えば、マーケティングの現場などで、顧客層の特性分け分析、店舗の取り扱い商品構成の分析などに活用します。

● (2) クラスター分析の解析手順

デンドログラム (樹形図) は縦軸に距離 (または類似度) をとり、横軸に対象 (サンプル) を等間隔に並べ、対象またはクラスターを統合時の距離の高さで結んだものです。

したがって、低い位置で結ばれたグループが早く統合した**グループ**といえます。また、任意の高さで水平に切断すると、その時点でのいくつかのグループに分けることができます。クラスター分析を行う手順は、次のとおりです。

手順1 個々の対象間の距離、および個々の対象とクラスターの距離、およびクラスター同士の距離を求めます。

手順2 これらのうち、距離が最小となるものを統合して、新たなクラスターとします。

手順3 すべてのクラスターが統合されるまで繰り返します。

手順4 クラスターの統合過程を示すデンドログラムを描き、適当な高さで切断することにより、最終的にいくつかのクラスターに分けます。

手順5 各クラスターに含まれる対象を調べ、クラスターの特徴を把握します。

◎クラスター分析のイメージ図

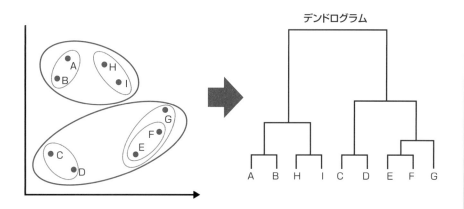

活用例としては、料理メニューをクラスター分析し、最適なセット商品の設定を行うときに使います。

例えば、メニューの種類が多いケーキ店、寿司店、バーなどで使えます。

お客様に各メニューの好き嫌いを5段階評価してもらうアンケートをとり、その結果をクラスター分析します。

すると、特性の似たメニューのクラスターに分類できます。そこで、同クラスターの商品群を似たものセットで販売する、あるいは逆に、各クラスターから商品を選んで幅の広いセットにする、といったメニュー設定が可能になります。

また、雑貨であれば「1人用」「ソファ」「持ち運び」が同じクラスターであったり、飲食であれば「低糖質」「ごはん」「満腹感」が同じクラスターであったり、といった発見ができるかもしれません。そして、それぞれのクラスターを解釈し、新商品開発や既存商品のリニューアルに活用することが可能です。

●(3) 階層的クラスター分析

1) クラスターの階層構造

近いクラスターから順に統合して階層構造をつくります。最初は各サンプルが要素数1のクラスターを形成していると見なします。まず、最も近いクラスターが選ばれ、これらを統合して第1番目の階層となります。この階層のレベルは、統合したクラスター間の距離で表します。

統合したクラスターと他のクラスターとの距離は、いくつかあるクラスターの統合方法のいずれかに従って計算されます。この中で最も近いクラスターを選んで統合したものが第2番目の階層となります。これを繰り返すことで、クラスターの数は順次減っていき、最終的には1つにまとめられます。

このようにして統合されていく様子を図示したものが先述のデンドログラムです。縦軸に距離をとって、どういう順番でクラスターの階層が形成されていくかを表しています。

2) 解析例 (関西の大手民鉄のデータ)

小さなデータセットでクラスター分析の方法を説明します。次の表は関西の大手民鉄5社のデータです。

▼関西民鉄5社のデータ

	客車走行距離 （100万キロ）	鉄道部門従業員数 （人）	鉄道部門営業収益 （億円）	旅客輸送人キロ （億）
近鉄1	289	7767	1529	108
南海2	95	2356	542	36
京阪3	94	1405	528	30
阪急4	171	2555	990	86
阪神5	44	1080	326	21

出典：「多変量解析の基本と実践がよ～くわかる本」森田浩著、秀和システム、2014

　このデータでは、変数の単位や数値の大きさがかなり異なっています。例えば、走行距離の100万キロの差と従業員数1人の差が同じかどうかは分かりません。このような場合には、各変数について平均との差をとって標準偏差で割る標準化をしてからクラスターに分けます。標準化したデータは次のようになります。

▼データの標準化

	走行距離	従業員数	営業収益	旅客輸送
近鉄1	1.574	1.742	1.546	1.348
南海2	−0.456	−0.249	−0.499	−0.526
京阪3	−0.467	−0.599	−0.528	−0.682
阪急4	0.339	−0.176	0.429	0.776
阪神5	−0.990	−0.718	−0.947	−0.916

出典：「多変量解析の基本と実践がよ～くわかる本」森田浩著、秀和システム、2014

3）ウォード法によるクラスター分析

　ユークリッド距離を用いたウォード法によるクラスター分析を行ってみます。まず、サンプル間のユークリッド距離を計算します。

▼第1階層のユークリッド距離

	近鉄1	南海2	京阪3	阪急4	阪神5
南海2	3.973				
京阪3	4.251	0.384			
阪急4	2.603	1.787	1.967		
阪神5	4.896	0.926	0.720	2.611	

　最も距離が短いのは南海と京阪ですから、これらを統合して1つのクラスター（南海2, 京阪3）にします。このときの距離は0.384です。統合後のクラスター間の距離を**ウォード法**で計算します。

　同様にして、クラスター（南海2, 京阪3）とクラスター（阪急4）の距離、およびクラスター（南海2, 京阪3）とクラスター（阪神5）の距離も計算します。

$$d(23,4) = \frac{2}{3} \times 1.787 + \frac{2}{3} \times 1.967 - \frac{1}{3} \times 0.384 = 2.375$$

$$d(23,5) = \frac{2}{3} \times 0.926 + \frac{2}{3} \times 0.720 - \frac{1}{3} \times 0.384 = 0.969$$

▼第2階層のユークリッド距離

	近鉄1	(南海2,京阪3)	阪急4	阪神5
(南海2,京阪3)	5.354			
阪急4	2.603	2.375		
阪神5	4.896	0.969	2.611	

　次に統合するのは、この中で最も距離の短い（南海2, 京阪3）と（阪神5）です。このときの距離は0.969です。新たにできたクラスター（南海2, 京阪3, 阪神5）との距離をウォード法で計算します。

$$d(235,1) = \frac{2+1}{2+1+1}d(23,1) + \frac{1+1}{2+1+1}d(5,1) - \frac{1}{2+1+1}d(23,5)$$

$$= \frac{3}{4} \times 5.354 + \frac{2}{4} \times 4.896 - \frac{1}{4} \times 0.969 = 6.221$$

$$d(235,4) = \frac{3}{4} \times 2.375 + \frac{2}{4} \times 2.611 - \frac{1}{4} \times 0.969 = 2.844$$

▼第3階層のユークリッド距離

	近鉄1	(南海2, 京阪3, 阪神5)	阪急4
(南海2, 京阪3, 阪神5)	6.221		
阪急4	2.603	2.844	

次は、(阪急4) と (近鉄1) が統合されて1つのクラスター (近鉄1, 阪急4) になります。このときの距離は2.603です。最後に残った2つのクラスターの距離は5.690です。

$$d(14,235) = \frac{1+3}{1+1+3}d(1,235) + \frac{1+3}{1+1+3}d(4,235) - \frac{3}{1+1+3}d(14,235)$$

$$= \frac{4}{5} \times 6.221 + \frac{4}{5} \times 2.844 - \frac{3}{5} \times 2.603 = 5.690$$

以上の結果は次のようにまとめられます。

▼各階層のクラスターの距離とギャップ

クラスター	統合したクラスターの距離	ギャップ
(南海2, 京阪3), 阪神5, 近鉄1, 阪急4	0.384	0.384
(南海2, 京阪3, 阪神5), 近鉄1, 阪急4	0.969	0.585
(南海2, 京阪3, 阪神5), (近鉄1, 阪急4)	2.603	1.634
(南海2, 京阪3, 阪神5, 近鉄1, 阪急4)	5.690	3.087

この結果をグラフに図示したデンドログラムは、次のようになります。

◎ユークリッド距離を用いたウォード法によるデンドログラム

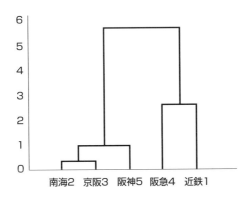

出典：「多変量解析の基本と実践がよ～くわかる本」森田浩著、秀和システム、2014

　階層的クラスター分析では、クラスターの数は指定されていません。この例では、2つのクラスターに分けるなら、（南海2，京阪3，阪神5）と（近鉄1，阪急4）になり、3つのクラスターに分けるなら、（南海2，京阪3，阪神5）と（阪急4）と（近鉄1）になります。

　いくつに分けるのがよいかの目安としては、距離のギャップの大きくなるところで区切ることが考えられます。ギャップの大きさは順に、0.384, 0.585, 1.634, 3.087となっており、2つのクラスターに分けるのがよさそうです。

27-4 数量化理論【定義と基本的な考え方】

●（1）数量化理論とは

数量化理論（Quantification Methods）は、質的データになっている説明変数をダミー変換によって0と1の量的データとし、多変量解析ができるようにする方法です。次の表で「〜類」とありますが、多変量解析のそれぞれの方法の質的データ版に相当します。

▼数量化理論と量的解析手法

数量化理論	量的解析手法（多変量解析）
数量化Ⅰ類	重回帰分析
数量化Ⅱ類	判別分析
数量化Ⅲ類	主成分分析
数量化Ⅳ類	多次元尺度構成法

●（2）数量化Ⅰ類とは

数量化Ⅰ類とは、数値では表現しない事象（気温：高い／低い）を使用しての数値予測が行えるものです。例えば、一定期間のある店の売上金額と、それに関連している事象との関連を調べ、関係式を作成します。この関係式を使って、例えば、「売上金額の予測」「売上金額と関連している事柄との関連度合い」などを求めることができます。

数量化Ⅰ類は、「数値では表現しない事象を利用して商品売上を予測する」「売上金額には何が最も影響を与えているか、という売上に対する影響度を探る」などができます。

●（3）数量化Ⅱ類とは

複数の項目カテゴリーのサンプルが所属する群を判別します。数量化Ⅱ類は、判別分析に相当し、説明変数はカテゴリーデータです。判別分析は「グループ分けに寄

245

与する説明変数（量的変数）は何か」「新しい標本がどの群に所属するかを予測する」というのが分析目的でしたが、数量化Ⅱ類の分析目的も同様です。

●（4）数量化Ⅲ類とは

　数量化Ⅲ類とは、アンケート質問の選択肢（カテゴリー）相互の類似性やポジショニングを明らかにします。アンケートでは抽象的な質問も多く、そのような場合には集計による「はい ○○％」「いいえ △△％」という形でしか表現できません。しかし、数量化Ⅲ類による解析を行うことで、設問間の類似度を調べることができます。

　具体的に数量化Ⅲ類では、質問間、サンプル間の類似度を得点化し、それぞれの類似度をポジショニングマップとしてグラフ化します。このグラフにより、「類似しているもの」「類似していないもの」の関連が明示されます。

●（5）数量化Ⅳ類とは

　数量化Ⅳ類とは、いくつかの個体の集まりの中で、すべての個体の組合せで個体間の類似度が質的データとして与えられているとき、この個体の集まりをおおよそに分類する方法です。多次元尺度構成法の1つとされます。

　例えば、「n人の生徒の各科目の得点データから、科目間の親近性を見る」「n人の人にいくつかの種類の果物を提示し、好きな果物に印を付けてもらって収集したデータから、果物間の親近性を見つけ出す」「何種類かの嗜好品について、n人の被験者で類似性のテストを実施し、得られたデータからそれぞれの嗜好品の親近性を見いだす」など、分析する対象物について数量化を行い、親近性を見いだす処理法です。

質的データを多変量解析みたいにまとめてみたのが数量化理論なんだよ

28-1 耐久性、保全性、設計信頼性

　信頼性とは、「アイテムが与えられた条件で規定の期間中、要求された機能を果たすことができる性質」と定められていますが、この考え方の実施面について考えるとき、これを3つの要素に分けておくと理解しやすいものです。この3要素には、耐久性、保全性、設計信頼性が含まれます。

◎信頼性の3要素

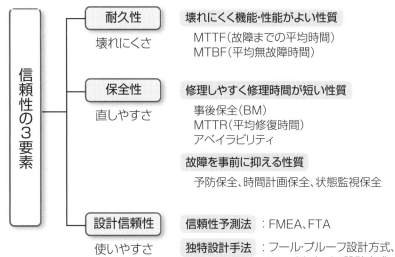

●（1）耐久性

　どんなに使いやすく、機能が抜群であったとしても、すぐに故障に至っては何にもなりません。なるべく長持ちしてほしい。これが耐久性です。

　耐久性には、2つの考え方があります。

1つは、非修理アイテム、例えば電子部品やバルブ、タイヤのように、故障したら取り替えてしまうものの場合で、一口でいえば、長持ちすること、すなわち、寿命が長いことです。そこで、平均寿命を使って耐久性を表現しますが、これをMTTF（Mean Time To Failure）と呼んでいます。例えば、ある製品のMTTFが5000時間といった場合、この製品が5000時間持つ確率はおよそ50％であるということです。

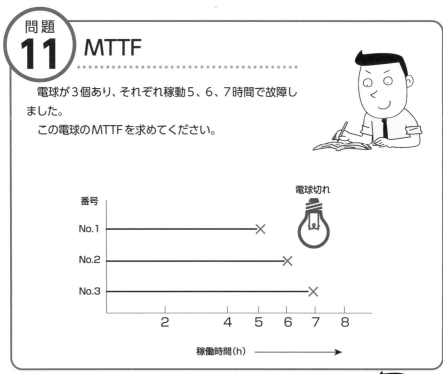

問題
11 MTTF

　電球が3個あり、それぞれ稼動5、6、7時間で故障しました。
　この電球のMTTFを求めてください。

電球切れ

番号

No.1 ────────────×

No.2 ──────────×

No.3 ───────────×

```
          2   4   5 6 7  8
```

稼働時間（h）　────→

問題11の解答

$$MTTF = \frac{x_1 + x_2 + \cdots + x_r}{r}$$

ここで、$MTTF$：故障までの平均時間（h）

　　　　x　：各故障発生までの稼動時間（h）

　　　　r　：故障発生数

電球の故障発生までの総稼動時間は、

$$5 + 6 + 7 = 18時間$$

また、故障総数は3、よって、

$$MTTF = \frac{18}{3} = 6時間 \quad となります。$$

もう1つは修理系、例えば、コンピュータ、エンジンや航空機のように故障しても修理して使用するものの場合で、故障が多いか少ないか、ということです。例えば新幹線の場合、故障率が100万km走って0.02件であるといえば、この故障率の逆数をとると、これは、一度故障してから次の故障が発生するまでに5000万km走ることを意味しています。この5000万kmのことをMTBF（Mean Time Between Failures）と呼びます。

問題 12 MTBF

　電気スタンドが80時間稼動したとき、図に示すように電球は稼動10時間で故障したので、すぐに電球を取り替え、次に稼動25時間で故障したのですぐに電球を取り替え、次には稼動30時間で故障したので電球をすぐに取り替えましたが、また新しい電球も稼動15時間で故障しました。

　この電気スタンドのMTBFを求めてください。

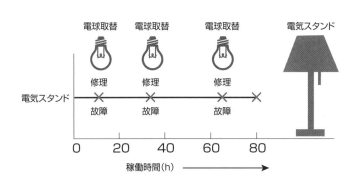

$$MTBF = \frac{x_1 + x_2 + \cdots + x_r}{r}$$

ここで、$MTBF$：平均故障間隔（ h ）

  x ：各故障発生までの稼動時間（ h ）

  r ：故障発生数

電気スタンドの電球の総稼動時間は、各故障間隔時間の和であり、また故障した電球は合計4個です。

電気スタンドのMTBFは、

$$MTBF = \frac{10+25+30+15}{r} = \frac{80}{4} = 20 \text{時間} \quad \text{となります。}$$

●（2）保全性

電球や電池のような製品は、たとえその機能が失われても、すぐに新しいものに取り替えられれば問題はありません。こういったものは、修理しやすく、修理時間が短い性質が重要となります。一方、飛行機のような、その機能が失われると大惨事になりかねないものについては、例えば、エンジントラブルに対しては、そのオーバーホールなどにより、故障を未然に防ぐことが肝要です。前者を**事後保全**、後者を**予防保全**といいます。

①品物は保全をしやすい設計か？

②保全を行う技術者の技能は？

③保全を支える補用部品・設備は？

すなわち、品物と人と補用品（もしくは設備）の3つをまとめて、一般には**保全の三要素**と呼びます。

もし①がうまくいっていれば、②や③が多少劣っていても、保全がそう問題視されなくて済むかもしれません。また、もし②の技術者の技能が優れていれば、①や③の欠点を十分補えるかもしれません。①、②、③は互いに関連し合って、保全の効果を左右しているのです。

保全性とは、①の「保全のしやすさ」に関するものです。つまり、保全性の文字をそのまま読むと「保全のしやすい性質」となります。保全性の対象は修理可能品であ

り、「品物の点検・修復のしやすさ」ということになります。

MTTRとは、Mean Time To Repair であり、直訳すると「平均修復時間」のことです。MTTRは、信頼性のMTBF（平均故障間隔）に対応するもので、MTTRは短いほうがよいでしょう。

◎MTTR to MTRF

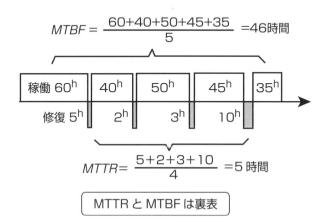

$$MTBF = \frac{60+40+50+45+35}{5} = 46時間$$

$$MTTR = \frac{5+2+3+10}{4} = 5時間$$

MTTR と MTBF は裏表

問題
13 MTTR

NC機があり、それぞれの機械についてある時期の保全完了までの時間と件数のデータは次のとおりです。

保全完了時間	保全完了件数
1 h	20 件
2 h	10 件
3 h	5 件
4 h	3 件
5 h	1 件
6 h	1 件

このデータからMTTR（平均修復時間）を求めてください。

$$MTTR = \frac{\text{総保全時間}}{\text{総保全件数}} = \frac{78}{40} = 1.95\text{時間}$$

故障を直して可動状態にするのに平均1.95時間かかっています。

● (3) アベイラビリティ

アベイラビリティ（Availability）とは、直訳すると「有効」「有益」「役に立つこと」「利用できること」などであり、もう少し、具体的にいうと、「品物が利用できる」「品物が満足に役に立つ割合」「稼働率」「可動率」などを意味する言葉です。

$$A\ （\text{アベイラビリティ}）= \frac{MTBF}{MTBF + MTTR}$$

$MTBF$：平均故障間隔（平均無故障時間）

$MTTR$：平均修復時間

アベイラビリティは、MTBFとMTTRを統合し、設備やシステムの信頼性を評価する指標となっています。

このアベイラビリティは、MTBFが短くても、MTTRが0になれば100%になります。このため、MTBFを長くするとコストがかかり過ぎる場合、MTBFを適当な長さにしておいて、MTTRを極力短くすればよいということになります。

◎ビデオプロジェクターのアベイラビリティ

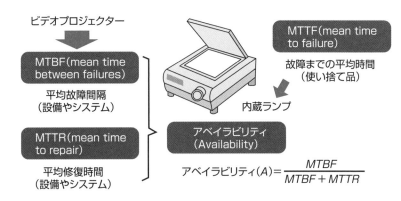

　工場のある機械の毎日の動作可能時間、動作不可能時間、故障件数、故障休止時間を1か月分集計しました。値は次のとおりです。

> 動作可能時間 (U) = 126 h
> 動作不可能時間 (D) = 7 h
> 故障件数 (保全件数) = 30件
> 故障休止時間 (保全時間) = 7 h

これらの値から、アベイラビリティを求めてください。

問題14の解答

$$MTBF = \frac{動作可能時間}{故障件数} = \frac{126}{30} = 4.2時間$$

$$MTTR = \frac{故障休止時間}{保全件数} = \frac{7}{30} = 0.23時間$$

$$アベイラビリティ = \frac{MTBF}{MTBF + MTTR} = \frac{4.2}{4.2 + 0.23} = 94.8\%$$

この機械を使用したいと思ったとき、すぐに使える状態にある割合は94.8%です。

●（4）設計信頼性

　設計信頼性とは、システムが耐久性や保全性をより高く持つように、設計で配慮すべき性質をいいます。例えば、システムの一部に故障が生じても、システム全体としては致命的欠陥には至らないように設計上で工夫する安全設計（フェイル・セイフ）をはじめとして、ディレーティングや冗長系による余裕設計などによる部品選定が有用です。また、人間の誤操作が招く事故は意外と多いもので、マシン側のみに注目するのではなく、マン-マシン・システムとして信頼性を向上させることが重要となります。

欠陥のない製品を世の中に生み出せる製品安全技術を確立するためにも、人間の認知行動の理解と知識の積み上げに基づくマン-マシン・インターフェイスの構築が大切です。例えば、非常に見やすい計器にしておけばすぐに次の手が打てる、といった、人間工学を考慮した設計も大事なことです。

◎信頼性を高める独特な設計方式

フール・プルーフ設計方式

素人でも操作ミスをしないような機構にする設計方式

フェイル・セイフ設計方式

赤
青

故障

もし故障が起きても装置が安全に作動する設計方式

冗長設計方式

同じような構造を持った複数の機器で構成する設計方式

セイフ・ライフ設計方式

この部分は絶対に壊れては困る、という部分を特に安全な構造にする設計方式

28-2 信頼性データのまとめ方と解析

●（1）信頼性モデルとは

信頼性モデルでは、すべての構成要素が正常に機能する場合に限ってシステムが機能する系は直列系と呼びます。

単一要素系の信頼性ブロックと機器の信頼度は、次のとおりです。

機器の構成	信頼性ブロック	機器の信頼度
単一要素系	○─□A□─○	$R_s = e^{-\lambda_A t}$

2要素直列系では、例えば、それぞれの構成要素の機能する確率がR_A, R_Bとすれば、2つの構成要素が同時に機能する確率R_Sは、$R_S = R_A \times R_B$となります。

機器の構成	信頼性ブロック	機器の信頼度
2要素直列系	o─ A ─ B ─o	$R_s = R_A \times R_B$

構成要素の数を増やすことで信頼性を高める設計の方法が冗長系と呼ばれます。代表的な方法には、「並列系」「m-out-of-n冗長系」「待機冗長系」があります。**2要素並列系**の信頼度は、次のようになります。

機器の構成	信頼性ブロック	機器の信頼度
2要素並列系	o─ A / B ─o	$R_s = 1 - (1 - R_A) \times (1 - R_B)$

●（2）バスタブ曲線と保全

故障のパターンには、**バスタブ曲線**に見るように、故障期に対応して、①**初期故障型**、②**偶発故障型**、③**摩耗故障型**の3種があります。

◎バスタブ曲線と保全

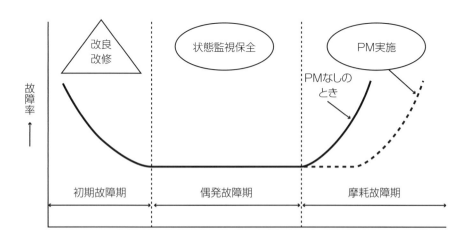

①初期故障型

初期故障期は製品が市場に出た直後の段階です。この時期の故障に対しては迅速な修理、改修などの通常の事後保全をする必要があります。

②偶発故障型

偶発故障期の故障をどのようにして予防するかということは難しい問題ですが、ユーザー自身が使用中に異常を早く見つけることが大切です。そのための保全としては**状態監視保全**が考えられます。

③摩耗故障型

摩耗故障期は品物のライフがきて故障する時期です。この時期の故障を防ぐには、品物のライフ（MTBF）に応じての予防保全をする必要があります。

予防保全としては定期保全（または経時保全）が主になります。当然、このような予防保全によってさらに製品のライフが延びます。

● (3) 信頼性データのまとめ方と解析

データのタイプと、解析に適したデータ解析法を示します。基本的には累積ハザード法が、いろいろなタイプのデータに使用できることになります。

1) データのタイプ

故障率が一定でない場合は、いわゆる寿命の解析がデータ解析目的の1つとなるので、故障モードを区別して考える必要があります。

　①Aの故障モードについてだけ解析する場合
　②Bの故障モードについてだけ解析する場合
　③AとBの区別なくトータルで解析する場合

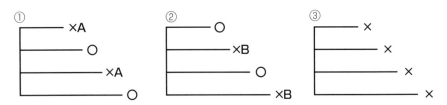

2) 2種類のデータ解析法

　故障率が一定でないか不明の場合のデータ解析法として、ワイブル分布を用いた次の方法を紹介します。

　①ワイブル解析法
　②累積ハザード法

　なお、**ワイブル解析法**と**累積ハザード法**のどちらを使うか、および、ワイブル解析法を用いる場合、$F(t)$値の算出にメディアンランク法と平均ランク法のどちらを使うかで、算出値に違いが出ます。ただし、実用上問題となる差にはなりません。

●(4) ワイブル解析法による解析手順

1) 解析データ

　$n = 10$個の部品の故障時間が次のようなものであったとします。

　300h、400h、550h、650h、750h、800h、950h、1050h、1250h、1550h

　この場合は、すべての部品の故障時間が分かっているので完全データとなります。

◎部品の故障データ

サンプルNo.	故障時間（h）
1	300
2	400
3	550
4	650
5	750
6	800
7	950
8	1050
9	1250
10	1550

> 300時間ごとの故障件数をヒストグラムに表すと下図のような分布になります。

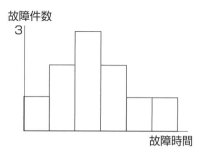

2）解析手順と結果

ワイブル解析法による解析手順と結果を以下に示します。

手順1　ワークシートを準備します。

この時点ではデータは未記入です。

▼ワイブル解析のためのワークシート

故障発生時間 t	故障数 r	累積故障数 k	$\hat{F}(t)$ (%)
300	1	1	9.1 (1/11)
400	1	2	18.2 (2/11)
550	1	3	27.3
650	1	4	36.4
750	1	5	45.5
800	1	6	54.5
950	1	7	63.6
1050	1	8	72.7
1250	1	9	81.8
1550	1	10	90.9

出典：「図解入門よくわかる最新信頼性手法の基本」榊原哲著、秀和システム、2009

手順2　データを故障発生時間の短い順に並べます。

手順3　故障数 r と累積故障数 k（または故障順位）を書きます。

手順4　不信頼度（または累積故障確率ともいう）$F(t)$ を求めます。

$$F(t) = k/n$$

ただし、試料数 n が30以下と少ないときは、$F(t)$ の値にカタヨリが入るため平均ランク法かメディアンランク法で計算します。

平均ランク法　　　：$F(t) = k/(n+1)$
メディアンランク法：$F(t) = (k-0.3)/(n+0.4)$

ここでは平均ランク法で300h時点の $F(t)$ を求めると、

$$\hat{F}(300)=1/(10+1)=0.091$$

手順5以降は、先にデータ処理の方法だけを説明します。具体的なデータの処理については、手順10のあとでまとめて説明します。

手順5 ワイブル型累積ハザード紙の横軸に時間t、縦軸に$F(t)$をプロットします。

手順6 打点したプロット点（●）に直線を当てはめます（直線A）。

◎ワイブル型累積ハザード紙によるデータ処理

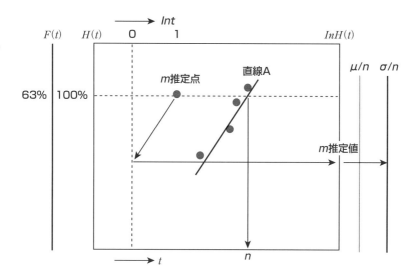

出典：「図解入門よくわかる最新信頼性手法の基本」榊原哲著、秀和システム、2009

手順7 形状パラメータmを推定します。

確率紙上のm推定点を通り、手順6で引いた直線Aに平行な線を引きます。

直線とY主軸（上側軸ln $t=0$）の交点を求め、そこから水平に伸ばします。この水平線とグラフ右軸（ln $H(t)$軸）の交点の目盛を絶対値で読みます。これがmの推定値となります。mの大きさと故障の分布との関係は図に示したとおりです。mが1に近い値であれば、故障率が一定と見なすことができるので解析を行えます。

直線 A と $F(t)=63\%$ の水平線とが交わる点を求め、そこから垂直に下ろします。t 軸と交わったところが n の値になります。

手順9 平均寿命 μ、標準偏差 σ を推定します。

m の推定値を求めた水平線をさらに右に伸ばし、μ/n、σ/n 軸と交わったところの目盛を読みます。この値に手順8で求めた値を掛けます。

$$\mu = \mu/n \times n$$
$$\sigma = \sigma/n \times n$$

手順10 その他を解析します。

◎その他の解析

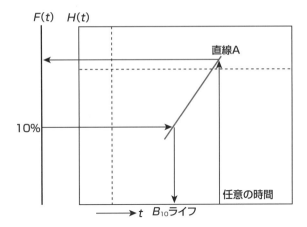

出典：「図解入門よくわかる最新信頼性手法の基本」榊原哲著、秀和システム、2009

1) 任意の累積故障確率 $F(t)$ が発生する時間 t を求める

例えば、累積故障確率が10%になる時間 t は、$F(t)=10\%$ から水平線を引いて、直線 A との交点から垂直に下ろして t 軸を読みます。本質的な寿命、例えば B_{10} ライフ（ビーテンライフ）を求める場合は、これとまったく同じやり方で求めます。

2）任意の時間における$F(t)$を求める

例えば、500 hにおける$F(t)$は、$t = 500$ hから直線Aに向かって垂線を引き、さらに交点から$F(t)$軸に向かって水平線を引いて交わったところの値となります。

●手順5以降の具体的なデータ解析内容

手順5以後のデータ解析内容を以下に具体的に示します。

手順5 ワークシートのデータから、時間tと不信頼度$F(t)$をプロットします。

実際にプロットしたものを次ページの図に示します。下側t軸の目盛の取り方は、観測したtの値が累積ハザード紙のほぼ中央に収まるようにします。この事例ではハザード紙の目盛"1"に"100"時間を割り付けました。

手順6 プロット点に直線を当てはめます。

この事例ではかなりうまく直線に当てはまりました。直線に当てはめにくい場合は、$F(t)$の目盛が密になっている20%から80%あたりがうまく当てはまるように配慮します。

手順7 形状パラメータmを推定します。

この事例では、水平線が$In\ H(t)$軸の-2を横切っていますので、mはその絶対値の2になりました。このことは、故障率が増加していることを意味し、劣化・摩耗故障モードの発生を示唆しています。

手順8 尺度パラメータnを求めます。

当てはめた直線と$H(t) = 100\%$の交点から垂線を引くと、$t = \hat{n} = 950$hとなりました。この時間では全体の63%が故障していることを意味しています。

手順9 平均寿命μ、標準偏差σを求めます。

手順7の水平線をさらに延長して、μ/n、σ/n軸と交わる点を読み取りμとσを求めると次のようになりました。

$$\hat{\mu} = \widehat{\mu/n} \times \hat{n} = 0.886 \times 950 = 841.7$$
$$\hat{\sigma} = \widehat{\sigma/n} \times \hat{n} = 0.45 \times 950 = 427.5$$

手順7 でmが1より大きくなりましたので、本質的な寿命が問題となります。そこで累積故障確率が5％になる寿命を求めてみるとB_5=220hとなりました。

◎ワイブル型累計ハザード紙による解析

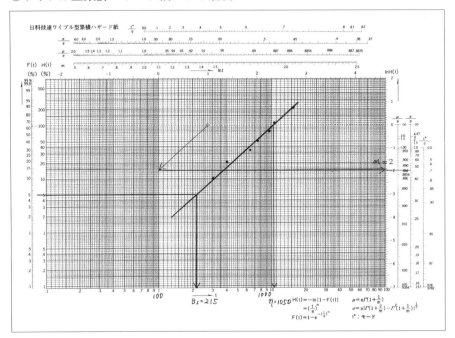

● (5) 累積ハザード法の解析手順

累積ハザード法による解析手順は、ワークシート作成部分が少し異なる以外は、ワイブル解析法とほとんど同じです。

1) 解析データ

前項とほぼ同じデータですが、中途で試験を打ち切ったデータがある場合、つまり不完全データの解析をします。

300hで故障、400hで故障、550hで良品のまま試験打ち切り、

650hで故障、750hで故障、800hで良品のまま試験打ち切り、

950hで故障、1050hで故障、1250hで良品のまま試験打ち切り、

1550hで故障。

◎中途で打ち切りのある不完全データ

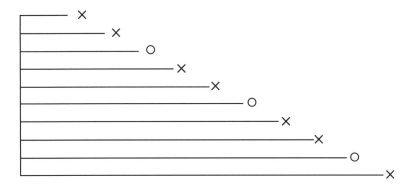

2) 解析手順

累積ハザード法の解析手順を以下に示します。

手順1 ワークシートを準備します。

前項と異なり故障モード、順位、逆順位、ハザード値、累積ハザード値の項目を用意します。

▼累積ハザード法のためのワークシート

故障発生時間 t	故障数 r	故障モード	順位 I	逆順位 k	ハザード値 $\hat{h}$ (%)	累積ハザード値 $\hat{H}$ (%)
300	1	F	1	10	10.0	10.0
400	1	F	2	9	11.1	21.1
550	1	C	3	8	—	—
650	1	F	4	7	14.3	35.4
750	1	F	5	6	16.7	52.1
800	1	C	6	5	—	—
950	1	F	7	4	25.0	77.1
1050	1	F	8	3	33.3	110.4
1250	1	C	9	2	—	—
1550	1	F	10	1	100.0	210.4

出典：「図解入門よくわかる最新信頼性手法の基本」榊原哲著、秀和システム、2009

手順2 データを故障時間、中途打ち切り時間の短い順に並べます。

手順3 故障モード欄に、故障の場合はF、中途打切りの場合はC(セッサード)を記入します。

550hで良品のまま試験を打ち切ったデータはCとなります。

手順4 順位と逆順位を書きます。

この場合、故障モードの区別にかかわらずすべて含めて順位を考えます。順位1が逆順位10となります。逆順位がその時点の稼動数に相当します。

手順5 ハザード値$h(t)$を求めます。

故障モードCの欄は求めません。

$h(t) = 1／k$

300hのデータの場合$\hat{h}(t) = 1／k = 1／10 = 0.1$

650hのデータの場合$\hat{h}(t) = 1／7 = 0.143$

ハザード値$h(t)$は、時間tにおける瞬間故障率を求めていると考えることができます。

手順6 累積ハザード値$H(t)$を求めます。

$h(t)$を累積します。

$H(t) = \Sigma H(t)$

400hでは$\hat{H}(t) = 10.0 + 11.1 = 21.1$となります。

550hの故障モードCの欄は求めません。

手順7 時間tと累積ハザード値$H(t)$で、ワイブル型累積ハザード紙にプロットします。

使用する軸は下側のt軸と左側の$H(t)$軸です。前項で使用した$F(t)$軸ではありませんので注意ください。

手順8 打点したプロット点に直線を当てはめます。

手順9 形状パラメータm、尺度パラメータn、平均寿命μなどの求め方は前項と同じです。

ただし、B_5ライフなど本質的な寿命を求める場合は、$F(t)$軸を用います。

それぞれのパラメータの値は次のとおりとなりました。

形状パラメータ　$\hat{m}=2$

尺度パラメータ　$\hat{n}=1050\mathrm{h}$

$\hat{\mu}=\widehat{\mu/n}\times\hat{n}=0.886\times1050=0.3\mathrm{h}$

$\hat{\sigma}=\widehat{\sigma/n}\times\hat{n}=0.45\times1050=472.5\mathrm{h}$

5％寿命　$\hat{B}_5=215\mathrm{h}$

以上のことから、中途打ち切りデータがあっても、データのであれば、ほぼ同じ結果になることが分かります。

◎ワイブル型累計ハザード紙によるデータ処理

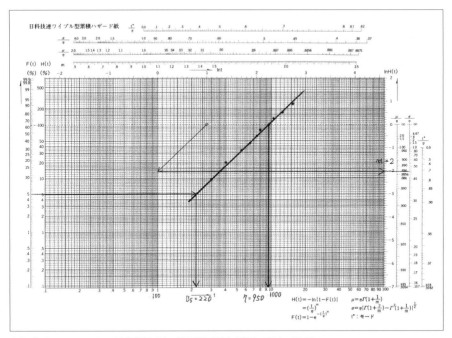

出典：「図解入門よくわかる最新信頼性手法の基本」榊原哲著、秀和システム、2009

第29章 ロバストパラメータ設計

29-1 パラメータ設計の考え方

● (1) パラメータ設計とは

　パラメータ設計とは、機能性を評価し、システムのパラメータの値を決定するための設計の方法をいいます。これに基づいて、SN比や感度という指標を用い、実験計画を組むときには、L_{12}やL_{18}といった混合系の直交配列表を利用して実験を行うようにします。

　パラメータ設計を行うときは、特性を目標値に近付けるより前に、まず特性のばらつきを少なくしたり、影響を小さくしていくので、パラメータ設計は、2段階設計、ロバスト設計、安定性設計ともいわれます。特性のばらつき低減の指標としてはSN比を用います。また、特性にはいろいろありますが、できるだけ源流の特性、**源流の機能**、すなわち理想機能や基本機能を取り上げて、それにパラメータ設計を適用していくのが一般的です。

◎パラメータ設計とは

ばらつきを抑える一般的な方法	①ばらつきの原因を見つけて、それを管理する方法 ②結果のばらつきがなくなるように、そのつど何かを調整するフィードバックという方法

③ばらつきの原因の影響の減衰という方法

目的	ノイズはそのまま放っておき、ノイズの影響が最小となるような内部パラメータの値を見つけ、それで設計するという方法

パラメータ設計の方法	SN比
第1段階 機能性設計（ばらつきの抑制） **第2段階** 目標機能に合わせる機能設計	「特性値の変動のうち、信号（Signal）の効果の大きさと、望ましくない要因（ノイズ、Noise）の効果の大きさとの比」

パラメータ設計では、第1段階で機能性設計（機能のばらつきを抑える）を行います。また、第2段階で目標機能に合わせる機能設計を行います。この2つの段階によって目標機能（目的機能）に合わせることを**チューニング**（調整）ともいいます。

また、このようなパラメータ設計の方法を、**2段階設計**、**ロバスト設計**ともいいます。技術開発段階では技術の確実性をつくり込むために、まずばらつきを低減させ、製品化段階では個別製品の目標機能に合わせて開発を行うのが効率的です。**ロバスト**とは「頑健な」という意味の英語であり、外部からの影響を受けにくい設計を目指す考え方です。

● （2）SN比と感度

パラメータ設計の特徴は、機能の安定性を定量化するためにSN比という評価尺度を用いることです。**SN比**とは、「特性値の変動のうち、信号（Signal）の効果の大きさと、望ましくない要因（ノイズ、Noise）の効果の大きさとの比」です。ノイズは品物やシステムの時間的・空間的なばらつきと劣化を生み出す原因であり、次の3種類に分類できます。

①外乱：システムの外部から加わるノイズ
　　　　環境変動や使用条件のばらつきのこと。
②内乱：システムの内部で発生するノイズ
　　　　使用部品や材料の劣化、特性の時間的変化など。
③品物間ばらつき（部材ばらつき）
　　　　使用部品や材料のばらつき。

機能のばらつきの程度を**機能性**といい、システムは機能性で評価され、その程度はSN比で定量的に表現されます。

システムの機能を入出力関係で見るとき、外乱、内乱、部材のばらつきなどのノイズによって変動して（ばらついて）しまいます。システムの入出力がどの程度理想関係に近いのか、どの程度ノイズに対して強いのかをSN比で評価します。

また、チューニングを行う際の指標として、「入力の単位変化量に対する出力の変化量」である**感度**があります。SN比の要因効果の評価と並行して、感度の要因効果も分析して最適化します。後述する**静特性**では、平均値の変動とばらつきの変動の比をSN比と定義し、平均値の変動が感度となります。

◎ノイズとは

ノイズの種類

①外乱　システムの外部から加わるノイズ
　　　　環境変動や使用条件のばらつきなど
②内乱　システムの内部で発生するノイズ
　　　　使用部品や材料の劣化、特性の時間的変動など
③品物間ばらつき（部材ばらつき）
　　　　使用部品や材料のばらつき

● (3) パラメータ設計の概念

製品や製造工程の品質を向上させ、ばらつきを低減させる方法は次の3つです。

①ばらつきの原因を見つけて、それを管理する方法
②結果のばらつきがなくなるように、その都度何かを調整するフィードバック
　（フィードフォワードの場合もある）という方法
③ばらつきの原因の影響の減衰という方法

パラメータ設計では③の方法を用います。そこで、ノイズはそのまま放っておき、ノイズの影響が最小となるような内部パラメータの値を見つけ、それで設計するという方法を用います。

パラメータ設計の概念を次ページの図に示します。ここで、パラメータ設計の方法を数学的に表現してみましょう。図の中のグラフにおいて、システムの出力特性は入力信号 M、内部パラメータ $X_1, \cdots, X_n$、ノイズ $Z_1, \cdots, Z_K$ によって変化する複雑な関数となっていますが、この関数を次のように表します。

$$y = f(M, X_1, \cdots, X_n, Z_1, \cdots, Z_K)$$

パラメータ設計は、ノイズ $Z_1, \cdots, Z_K$ がそれぞれある範囲で変化するという条件で、この関数が入力信号 M だけによって変わる次の関数

$$y = g(M)$$

にできるだけ近付くような内部パラメータ $X_1, \cdots, X_n$ の値を求める数学問題でもあります。

◎パラメータ設計の概念図

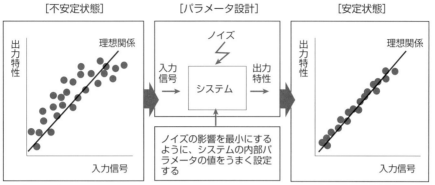

出典:「入門タグチメソッド」立林和夫著、日科技連出版社、2004

　図の左のグラフにおけるノイズの影響を最小化させて、右のグラフのように入出力の関係を理想関係に近付けていきます。水道の蛇口の例でいえば、横軸がコックの回転角、縦軸が蛇口から出る水の流量にあたります。理想的な蛇口の性能は、コックの回転角の大きさと水の流量が直線的な比例関係にあることです。しかし、実際には、ねじのガタやパッキンの劣化などのノイズによって直線関係が乱れてしまいます。左図の黒いプロットはそれを表しています。

　まとめると、パラメータ設計とは機能性（機能のばらつき）を評価し、システムのパラメータの値を決定するための設計の方法をいいます。品質設計値を決めるうえで実験計画法を使うのがパラメータ設計だといえます。また、パラメータ設計の特徴は、ノイズを実験に取り上げて、その水準を変えてノイズに対する強さを測定するところにあります。実験に取り上げるノイズを**誤差因子**と呼びます。ノイズに対する製品の機能・特性の強さを**SN比**と呼びます。尺度で定量化し、どの設計変数がノイズに対する強さを変えるかを解析します。

● (4) 基本機能と目的機能

　パラメータ設計では、目的機能、基本機能、理想機能という言葉を分けて定義しています。

　目的機能とは、ユーザーが技術やシステムに要求する機能を指します。一方、**基本機能**とは、目的機能を実現するために、技術者が利用する自然の原理、現象あるいは材料などの性質を示します。例えば、プラスチックの射出成形によって高精度のギ

アをつくりたいという場合を考えると、「高精度ギア（目標値を持っている）をつくる」というのは目的機能にあたります。一方、その高精度ギアをつくるために技術者が利用する射出成形技術そのものを考えてみると、その技術の原理は金型形状を製品形状に引き写すことですから、基本機能は転写ということになります。

パラメータ設計では、技術の原理である基本機能に従ってロバスト性を研究すべきだとしています。また、プラスチックの射出成形の場合、金型形状を製品形状に引き写すことを理想の機能としています。

理想機能とは、「標準使用条件のもとでシステムに期待される働き」のことをいいます。

パラメータ設計では、システムの入出力を考え、さまざまなノイズの条件下で、入出力が理想状態に近付くように最適化します。この入出力の理想状態を**理想機能**と呼びます。この場合、プラスチックの射出成形加工では、出力である製品寸法yは、対応する金型寸法Mに比例することが理想です。つまり、$y=\beta M$が理想機能です。しかし、ゲートからの距離の違いや金型温度のばらつきなどが影響し、現実には金型寸法と完全な比例関係にはならないことが多いものです。また、製品内の厚みの変化などが原因となってヒケや反りが発生し、ねらったとおりの寸法が得られないこともあります。

このような入出力の関係を乱す原因をノイズといいます。パラメータ設計における最適化とは、このプラスチック射出成形の場合には、ノイズによって「暴れた状態」にある現状の直線性を上げ、理想とする関係に近付けることですが、これはとりも直さず成形品の場所間あるいはショット間の収縮率のばらつきをなくすことでもあります。

◎パラメータ設計における3つの機能

3つの機能

目的機能とは、ユーザーが技術やシステムに要求する機能

基本機能とは、目的機能を実現するために、技術者が利用する自然の原理、
　　現象あるいは材料などの性質

理想機能とは、標準使用条件のもとでシステムに期待される働き

● (5) 因子の分類

パラメータ設計においては、実験に取り上げる因子は次の5つに分類されます。

▼因子の分類

要因	実験計画法	パラメータ設計
品物の設計因子	制御因子	制御因子
品物の環境条件		誤差因子
品物の使用条件	標示因子	信号因子
品物の種類		標示因子
日にち・ロットなど	ブロック因子	ブロック因子

このうち制御因子 (パラメータ)、誤差因子 (ノイズ)、信号因子 (シグナル) の3つが重要です。

①**制御因子 (パラメータ)**：あとで最適なものを選ぶために取り上げる設計定数。
②**誤差因子 (ノイズ)**：製品の機能の劣化やばらつきを生み出すノイズで、機能の安定性 (ロバスト性) を評価するために取り上げる因子 (環境条件などが考えられる)。
③**信号因子 (シグナル)**：入力と出力を持つ動特性のよさを見るために、信号として入力する因子 (使用条件などが考えられる)。
④**標示因子**：設計する側では最良の水準は選べないが、その水準ごとに制御因子の最適水準を求めたり、安定性を評価する必要があるもの。
⑤**ブロック因子**：実験の精度を上げる目的で、実験の場を層別するために取り上げる因子。

パラメータ設計では、制御因子と誤差因子との交互作用を検出し、誤差因子の変動に対してロバストな制御因子の水準を定めようというのが目的であるので、制御因子と誤差因子の水準は、考えられる範囲で広くとることが望ましいです。

29-2 静特性のパラメータ設計

● （1）静特性の分類

　品質特性は静特性と動特性に分類されます。**静特性**とは、システムの入力が固定され、出力に対する目標値が一定であるものをいいます。**動特性**とは、入力の値の変化に応じて出力の値が変化する（動く）場合の特性をいいます。

　静特性はさらに、**望小特性**、**望目特性**、**望大特性**、**ゼロ望目特性**に分類されます。

◎静特性とは

> 静特性とは、システムの入力が固定され、出力に対する目標値が一定であるもの

> ①望小特性　　　非負の特性で、その値が小さいほどよい特性
> 　　　　　　　　摩耗量、振動、騒音など
> ②望目特性　　　有限の目標値。一定値を持つ特性
> 　　　　　　　　板厚、発振周波数、出力電圧、室内蛍光灯の光量など
> ③望大特性　　　非負の特性で、その値が大きいほどよい特性
> 　　　　　　　　疲労寿命、引張強度、接着力など
> ④ゼロ望目特性　目標値＝0で正負の値をとる特性
> 　　　　　　　　カラー印刷のレジストレーションや反り特性など

　　　　　静特性のSN比　　　出力を変化させる入力が存在しないシステムのSN比

　①**望小特性**：非負の特性で、その値が小さいほどよい特性
　　　　　　　　　摩耗量、振動、騒音など
　②**望目特性**：有限の目標値。一定値を持つ特性
　　　　　　　　　板厚、発振周波数、出力電圧、室内蛍光灯の光量など

③**望大特性**：非負の特性で、その値が大きいほどよい特性

　　　　　疲労寿命、引張強度、接着力など

④**ゼロ望目特性**：目標値＝0で正負の値をとる特性

　　　　　カラー印刷のレジストレーションや反り特性など

●（2）静特性のSN比

静特性のSN比とは、「出力を変化させる入力が存在しないシステムのSN比」であり、出力の性格に応じて次の4種類のSN比が定義されていますが、基本的に望目特性の場合の信号（Signal）とノイズ（Noise）の比の考え方から導かれます。

1）望目特性のSN比

出力がゼロではない、ある一定値であることが望ましいシステムに適用します。平均値に対する相対的なばらつきを評価するので、ノイズの条件を変えてn個のデータを採取し、平均値$\hat{\mu}$と標準偏差$\hat{\sigma}$を求め、次の式でSN比を計算します。

$$10 \log \frac{\hat{\mu}^2}{\hat{\sigma}}$$

また、感度は、出力の平均を求めればよいので、以下の式を用います。

$$10 \log \hat{\mu}^2$$

2）望小特性のSN比

理想的には0がよいとされ、負の値をとらず小さいほどよい特性に対して適用します。この場合は平均値とばらつきを同時に評価すればよいので、ノイズの条件を変えてn個のデータyを採取し、次の式でSN比を計算します。

$$10 \log \frac{1}{n} \sum y_i^2$$

3）望大特性のSN比

強度データのように、大きければ大きいほど望ましい特性に適用します。平均値とばらつきを同時に評価します。理論的に限界が分かっているような場合は、それとの差を望小特性（小さいほどよい特性）として解析するので、ノイズの条件を変えて、n個のデータyを採取し、次の式でSN比を計算します。

$$-10 \log \frac{1}{n} \sum y_i^2$$

4) ゼロ望目特性のＳＮ比 (平均の調整が容易な場合)

ディスクの反りのように、プラスにもマイナスにもばらつき、反りの状態はゼロが一番よい、というような、平均の調整が簡単な特性に適用します。絶対的なばらつきの大きさを評価すればよいので、ノイズの条件を変えて、n個のデータを採取し、標準偏差$\hat{\sigma}$を求め、次式でSN比を計算します。

$$-10 \log{(\hat{\sigma}^2)}$$

交互作用が考えられる化学・材料系では、実験計画のほうがいいのね

パラメータ設計は、SN比を使って電気・通信などの設計に活用されているよ

ある製品の寸法加工において、厚み30mmをねらいに
加工した結果、

39(mm), 32(mm), 27(mm), 30(mm)

となりました。

望目特性のSN比と感度を求めてください。

問題15の解答

全変動 $S_T = y_1^2 + \cdots + y_4^2 = 39^2 + 32^2 + 27^2 + 30^2 = 4174$

平均値の変動 $S_m = n \times (\bar{y})^2 = 4 \times \left(\dfrac{39 + 32 + 27 + 30}{4} \right)^2 = 4096$

誤差の変動 $S_e = S_T - S_m = 4174 - 4096 = 78$

誤差分散 $V_e = \dfrac{S_e}{n-1} = \dfrac{78}{4-1} = 26$

望目特性SN比を求めます。

$\hat{\sigma}^2 = V_e = 26$

$\hat{\mu}^2 = \dfrac{1}{n}(S_m - V_e) = \dfrac{1}{4}(4096 - 26) = 1017.5$

SN比 $\hat{\eta} = 10 \log(\hat{\mu}^2 / \hat{\sigma}^2) = 10 \log(1017.5 / 26) = 15.93 \,(\text{dB})$

望目特性の感度を求めると、

感度 $S = 10 \log \hat{\mu}^2 = 60.15 \,(\text{dB})$

となります。

● (1) 動特性の分類

　動特性とは、入力の値の変化に応じて出力の値が変わる特性をいいます。水道の蛇口のコックの回転角度に対する水量、射出成形機の金型の寸法に対する製品の寸法、ほかには自動車のアクセルの踏む量に対するエンジンの回転数、ヘルスメータの測定体重に対する表示体重、ステレオのボリュームの回転角度に対する音量などが相当します。

　入出力が線形関係にある場合、入力 M の変化に応じて出力 y が直線的に変化する（比例する）のが理想となります。比例式には以下の3つがあります。

◎動特性とは

> 動特性とは、入力の値の変化に応じて出力の値が変化する（動く）場合の特性

> ・ステレオのボリュームの回転角度に対する音量
> ・ヘルスメータの測定体重に対する表示体重
> ・射出成形機の金型の寸法に対する製品の寸法

1) ゼロ点比例式

　信号の値に対して、出力の値が比例することを理想とし、そこからの外れ量が小さいほどよいとするものです。

$$y = \beta M$$

2) 1次式

信号と出力の理想関係を1次式とし、そこからの外れ量が小さいほどよいとするものです。

$$y = \alpha + \beta M$$

3) 基準点比例式

信号と出力がある基準点 (M_0, y_0) を通る直線関係を理想とするものです。

$$y - y_0 = \beta (M - M_0)$$

●（2）特性のSN比と感度

動特性のSN比と感度について、データ表に基づいて説明します。動特性は入力（M）の変化に対して、出力（y）を変化させたい特性です。このときMを信号因子といいますが、**信号因子**とは、実験において信号の値を変化させるために選ばれた因子をいいます。パラメータ設計では入力もひとつの因子として取り扱う場合が多く、これを「信号因子」と呼んでいます。

あるシステムの入力と出力との関係を考えるとき、その理想関係からのずれの程度「理想と現実との差」を表す尺度としてSN比を用います。

▼データ表

		信号因子（k水準）				線形式
		M_1	M_2	$\cdots$	M_k	L_i
誤差因子 （n水準） 繰り返し$r_0 = 1$	N_1	y_{11}	y_{12}		y_{1k}	L_1
	N_2	y_{21}	y_{22}		y_{2k}	L_2
	$\vdots$	$\vdots$	$\vdots$			$\vdots$
	N_n	y_{n1}	y_{n1}		y_{nk}	L_n

理想関係との差の2乗の平均を σ^2、理想関係の1次の係数を β として、次のように表します。

SN比 $= \dfrac{\hat{\beta}^2}{\hat{\sigma}^2}$

感度 $= \hat{\beta}^2$

SN比が高ければ人出力関係の直線性が高く、逆に低ければ非線形である、または
ばらつきが大きいということを意味しています。

ゼロ点比例式の場合のSN比$\hat{\eta}$と感度$\hat{S}$は、

$$\hat{\eta}^2 = 10 \log \frac{\hat{\beta}^2}{\hat{\sigma}^2} = 10 \log \frac{\frac{1}{r}(S_\beta - V_e)}{V_{N'}}$$

$$\hat{S} = 10 \log \hat{\beta}^2 = 10 \log \frac{1}{r}(S_\beta - V_e)$$

で表示されます。ここで、

有効除数：$r = r_0 n(M_1^2 + M_2^2 + \cdots + M_k^2)$

線形式：$L_i = y_{i1}M_1 + y_{i2}M_2 + \cdots + y_{ik}M_k$

入力の効果：$S_\beta = \dfrac{1}{r}(L_1 + L_2 + \cdots + L_n)^2$

誤差因子の効果：$S_{\beta \times N} = \dfrac{L_1^2 + L_2^2 + \cdots + L_n^2}{r/(r_0 n)} - S_\beta$

誤差変動：$S_e = S_T - S_\beta - S_{\beta \times N}$

誤差分散：$V_e = \dfrac{S_e}{r_0 nk - n}$

誤差全体の変動：$S_{N'} = S_e + S_{\beta \times N}(= S_T - S_\beta)$

誤差全体の分散：$V_{N'} = \dfrac{S_{N'}}{r_0 nk - 1}$

問題 **16**

動特性のSN比の計算例
(ゼロ点比例式の場合)

あるメッキ鋼板のメッキ条件を最適化するために、信号因子としてメッキ時間を3(分)、5(分)、7(分)と変え、誤差因子としてはメッキ槽内位置4か所(N_1〜N_4)をとって実験を行い、メッキ厚さ(μm)を測定しました。その結果を表に示しています。動特性のSN比と感度を求めてください。

▼データ表

誤差因子	信号因子		
	$M_1=3$	$M_2=5$	$M_3=7$
N_1	6.37	12.55	16.29
N_2	7.38	9.00	13.18
N_3	8.97	10.18	15.09
N_4	5.66	11.87	12.39

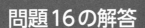

問題16の解答

①全変動S_Tを計算します。

$$V_{N'} = \frac{S_{N'}}{r_0 n \times k - 1} = \frac{27.41}{1 \times 4 \times 3 - 1} = 2.49$$

②SN比$\hat{\eta}$を計算します。

$$\hat{\eta} = 10 \log \frac{\hat{\beta}^2}{\hat{\sigma}^2} = 10 \log \frac{\frac{1}{r}(S_\beta - V_e)}{V_{N'}} = 10 \log \frac{\frac{1}{332}(1483.46 - 2.08)}{2.49}$$

$$= 10 \log 1.792 = 2.53 \,(\text{dB})$$

③感度$\hat{S}$を計算します。

$$\hat{S} = 10 \log \hat{\beta}^2 = 10 \log \frac{1}{r}(S_\beta - V_e) = 10 \log \frac{1}{332}(1483.46 - 2.08)$$

$$= 10 \log 4.462 = 6.50 \,(\text{dB})$$

MEMO

最 終 章

QC検定1級模擬問題

制限時間90分

問題を読み、解答は【模擬問題の解答用紙】(296ページ) に記入してください。

シンプルな電卓は使用できます (関数電卓、スマートフォンは使用不可)。

正解率70%以上で合格です。

頑張ってください！

【模擬問題1】全社的品質管理活動の実践

全社的品質管理活動を進めていくしくみについて、□内に入る最も適切な言葉を末尾の選択肢から1つ選び、その記号を解答用紙に記入してください。ただし、同じ選択肢を複数回用いることはありません。

① 企業として、よい品質の製品をつくり、お客様に安心して使っていただける活動を何といいますか。 　　　　　　　　　　　　　　　　　　　　　　　　①

② 全社的品質管理を進めていくには、まず、全社の取り組むしくみをつくる必要があります。そのためには、市場の動向を把握し、お客様ニーズを取り入れた企画から製品の実現までのプロセスを明記したしくみ図が必要です。このしくみ図のことを何といいますか。 　　　　　　　　　　　　　　　　　　　②

③ 企業では、仕事の役割分担として、それぞれの仕事に応じた事業部が決められています。これらの事業部が円滑に機能するために横断的に管理する機能を何といいますか。 　　　　　　　　　　　　　　　　　　　　　　　　　　　　③

④ 決められたルールどおりに仕事を進めていくだけでなく、問題が発生したときにはQCサークル活動や改善チームで改善を行うこと、あるいは経営方針を受けて、課題を達成していく活動に必要な管理を何といいますか。 　　　　④

⑤ トップから出た品質方針に対しては、トップ自らがその経過を診断することが必要です。その診断する場を何といいますか。 　　　　　　　　　　　⑤

⑥ 品質管理技術の育成を兼ねて、全員参加を基本としたボトムアップの活動を行うことも重要です。この活動を何といいますか。 　　　　　　　　　⑥

⑦ これらの活動で得られた成果を企業の財産として残していくしくみをつくることも必要です。このしくみを何といいますか。 　　　　　　　　　　⑦

⑧ 以上の活動を支えていくうえで、社員の管理技術向上のための施策が不可欠です。この施策を何といいますか。 ⑧

【模擬問題1の選択肢】

ア．方針管理と日常管理 イ．プロセス管理 ウ．QCサークル活動 エ．標準化
オ．QC教育 カ．品質管理と品質保証 キ．機能別管理 ク．社長診断会
ケ．全社的品質管理 コ．品質保証体系図

【模擬問題2】企業の社会的責任と品質

「品質」に関する現在の状況と今後の企業に課された課題を述べたのが、下記の文章です。□内に入る最も適切な言葉を末尾の選択肢から1つ選び、その記号を解答用紙に記入してください。ただし、同じ選択肢を複数回用いることはありません。

近年、食品の安全問題や自動車のリコール問題、交通トラブルなど品質に関わる重大なトラブルが頻発しています。これらの重大な問題に対し、企業では、CSR（企業の社内的責任）を展開しています。

CSRの目的は、「すべての ⑨ の満足を高めること」です。

経営トップの思いを伝えたのちに必要なのは、従業員を直接的に動かす仕掛けです。分かりやすくまとめた自社の ⑩ などの冊子を作成し、全従業員に常に携帯させます。

具体的な行動には、価格と質の満足度を高める ⑪ 活動、環境・人権・倫理の軽視が生み出すさまざまなリスク、社会環境リスクを把握し企業の中でそれを管理していくリスク管理、公害とか、企業の中での従業員に対する安全性の問題に対する企業が生み出す外部効果の内部化、社会に向き合うには、情報を提供する ⑫ を行っていく必要があります。

上記の目的を達成するために、企業では製品やサービスの品質の向上に努めています。製品に対しては、お客様が求める品質を設計品質と定めていますが、実際に製造した製品にはばらつきがあります。そこで、製造品質のばらつきをお客様の許容範囲として ⑬ を設けて管理を行っています。

昨今の情勢として、よいものを安く提供することが望まれます。そこで問題となるのが、品質とコストのトレードオフです。この課題に直面したときには、製品の品質を 　⑭　 と 　⑮　 に分けて、前者の品質は絶対に欠かさないことが必要であり、後者の品質はできる限り付加していくことが、お客様が満足して自社の製品を選んでくれる条件となります。

　企業では、不良品をできるだけ減らすための品質管理活動を行っていくだけでなく、売ったあとで 　⑯　 などが発生しないような品質保証システムを確立していくことも求められています。

【模擬問題2の選択肢】

ア. ステークホルダー　　イ. 品質向上　　ウ. お客様　　エ, 行動規範　　オ. 当たり前品質
カ. クレーム　　キ. 情報開示　　ク. PL問題　　ケ. 魅力的品質　　コ. 規格値
サ.情報提供

【模擬問題3】方針管理

　次の図は、方針管理の基本的な進め方を表したものです。□内に入る最も適切なものを選択肢から1つ選び、その記号を解答用紙に記入してください。ただし、同じ選択肢を複数回用いることはありません。

【模擬問題3の選択肢】

ア. 期末レビュー　　イ. 差異分析　　ウ. 実施計画　　エ. デザインレビュー
オ. 実施計画　　カ. 現場診断　　キ. すり合せ　　ク. 経営環境
ケ. 分析結果による処置　　コ. 中長期経営計画

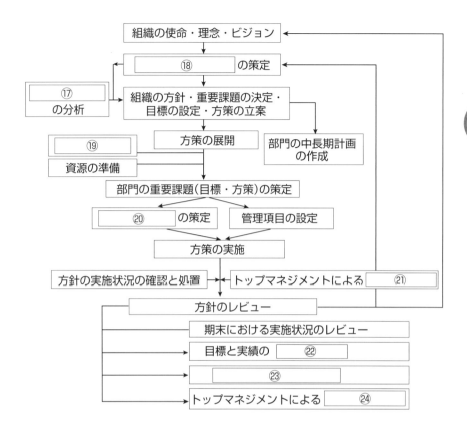

【模擬問題4】品質機能展開

> 　品質機能展開を活用するとき、次の文章において、□内に入る最も適切なものを末尾の選択肢から1つ選び、その記号を解答用紙に記入してください。ただし、同じ選択肢を複数回用いることはありません。

（1）品質機能展開では、まず品質面の要求から考察します。品質面の要求について検討し、 ㉕ を作成します。次に、この品質を確保する技術があるのかを検討し、 ㉖ を作成します。そして、企画品質や設計品質を抽出します。これらの検討結果を踏まえて重要部品などを選定し、設計段階で品質を保証するためのFMEAやFTAを実施してQC工程表につなげていきます。

（2）技術展開では、品質表の作成から製品に求められる要求品質、および品質特性を明確にしたのちに、　㉗　、サブシステム展開表、部品展開表へとウェイトを変換させて重要部品を定めます。さらに、組織内に保有する技術を展開表で表した技術展開表を作成し、現状の技術レベルでは実現することのできない技術上の課題項目を定めます。この、明確にされた　㉘　を解決するために、レビュード・デンドログラムが用いられます。

（3）コスト展開は、　㉙　と要求品質展開表、機能展開表、部品展開表の各要素のウェイト表およびコスト表によって構成されます。コスト展開では、コスト検討を行うための展開表を定め、　㉚　を展開表の各要素のウェイトに配分し、コスト見積りを行います。定められたコストでの実現が困難な場合は、ボトルネックとして登録し、解決案および代替案を検討しなければなりません。

（4）信頼性展開では、要求品質展開表によって、製品に対する顧客の要求を整理したのちに、製品の保証項目を明確にします。この保証項目をトップ事象としてFTAを実施し、故障発生のメカニズムを樹形図で表した　㉛　をつくります。要求品質展開表とこの展開表との二元表から重要故障モードを抽出し、これをユニット部品展開表および部品展開表へと展開し、最終的に　㉜　を作成して、製品の故障を事前に検討します。

【模擬問題4の選択肢】

ア. 機能展開表　　イ. コスト展開表　　ウ. ボトルネック技術　　エ. FT展開表
オ. 要求品質展開表　　カ. 目標コスト　　キ. FA表　　ク. 構造展開表
ケ. 品質特性展開表　　コ. FMEA表

【模擬問題5】機能別管理

> 機能別管理に関する次の文章において、□内に入る最も適切なものを末尾の選択肢から1つ選び、その記号を解答用紙に記入してください。ただし、同じ選択肢を複数回用いることはありません。

（1）組織が大きくなればなるほど部門別の組織となり、組織間だけでなく組織内にも組織の壁というものができやすくなり、横の連携が極めて難しくなってきます。そのため、組織の目的を効果的に達成していくには、横の連携を強くしていく必要があります。この横の連携ができていればよいのですが、それは容易ではありません。そのため、この縦の組織管理と横の組織管理の関連性を明確にした　㉝　を行う必要があります。

（2）企業では、職制に応じて、企画・設計・技術・製造・営業・総務などの単位で　㉞　を行っています。しかし、部門ごとに仕事を進めていくと非効率になったり、ばらつきが出てきます。そのため、企業の全社的な立場から、品質、安全などの各経営要素について機能別に計画を立案・実施し、全社的立場から結果を評価し、必要なアクションをとっていく活動があります。これを　㉟　といいます。

（3）上記の　㉞　と　㉟　をうまく活用するために、部門横断的にさまざまな経験・知識を持ったメンバーを集め、全社的な経営課題について検討し、解決策を提案していくことを目的とした組織を　㊱　と呼んでいます。

（4）標準を設定してこれを指示し、原価の実際の発生額を計算・記録し、これを標準と比較して、その差異の原因を分析し、これに関する資料を経営管理者に報告し、原価能率を増進する措置を講ずることを　㊲　といいます。

（5）生産活動にあたって、外部からの適正な品質の資材を必要量だけ、必要な時期までに経済的に調達するための手段として、　㊳　があります。この管理では、材料や部品などを外部から購入する場合に、決められた部品、材料を要求どおりの品質、価格で、決められた納期で調達することができます。

(6) 関係する人たちが集まって、問題解決やしくみの改善を行ったりする品質会議や部門横断的なプロジェクト活動、役員で構成する品質保証会議や原価管理委員会など、QCD＋PSMEなどの機能別の責任と権限を明確にした ⑨ を設置して運用していきます。

(7) これらの活動の運営には多くの部門が関わってきますし、組織全体の活動の改善をその一構成部門が行うのは一般に困難であるため、部門を超えた委員会によって行います。これは本来は ⑩ の職務です。当該要素に関する組織のマネジメントシステムを最も効果的、かつ、効率的に運営管理するためのシステムづくりが必要になってきます。

【模擬問題5の選択肢】

> ア. マトリックス管理　　イ. CFT　　ウ. 部門クロス管理　　エ. 機能別管理
> オ. 部門別管理　　カ. QCチーム　　キ. プロジェクトリーダー　　ク. 購買管理
> ケ. トップマネジメント　　コ. 機能別委員会　　サ. 原価管理　　シ. 安全管理

【模擬問題6】直交配列表実験計画

> 直行配列実験計画に関する次の文章において、□内に入る最も適切なものをそれぞれの選択肢から1つ選び、その記号を解答用紙に記入してください。ただし、同じ選択肢を複数回用いることはありません。

　ある工場では電気材料のセラミックの筒管を製作しています。最近、ひび割れの不良が目立つようになってきたため調査したところ、製造工程の品質管理基準である強度の不足が原因であることを突きとめました。

　そこで、規定どおりの強度に引き上げるため、セラミック製造工程において、強度に影響を及ぼす要因を探り、4つの因子（A：温度、B：圧力、C：添加物、D：時間）を設定しました。

　この4つの2水準因子（A、B、C、D）の主効果と2つの交互作用（A×B、A×C）を調べる実験を$L_8(2^7)$直交配列表を用いて計画しました。8回の実験を行い、次のデータを得ました。このデータ表をもとに2水準系直交配列表実験の解析を行ってください。

手順1 データの収集

▼表1 因子の割り付けとデータ

No.	[1] A 温度	[2] B 圧力	[3] A×B	[4] D 時間	[5]	[6] A×C	[7] C 添加	データ
1	1	1	1	1	1	1	1	20
2	1	1	1	2	2	2	2	22
3	1	2	2	1	1	2	2	25
4	1	2	2	2	2	1	1	19
5	2	1	2	1	2	1	2	27
6	2	1	2	2	1	2	1	24
7	2	2	1	1	2	2	1	19
8	2	2	1	2	1	1	2	22
平方和	4.5	㊶	18.0	2.0	2.0	0.5	24.5	

B列の平方和、 ㊶

▼AB二元表

	B_1	B_2
A_1	42	44
A_2	51	41

▼AC二元表

	C_1	C_2
A_1	39	47
A_2	43	49

手順2 分散分析表の作成

▼表2 分散分析表

要因	S		V	F_0 値	$F_{0.05}$ 境界値
A	4.5	1	4.5	2.25	16.1
B	㊶	1	㊶	㊸	
C	24.5	1	24.5	12.25	16.1
D	2.0	1	2.0	1.00	16.1
$A×B$	18.0	1	18.0	9.00	16.1
$A×C$	0.5	1	0.5	0.25	16.1
E	2.0	1	㊷		
T	59.5	7			

どの要因も有意水準5%で有意ではありませんが、F_0値が小さい ⑭ と交互作用$A \times C$をプーリングします。プーリング後の分散分析表をつくり直します。

▼表3 プーリング後の分散分析表

要因	S			V	F_0値	F境界値
A	4.5	1		4.5	3.00	10.1
B	㊶	1		㊶	㊺	10.1
C	24.5	1		24.5	16.3*	10.1
$A \times B$	18.0	1		18.0	12.0*	10.1
E	4.5	3		1.5		
T	59.5	7				

プーリング後の分散分析の結果、主効果Cと交互作用$A \times B$が5%有意となりました。

【模擬問題6㊶〜㊺の選択肢】

> ア．6.0　　イ．8.0　　ウ．2.0　　エ．4.0　　オ．主効果D
> カ．5.33　　キ．主効果A

手順3　最適水準の決定と母平均の推定

推定に用いるデータの構造式は、

$$x = \mu + a + b + c + (ab) + \varepsilon$$

ですから、因子ABが最大となるのはAB二元表と因子Cは単独に選ばれます。最適水準は ㊻ となります。

最適水準$A_1 B_2 C_2$における母平均の点推定値は、

㊼

有効反復数n_eは、伊奈の式から、

$$\frac{1}{n_e} = \frac{1}{2} + \frac{1}{4} - \frac{1}{8} = \frac{5}{8}$$

となるので、信頼率95%での信頼区間は、次のようになります。

信頼下限　24.2　　　　　⑧信頼上限　　⑱

【模擬問題7】アローダイアグラム

> アローダイアグラムに関する次の文章において、□内に入る最も適切な
> ものを末尾の選択肢から1つ選び、その記号を解答用紙に記入してください。
> ただし、同じ選択肢を複数回用いることはありません。

各作業の位置を決めます。位置が決まれば、　⑭　や　⑤　、
　⑤　を描き入れて、作業名を記入します。　⑭　には、結合点番号
を記入します。結合点番号は1から始まる正の整数を用い、作業が進むにつれて大
きな番号を記入します。

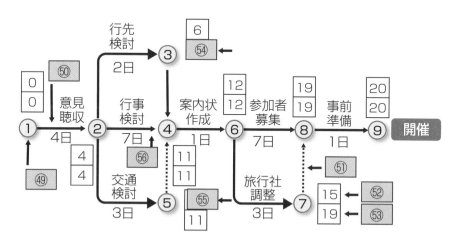

次に日程の計算を行います。　㊾　とは、その結合点から始まる作業が開
始できる最も早い日程で、着手可能日程ともいえます。結合点①の0日よりスター
トし、順次、所要日数（時間）を加算していきます。

| ㊼ |とは、その結合点で終わる作業が遅くとも終了していなければならない日程で、完了義務日程ともいえます。結合点⑨の20日よりスタートし、順次、所要日数（時間）を減算していきます。

　　この上下の日程が同一の作業を結んだ矢線が| ㊽ |です。余裕のない作業をつないだ経路です。

【模擬問題7の選択肢】

| ア. クリティカル・パス　　イ. パス日程　　ウ. 7　　エ. 結合点　　オ. 11
| カ. 12　　キ. 矢線　　ク. 最遅結合点日程　　ケ. 遅延日程　　コ. ダミー
| サ. 最早結合点日程

【模擬問題8】回帰分析

　　回帰分析に関する次の文章において、□内に入る最も適切なものを末尾の選択肢から1つ選び、その記号を解答用紙に記入してください。ただし、同じ選択肢を複数回用いることはありません。

　　次のデータ表は、ある工場の電気設備の経年と劣化度について測定したものです。
　　この表から回帰式を推定し、寄与率を計算してください。

▼表1　計算補助表

No.	経年 x	劣化度 y	x^2	y^2	xy
1	12	22	144	484	264
2	12	24	144	576	288
3	11	21	121	441	231
4	7	19	49	361	133
5	8	19	64	361	152
6	9	22	81	484	198
7	14	24	196	576	336
8	11	23	121	529	253
計	84	174	920	3812	1855

[回帰式の推定と寄与率の計算]

平均値の計算

経年の平均値 $\bar{x} = \dfrac{\sum x_i}{n} = \dfrac{84}{8} = 10.5$

劣化度の平均値 $\bar{y} = \boxed{\quad ⑤⑦ \quad}$

平方和、積和の計算

経年と劣化度の積和 $S_{xy} = \boxed{\quad ⑤⑧ \quad}$

経年の平方和 $S_{xx} = \boxed{\quad ⑤⑨ \quad}$

劣化度の平方和 $S_{yy} = \boxed{\quad ⑥⓪ \quad}$

回帰係数の計算 $\hat{\beta}_1 = \boxed{\quad ⑥① \quad}$

$\hat{\beta}_0 = \boxed{\quad ⑥② \quad}$

寄与率 $S_R = \beta_1 S_{xy} = \boxed{\quad ⑥③ \quad}$

$R^2 = \boxed{\quad ⑥④ \quad}$

【模擬問題8の選択肢】

ア. 33	イ. 27.5	ウ. 0.65	エ. 0.737	オ. 13.09	カ. 14.01
キ. 28	ク. 38	ケ. 0.737	コ. 0.750	サ. 20.64	シ. 21.75

【模擬問題9】主成分分析

次の文章において、□ 内に入る最も適切なものを末尾の選択肢から1つ選び、その記号を解答用紙に記入してください。ただし、同じ選択肢を複数回用いることはありません。

手順1. データを収集します。

手順2. データの単位をそろえます。

各データを平均値0、標準偏差1のデータに変換することをデータの $\boxed{\quad ⑥⑤ \quad}$ といいます。

手順3. データの関係性を見ます。

　互いのデータの項目間に関係があるかどうかを評価する [66] を計算します。

　この係数は、−1から+1までの値をとり、±1に近いほど「関係性がある」といい、関係性が強い項目を1つにまとめることが [67] です。

手順4. 取り上げる主成分を選びます。

　新しい評価尺度（主成分）それぞれが、全体の情報量（ばらつきの大きさ）のうち、どれくらいのパーセントを占めているかを表しているのが [68] です。

　1つの主成分が、元の全変数が持っている情報の何割を説明できるかを表しているのが [69] です。第1主成分と第2主成分を足したものを [70] といって、この値が70%までの主成分を採用します。

手順5. 主成分のネーミングを行います。

　各主成分と元の評価尺度との相関を計算したものを [71] といいます。この値は、各主成分が元の各変数とどれくらい強く関わっているかを示すものです。

　新たに取り上げた第1主成分と第2主成分のネーミングを行います。主成分のネーミングは、「主観的に」行われますが、その際、手がかりとなるのは、主成分を構成している固有ベクトルや因子負荷量の大きさと符号です。

手順6. 計算とグラフから情報を得ます。

　主成分の式を使って対称的に主成分の値を算出したものが [72] です。

　この値は、対象のグループ分けや対象の評価に使います。グループ分けの際に役立つものは主成分同士の散布図です。第2主成分まで採用するのであれば、第1主成分と第2主成分の散布図を作成し、視覚的にグループ分けを行います。

【模擬問題9の選択肢】

> ア. 固定値　　イ. 因子負荷量　　ウ. 固有値　　エ. 累積寄与率　　オ. 主成分得点
> カ. 回帰係数　　キ. 相関係数　　ク. 寄与率　　ケ. 標準化　　コ. 因子分析
> サ. 因子得点　　シ. 主成分分析

【模擬問題10】信頼性

> 次の文章において、 ◯ 内に入る最も適切なものを末尾の選択肢から1つ
> 選び、その記号を解答用紙に記入してください。ただし、同じ選択肢を複数回
> 用いることはありません。

どんなに使いやすく、機能が抜群であったとしても、すぐに故障に至っては何にも
ならない。なるべく長持ちしてほしい。これが ㉝ です。

これには、2つの考え方があります。

1つは、非修理アイテム、例えば電子部品やバルブ、タイヤのように、故障したら
取り替えてしまうものの場合で、一口でいえば、長持ちすること、すなわち、寿命が
長いことです。そこで、平均寿命を使って表現しますが、これを ㉞ と呼
んでいます。

例えば、プリンターのインクを考えてみると、1つ目は22時間、2つ目は48時間、
3つ目は55時間で使い切ったとすると、 ㉞ は、 ㉟ 時間です。

もう1つは修理系、例えば、コンピュータ、エンジンや航空機のように故障しても
修理して使用するものの場合で、故障が多いか少ないか、ということです。これを指
標に表したものを ㊱ といいます。ここでは、インク取換時間が60分、20
分、36分とすれば、 ㊲ 時間となります。

インクが切れて、たとえ、プリンターの機能が失われても、すぐに新しいインクに
取り替えられれば問題はありません。このような、修理しやすくて修理時間の短い性
質が重要となります。この考え方を ㊳ といいます。これを指標に表した
ものを ㊴ といいます。

ここでは、 ㊴ は0.64時間となります。

したがって、アベイラビリティは、 ㊵ となります。

【模擬問題10の選択肢】

ア. 0.64	イ. 41.7	ウ. 0.98	エ.1.67	オ. MTTR	カ. MTBF
キ. MRTF	ク.MTTF	ケ.保全	コ. 耐久性	サ. 信頼性	

【模擬問題の解答用紙】

所属　　　　　　　　　氏名　　　　　　　　　採点

模擬問題 1

① .... ② .... ③ .... ④ ....
⑤ .... ⑥ .... ⑦ .... ⑧ ....

模擬問題 2

⑨ .... ⑩ .... ⑪ .... ⑫ ....
⑬ .... ⑭ .... ⑮ .... ⑯ ....

模擬問題 3

⑰ .... ⑱ .... ⑲ .... ⑳ ....
㉑ .... ㉒ .... ㉓ .... ㉔ ....

模擬問題 4

㉕ .... ㉖ .... ㉗ .... ㉘ ....
㉙ .... ㉚ .... ㉛ .... ㉜ ....

模擬問題 5

㉝ .... ㉞ .... ㉟ .... ㊱ ....
㊲ .... ㊳ .... ㊴ .... ㊵ ....

模擬問題 6

㊶ .... ㊷ .... ㊸ .... ㊹ ....
㊺ .... ㊻ .... ㊼ .... ㊽ ....

模擬問題7

(49) ______ (50) ______ (51) ______ (52) ______
(53) ______ (54) ______ (55) ______ (56) ______

模擬問題8

(57) ______ (58) ______ (59) ______ (60) ______
(61) ______ (62) ______ (63) ______ (64) ______

模擬問題9

(65) ______ (66) ______ (67) ______ (68) ______
(69) ______ (70) ______ (71) ______ (72) ______

模擬問題10

(73) ______ (74) ______ (75) ______ (76) ______
(77) ______ (78) ______ (79) ______ (80) ______

【模擬問題1の解答】

①カ. 品質管理と品質保証

②コ. 品質保証体系図

③キ. 機能別管理

④ア. 方針管理と日常管理

⑤ク. 社長診断会

⑥ウ. QCサークル活動

⑦エ. 標準化

⑧オ. QC教育

【模擬問題2の解答】

⑨ア. ステークホルダー

⑩エ. 行動規範

⑪イ. 品質向上

⑫キ. 情報開示

⑬コ. 規格値

⑭オ. 当たり前品質

⑮ケ. 魅力的品質

⑯ク. PL問題

【模擬問題3の解答】

⑰ク. 経営環境

⑱コ. 中長期経営計画

⑲キ. すり合せ

⑳オ. 実施計画

㉑カ. 現場診断

㉒イ. 差異分析

㉓ケ. 分析結果による処置

㉔ア. 期末レビュー

【模擬問題4の解答】

㉕オ．要求品質展開表

㉖ケ．品質特性展開表

㉗ア．機能展開表

㉘ウ．ボトルネック技術

㉙イ．コスト展開表

㉚カ．目標コスト

㉛エ．FT展開表

㉜コ．FMEA表

【模擬問題5の解答】

㉝ア．マトリックス管理

㉞オ．部門別管理

㉟エ．機能別管理

㊱イ．CFT

㊲サ．原価管理

㊳ク．購買管理

㊴コ．機能別委員会

㊵ケ．トップマネジメント

【模擬問題6の解答】

㊶イ．8.0　　$(93-85)2/8=8.0$

㊷ウ．2.0

㊸エ．4.0

㊹オ．主効果D

㊺カ．5.33

㊻シ．$A_2B_1C_2$

㊼ク．27.25

㊽ケ．30.3

【模擬問題7の解答】

㊾エ．結合点

㊿キ．矢線

(51)コ．ダミー

(52)サ．最早結合点日程

(53)ク．最遅結合点日程

(54)オ．11

(55)ウ．7

(56)ア．クリティカル・パス

【模擬問題8の解答】

(57)シ．21.75　劣化度の平均値　$\overline{y} = \frac{\sum y_i}{n} = \frac{174}{8} = 21.75$

(58)キ．28　経年と劣化度の積和　$S_{xy} = \sum x_i y_i - \frac{(\sum x_i)(\sum y_i)}{n} = 1855 - \frac{84 \times 174}{8} = 28$

(59)ク．38　経年の平方和　$S_{xx} = \sum {x_i}^2 - \frac{(\sum x_i)^2}{n} = 920 - \frac{84^2}{8} = 38$

(60)イ．27.5　劣化度の平方和　$S_{yy} = \sum {y_i}^2 - \frac{(\sum y_i)^2}{n} = 3812 - \frac{174^2}{8} = 27.5$

(61)ケ．0.737　$\widehat{\beta_1} = \frac{S_{xy}}{S_{xx}} = \frac{28}{38} = 0.737$

(62)カ．14.01　$\widehat{\beta_0} = \overline{y} - \widehat{\beta_1}\overline{x} = 21.75 - 0.737 \times 10.5 = 14.01$

(63)サ．20.64　$S_R = \beta_1 S_{xy} = 0.737 \times 28 = 20.64$

(64)コ．0.750　$R^2 = \frac{S_R}{S_{yy}} = \frac{20.64}{27.5} = 0.750$

【模擬問題9の解答】

65ケ．標準化

66キ．相関係数

67シ．主成分分析

68ア．固有値

69ク．寄与率

70エ．累積寄与率

71イ．因子負荷量

72オ．主成分得点

【模擬問題10の解答】

73コ．耐久性

74ク．MTTF

75イ．41.7　$MTTF = \dfrac{22+48+55}{3} = \dfrac{125}{3} = 41.7$

76カ．MTBF

77ア．0.64　$MTBF = \dfrac{1.00+0.33+0.60}{3} = \dfrac{1.93}{3} = 0.64$

78ケ．保全

79オ．MTTR

80ウ．0.98　$アベイラビリティ = \dfrac{MTBF}{MTBF+MTTR} = \dfrac{41.7}{41.7+0.64} = 0.98$

MEMO

【数値表】

◎正規分布表①

uの値から確率Pを求める表
（Excel関数「＝1－NORM.S.DIST(*.*,TRUE)」で算出）

u	*=0	1	2	3	4	5	6	7	8	9
0.0*	.5000	.4960	.4920	.4880	.4840	.4801	.4761	.4721	.4681	.4641
0.1*	.4602	.4562	.4522	.4483	.4443	.4404	.4364	.4325	.4286	.4247
0.2*	.4207	.4168	.4129	.4090	.4052	.4013	.3974	.3936	.3897	.3859
0.3*	.3821	.3783	.3745	.3707	.3669	.3632	.3594	.3557	.3520	.3483
0.4*	.3446	.3409	.3372	.3336	.3300	.3264	.3228	.3192	.3156	.3121
0.5*	.3085	.3050	.3015	.2981	.2946	.2912	.2877	.2843	.2810	.2776
0.6*	.2743	.2709	.2676	.2643	.2611	.2578	.2546	.2514	.2483	.2451
0.7*	.2420	.2389	.2358	.2327	.2296	.2266	.2236	.2206	.2177	.2148
0.8*	.2119	.2090	.2061	.2033	.2005	.1977	.1949	.1922	.1894	.1867
0.9*	.1841	.1814	.1788	.1762	.1736	.1711	.1685	.1660	.1635	.1611
1.0*	.1587	.1562	.1539	.1515	.1492	.1469	.1446	.1423	.1401	.1379
1.1*	.1357	.1335	.1314	.1292	.1271	.1251	.1230	.1210	.1190	.1170
1.2*	.1151	.1131	.1112	.1093	.1075	.1056	.1038	.1020	.1003	.0985
1.3*	.0968	.0951	.0934	.0918	.0901	.0885	.0869	.0853	.0838	.0823
1.4*	.0808	.0793	.0778	.0764	.0749	.0735	.0721	.0708	.0694	.0681
1.5*	.0668	.0655	.0643	.0630	.0618	.0606	.0594	.0582	.0571	.0559
1.6*	.0548	.0537	.0526	.0516	.0505	.0495	.0485	.0475	.0465	.0455
1.7*	.0446	.0436	.0427	.0418	.0409	.0401	.0392	.0384	.0375	.0367
1.8*	.0359	.0351	.0344	.0336	.0329	.0322	.0314	.0307	.0301	.0294
1.9*	.0287	.0281	.0274	.0268	.0262	.0256	.0250	.0244	.0239	.0233
2.0*	.0228	.0222	.0217	.0212	.0207	.0202	.0197	.0192	.0188	.0183
2.1*	.0179	.0174	.0170	.0166	.0162	.0158	.0154	.0150	.0146	.0143
2.2.*	.0139	.0136	.0132	.0129	.0125	.0122	.0119	.0116	.0113	.0110
2.3*	.0107	.0104	.0102	.0099	.0096	.0094	.0091	.0089	.0087	.0084
2.4*	.0082	.0080	.0078	.0075	.0073	.0071	.0069	.0068	.0066	.0064
2.5*	.0062	.0060	.0059	.0057	.0055	.0054	.0052	.0051	.0049	.0048
2.6*	.0047	.0045	.0044	.0043	.0041	.0040	.0039	.0038	.0037	.0036
2.7*	.0035	.0034	.0033	.0032	.0031	.0030	.0029	.0028	.0027	.0026
2.8*	.0026	.0025	.0024	.0023	.0023	.0022	.0021	.0021	.0020	.0019
2.9*	.0019	.0018	.0018	.0017	.0016	.0016	.0015	.0015	.0014	.0014
3.0*	.0013	.0013	.0013	.0012	.0012	.0011	.0011	.0011	.0010	.0010

◎正規分布表②

確率Pからuを求める表

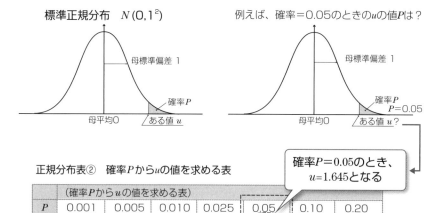

標準正規分布　$N(0,1^2)$

母標準偏差 1

確率P

母平均0　ある値u

例えば、確率＝0.05のときのuの値Pは？

母標準偏差 1

確率P
$P=0.05$

母平均0　ある値u?

確率$P=0.05$のとき、
$u=1.645$となる

正規分布表②　確率Pからuの値を求める表

	（確率Pからuの値を求める表）						
P	0.001	0.005	0.010	0.025	0.05	0.10	0.20
u	3.090	2.576	2.326	1.960	1.645	1.282	0.842

◎ t 分布表

自由度φと両側確率 P から t を求める表
（Excel関数「T.INV.2T」より計算された値）

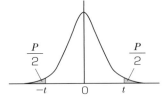

ϕ \ P	0.20	0.10	0.05	0.02	0.01
1	3.078	6.314	12.706	31.821	63.657
2	1.886	2.920	4.303	6.965	9.925
3	1.638	2.353	3.182	4.541	5.841
4	1.533	2.132	2.776	3.747	4.604
5	1.476	2.015	2.571	3.365	4.032
6	1.440	1.943	2.447	3.143	3.707
7	1.415	1.895	2.365	2.998	3.499
8	1.397	1.860	2.306	2.896	3.355
9	1.383	1.833	2.262	2.821	3.250
10	1.372	1.812	2.228	2.764	3.169
11	1.363	1.796	2.201	2.718	3.106
12	1.356	1.782	2.179	2.681	3.055
13	1.350	1.771	2.160	2.650	3.012
14	1.345	1.761	2.145	2.624	2.977
15	1.341	1.753	2.131	2.602	2.947
16	1.337	1.746	2.120	2.583	2.921
17	1.333	1.740	2.110	2.567	2.898
18	1.330	1.734	2.101	2.552	2.878
19	1.328	1.729	2.093	2.539	2.861
20	1.325	1.725	2.086	2.528	2.845
21	1.323	1.721	2.080	2.518	2.831
22	1.321	1.717	2.074	2.508	2.819
23	1.319	1.714	2.069	2.500	2.807
24	1.318	1.711	2.064	2.492	2.797
25	1.316	1.708	2.060	2.485	2.787
26	1.315	1.706	2.056	2.479	2.779
27	1.314	1.703	2.052	2.473	2.771
28	1.313	1.701	2.048	2.467	2.763
29	1.311	1.699	2.045	2.462	2.756
30	1.310	1.697	2.042	2.457	2.750
40	1.303	1.684	2.021	2.423	2.704
60	1.296	1.671	2.000	2.390	2.660
120	1.289	1.658	1.980	2.358	2.617
∞	1.282	1.645	1.960	2.327	2.576

◎ χ²分布表

自由度 φ と片側確率 P から χ² を求める表
（Excel関数「CHISQ.INV.RT」より計算された値）

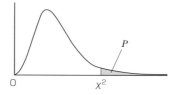

φ＼P	0.995	0.990	0.975	0.950	0.050	0.025	0.010	0.005
1	0.00004	0.0002	0.0010	0.0039	3.84	5.02	6.63	7.88
2	0.010	0.020	0.051	0.103	5.99	7.38	9.21	10.60
3	0.072	0.11	0.22	0.35	7.81	9.35	11.34	12.84
4	0.21	0.30	0.48	0.71	9.49	11.14	13.28	14.86
5	0.41	0.55	0.83	1.15	11.07	12.83	15.09	16.75
6	0.68	0.87	1.24	1.64	12.59	14.45	16.81	18.55
7	0.99	1.24	1.69	2.17	14.07	16.01	18.48	20.3
8	1.34	1.65	2.18	2.73	15.51	17.53	20.1	22.0
9	1.73	2.09	2.70	3.33	16.92	19.02	21.7	23.6
10	2.16	2.56	3.25	3.94	18.31	20.5	23.2	25.2
11	2.60	3.05	3.82	4.57	19.68	21.9	24.7	26.8
12	3.07	3.57	4.40	5.23	21.0	23.3	26.2	28.3
13	3.57	4.11	5.01	5.89	22.4	24.7	27.7	29.8
14	4.07	4.66	5.63	6.57	23.7	26.1	29.1	31.3
15	4.60	5.23	6.26	7.26	25.0	27.5	30.6	32.8
16	5.14	5.81	6.91	7.96	26.3	28.8	32.0	34.3
17	5.70	6.41	7.56	8.67	27.6	30.2	33.4	35.7
18	6.26	7.01	8.23	9.39	28.9	31.5	34.8	37.2
19	6.84	7.63	8.91	10.12	30.1	32.9	36.2	38.6
20	7.43	8.26	9.59	10.85	31.4	34.2	37.6	40.0
21	8.03	8.90	10.28	11.59	32.7	35.5	38.9	41.4
22	8.64	9.54	10.98	12.34	33.9	36.8	40.3	42.8
23	9.26	10.20	11.69	13.09	35.2	38.1	41.6	44.2
24	9.89	10.86	12.40	13.85	36.4	39.4	43.0	45.6
25	10.52	11.52	13.12	14.61	37.7	40.6	44.3	46.9
26	11.16	12.20	13.84	15.38	38.9	41.9	45.6	48.3
27	11.81	12.88	14.57	16.15	40.1	43.2	47.0	49.6
28	12.46	13.56	15.31	16.93	41.3	44.5	48.3	51.0
29	13.12	14.26	16.05	17.71	42.6	45.7	49.6	52.3
30	13.79	14.95	16.79	18.49	43.8	47.0	50.9	53.7
40	20.7	22.2	24.4	26.5	55.8	59.3	63.7	66.8
50	28.0	29.7	32.4	34.8	67.5	71.4	76.2	79.5
60	35.5	37.5	40.5	43.2	79.1	83.3	88.4	92.0
70	43.3	45.4	48.8	51.7	90.5	95.0	100.4	104.2
80	51.2	53.5	57.2	60.4	101.9	106.6	112.3	116.3
90	59.2	61.8	65.6	69.1	113.1	118.1	124.1	128.3
100	67.3	70.1	74.2	77.9	124.3	129.6	135.8	140.2

◎F分布表（α=0.05）

自由度 ϕ_1、ϕ_2 と片側確率 P から F を求める表
（Excel関数「F.INV.RT」より計算された値）

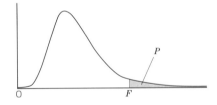

ϕ_2＼ϕ_1	1	2	3	4	5	6	7	8	9	10	12	15	20	24	30	40	60	120	∞
1	161	199	216	225	230	234	237	239	241	242	244	246	248	249	250	251	252	253	254
2	18.5	19.0	19.2	19.2	19.3	19.3	19.4	19.4	19.4	19.4	19.4	19.4	19.4	19.5	19.5	19.5	19.5	19.5	19.5
3	10.1	9.55	9.28	9.12	9.01	8.94	8.89	8.85	8.81	8.79	8.74	8.70	8.66	8.64	8.62	8.59	8.57	8.55	8.53
4	7.71	6.94	6.59	6.39	6.26	6.16	6.09	6.04	6.00	5.96	5.91	5.86	5.80	5.77	5.75	5.72	5.69	5.66	5.63
5	6.61	5.79	5.41	5.19	5.05	4.95	4.88	4.82	4.77	4.74	4.68	4.62	4.56	4.53	4.50	4.46	4.43	4.40	4.37
6	5.99	5.14	4.76	4.53	4.39	4.28	4.21	4.15	4.10	4.06	4.00	3.94	3.87	3.84	3.81	3.77	3.74	3.70	3.67
7	5.59	4.74	4.35	4.12	3.97	3.87	3.79	3.73	3.68	3.64	3.57	3.51	3.44	3.41	3.38	3.34	3.30	3.27	3.23
8	5.32	4.46	4.07	3.84	3.69	3.58	3.50	3.44	3.39	3.35	3.28	3.22	3.15	3.12	3.08	3.04	3.01	2.97	2.93
9	5.12	4.26	3.86	3.63	3.48	3.37	3.29	3.23	3.18	3.14	3.07	3.01	2.94	2.90	2.86	2.83	2.79	2.75	2.71
10	4.96	4.10	3.71	3.48	3.33	3.22	3.14	3.07	3.02	2.98	2.91	2.85	2.77	2.74	2.70	2.66	2.62	2.58	2.54
11	4.84	3.98	3.59	3.36	3.20	3.09	3.01	2.95	2.90	2.85	2.79	2.72	2.65	2.61	2.57	2.53	2.49	2.45	2.40
12	4.75	3.89	3.49	3.26	3.11	3.00	2.91	2.85	2.80	2.75	2.69	2.62	2.54	2.51	2.47	2.43	2.38	2.34	2.30
13	4.67	3.81	3.41	3.18	3.03	2.92	2.83	2.77	2.71	2.67	2.60	2.53	2.46	2.42	2.38	2.34	2.30	2.25	2.21
14	4.60	3.74	3.34	3.11	2.96	2.85	2.76	2.70	2.65	2.60	2.53	2.46	2.39	2.35	2.31	2.27	2.22	2.18	2.13
15	4.54	3.68	3.29	3.06	2.90	2.79	2.71	2.64	2.59	2.54	2.48	2.40	2.33	2.29	2.25	2.20	2.16	2.11	2.07
16	4.49	3.63	3.24	3.01	2.85	2.74	2.66	2.59	2.54	2.49	2.42	2.35	2.28	2.24	2.19	2.15	2.11	2.06	2.01
17	4.45	3.59	3.20	2.96	2.81	2.70	2.61	2.55	2.49	2.45	2.38	2.31	2.23	2.19	2.15	2.10	2.06	2.01	1.96
18	4.41	3.55	3.16	2.93	2.77	2.66	2.58	2.51	2.46	2.41	2.34	2.27	2.19	2.15	2.11	2.06	2.02	1.97	1.92
19	4.38	3.52	3.13	2.90	2.74	2.63	2.54	2.48	2.42	2.38	2.31	2.23	2.16	2.11	2.07	2.03	1.98	1.93	1.88
20	4.35	3.49	3.10	2.87	2.71	2.60	2.51	2.45	2.39	2.35	2.28	2.20	2.12	2.08	2.04	1.99	1.95	1.90	1.84
21	4.32	3.47	3.07	2.84	2.68	2.57	2.49	2.42	2.37	2.32	2.25	2.18	2.10	2.05	2.01	1.96	1.92	1.87	1.81
22	4.30	3.44	3.05	2.82	2.66	2.55	2.46	2.40	2.34	2.30	2.23	2.15	2.07	2.03	1.98	1.94	1.89	1.84	1.78
23	4.28	3.42	3.03	2.80	2.64	2.53	2.44	2.37	2.32	2.27	2.20	2.13	2.05	2.01	1.96	1.91	1.86	1.81	1.76
24	4.26	3.40	3.01	2.78	2.62	2.51	2.42	2.36	2.30	2.25	2.18	2.11	2.03	1.98	1.94	1.89	1.84	1.79	1.73
25	4.24	3.39	2.99	2.76	2.60	2.49	2.40	2.34	2.28	2.24	2.16	2.09	2.01	1.96	1.92	1.87	1.82	1.77	1.71
26	4.23	3.37	2.98	2.74	2.59	2.47	2.39	2.32	2.27	2.22	2.15	2.07	1.99	1.95	1.90	1.85	1.80	1.75	1.69
27	4.21	3.35	2.96	2.73	2.57	2.46	2.37	2.31	2.25	2.20	2.13	2.06	1.97	1.93	1.88	1.84	1.79	1.73	1.67
28	4.20	3.34	2.95	2.71	2.56	2.45	2.36	2.29	2.24	2.19	2.12	2.04	1.96	1.91	1.87	1.82	1.77	1.71	1.65
29	4.18	3.33	2.93	2.70	2.55	2.43	2.35	2.28	2.22	2.18	2.10	2.03	1.94	1.90	1.85	1.81	1.75	1.70	1.64
30	4.17	3.32	2.92	2.69	2.53	2.42	2.33	2.27	2.21	2.16	2.09	2.01	1.93	1.89	1.84	1.79	1.74	1.68	1.62
40	4.08	3.23	2.84	2.61	2.45	2.34	2.25	2.18	2.12	2.08	2.00	1.92	1.84	1.79	1.74	1.69	1.64	1.58	1.51
60	4.00	3.15	2.76	2.53	2.37	2.25	2.17	2.10	2.04	1.99	1.92	1.84	1.75	1.70	1.65	1.59	1.53	1.47	1.39
120	3.92	3.07	2.68	2.45	2.29	2.18	2.09	2.02	1.96	1.91	1.83	1.75	1.66	1.61	1.55	1.50	1.43	1.35	1.25
∞	3.84	3.00	2.60	2.37	2.21	2.10	2.01	1.94	1.88	1.83	1.75	1.67	1.57	1.52	1.46	1.39	1.32	1.22	1.00

◎F分布表 (α=0.025)

自由度ϕ_1, ϕ_2と片側確率 P から F を求める表
(Excel関数「F.INV.RT」より計算された値)

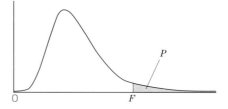

ϕ_2 \ ϕ_1	1	2	3	4	5	6	7	8	9	10	12	15	20	24	30	40	60	120	∞
1	648	799	864	900	922	937	948	957	963	969	977	985	993	997	1001	1006	1010	1014	1018
2	38.5	39.0	39.2	39.2	39.3	39.3	39.4	39.4	39.4	39.4	39.4	39.4	39.4	39.5	39.5	39.5	39.5	39.5	39.5
3	17.4	16.0	15.4	15.1	14.9	14.7	14.6	14.5	14.5	14.4	14.3	14.3	14.2	14.1	14.1	14.0	14.0	13.9	13.9
4	12.2	10.6	9.98	9.60	9.36	9.20	9.07	8.98	8.90	8.84	8.75	8.66	8.56	8.51	8.46	8.41	8.36	8.31	8.26
5	10.0	8.43	7.76	7.39	7.15	6.98	6.85	6.76	6.68	6.62	6.52	6.43	6.33	6.28	6.23	6.18	6.12	6.07	6.02
6	8.81	7.26	6.60	6.23	5.99	5.82	5.70	5.60	5.52	5.46	5.37	5.27	5.17	5.12	5.07	5.01	4.96	4.90	4.85
7	8.07	6.54	5.89	5.52	5.29	5.12	4.99	4.90	4.82	4.76	4.67	4.57	4.47	4.41	4.36	4.31	4.25	4.20	4.14
8	7.57	6.06	5.42	5.05	4.82	4.65	4.53	4.43	4.36	4.30	4.20	4.10	4.00	3.95	3.89	3.84	3.78	3.73	3.67
9	7.21	5.71	5.08	4.72	4.48	4.32	4.20	4.10	4.03	3.96	3.87	3.77	3.67	3.61	3.56	3.51	3.45	3.39	3.33
10	6.94	5.46	4.83	4.47	4.24	4.07	3.95	3.85	3.78	3.72	3.62	3.52	3.42	3.37	3.31	3.26	3.20	3.14	3.08
11	6.72	5.26	4.63	4.28	4.04	3.88	3.76	3.66	3.59	3.53	3.43	3.33	3.23	3.17	3.12	3.06	3.00	2.94	2.88
12	6.55	5.10	4.47	4.12	3.89	3.73	3.61	3.51	3.44	3.37	3.28	3.18	3.07	3.02	2.96	2.91	2.85	2.79	2.73
13	6.41	4.97	4.35	4.00	3.77	3.60	3.48	3.39	3.31	3.25	3.15	3.05	2.95	2.89	2.84	2.78	2.72	2.66	2.60
14	6.30	4.86	4.24	3.89	3.66	3.50	3.38	3.29	3.21	3.15	3.05	2.95	2.84	2.79	2.73	2.67	2.61	2.55	2.49
15	6.20	4.77	4.15	3.80	3.58	3.41	3.29	3.20	3.12	3.06	2.96	2.86	2.76	2.70	2.64	2.59	2.52	2.46	2.40
16	6.12	4.69	4.08	3.73	3.50	3.34	3.22	3.12	3.05	2.99	2.89	2.79	2.68	2.63	2.57	2.51	2.45	2.38	2.32
17	6.04	4.62	4.01	3.66	3.44	3.28	3.16	3.06	2.98	2.92	2.82	2.72	2.62	2.56	2.50	2.44	2.38	2.32	2.25
18	5.98	4.56	3.95	3.61	3.38	3.22	3.10	3.01	2.93	2.87	2.77	2.67	2.56	2.50	2.44	2.38	2.32	2.26	2.19
19	5.92	4.51	3.90	3.56	3.33	3.17	3.05	2.96	2.88	2.82	2.72	2.62	2.51	2.45	2.39	2.33	2.27	2.20	2.13
20	5.87	4.46	3.86	3.51	3.29	3.13	3.01	2.91	2.84	2.77	2.68	2.57	2.46	2.41	2.35	2.29	2.22	2.16	2.09
21	5.83	4.42	3.82	3.48	3.25	3.09	2.97	2.87	2.80	2.73	2.64	2.53	2.42	2.37	2.31	2.25	2.18	2.11	2.04
22	5.79	4.38	3.78	3.44	3.22	3.05	2.93	2.84	2.76	2.70	2.60	2.50	2.39	2.33	2.27	2.21	2.14	2.08	2.00
23	5.75	4.35	3.75	3.41	3.18	3.02	2.90	2.81	2.73	2.67	2.57	2.47	2.36	2.30	2.24	2.18	2.11	2.04	1.97
24	5.72	4.32	3.72	3.38	3.15	2.99	2.87	2.78	2.70	2.64	2.54	2.44	2.33	2.27	2.21	2.15	2.08	2.01	1.94
25	5.69	4.29	3.69	3.35	3.13	2.97	2.85	2.75	2.68	2.61	2.51	2.41	2.30	2.24	2.18	2.12	2.05	1.98	1.91
26	5.66	4.27	3.67	3.33	3.10	2.94	2.82	2.73	2.65	2.59	2.49	2.39	2.28	2.22	2.16	2.09	2.03	1.95	1.88
27	5.63	4.24	3.65	3.31	3.08	2.92	2.80	2.71	2.63	2.57	2.47	2.36	2.25	2.19	2.13	2.07	2.00	1.93	1.85
28	5.61	4.22	3.63	3.29	3.06	2.90	2.78	2.69	2.61	2.55	2.45	2.34	2.23	2.17	2.11	2.05	1.98	1.91	1.83
29	5.59	4.20	3.61	3.27	3.04	2.88	2.76	2.67	2.59	2.53	2.43	2.32	2.21	2.15	2.09	2.03	1.96	1.89	1.81
30	5.57	4.18	3.59	3.25	3.03	2.87	2.75	2.65	2.57	2.51	2.41	2.31	2.20	2.14	2.07	2.01	1.94	1.87	1.79
40	5.42	4.05	3.46	3.13	2.90	2.74	2.62	2.53	2.45	2.39	2.29	2.18	2.07	2.01	1.94	1.88	1.80	1.72	1.64
60	5.29	3.93	3.34	3.01	2.79	2.63	2.51	2.41	2.33	2.27	2.17	2.06	1.94	1.88	1.82	1.74	1.67	1.58	1.48
120	5.15	3.80	3.23	2.89	2.67	2.52	2.39	2.30	2.22	2.16	2.05	1.94	1.82	1.76	1.69	1.61	1.53	1.43	1.31
∞	5.02	3.69	3.12	2.79	2.57	2.41	2.29	2.19	2.11	2.05	1.94	1.83	1.71	1.64	1.57	1.48	1.39	1.27	1.00

◎F分布表 (α=0.01)

自由度ϕ_1、ϕ_2と片側確率 P から F を求める表
（Excel関数「F.INV.RT」より計算された値）

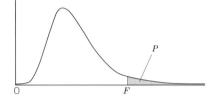

ϕ_2＼ϕ_1	1	2	3	4	5	6	7	8	9	10	12	15	20	24	30	40	60	120	∞
1	4052	4999	5404	5624	5764	5859	5928	5981	6022	6056	6107	6157	6209	6234	6260	6286	6313	6340	6366
2	98.5	99.0	99.2	99.2	99.3	99.3	99.4	99.4	99.4	99.4	99.4	99.4	99.4	99.5	99.5	99.5	99.5	99.5	99.5
3	34.1	30.8	29.5	28.7	28.2	27.9	27.7	27.5	27.3	27.2	27.1	26.9	26.7	26.6	26.5	26.4	26.3	26.2	26.1
4	21.2	18.0	16.7	16.0	15.5	15.2	15.0	14.8	14.7	14.5	14.4	14.2	14.0	13.9	13.8	13.7	13.7	13.6	13.5
5	16.3	13.3	12.1	11.4	11.0	10.7	10.5	10.3	10.2	10.1	9.89	9.72	9.55	9.47	9.38	9.29	9.20	9.11	9.02
6	13.7	10.9	9.78	9.15	8.75	8.47	8.26	8.10	7.98	7.87	7.72	7.56	7.40	7.31	7.23	7.14	7.06	6.97	6.88
7	12.2	9.55	8.45	7.85	7.46	7.19	6.99	6.84	6.72	6.62	6.47	6.31	6.16	6.07	5.99	5.91	5.82	5.74	5.65
8	11.3	8.65	7.59	7.01	6.63	6.37	6.18	6.03	5.91	5.81	5.67	5.52	5.36	5.28	5.20	5.12	5.03	4.95	4.86
9	10.6	8.02	6.99	6.42	6.06	5.80	5.61	5.47	5.35	5.26	5.11	4.96	4.81	4.73	4.65	4.57	4.48	4.40	4.31
10	10.0	7.56	6.55	5.99	5.64	5.39	5.20	5.06	4.94	4.85	4.71	4.56	4.41	4.33	4.25	4.17	4.08	4.00	3.91
11	9.65	7.21	6.22	5.67	5.32	5.07	4.89	4.74	4.63	4.54	4.40	4.25	4.10	4.02	3.94	3.86	3.78	3.69	3.60
12	9.33	6.93	5.95	5.41	5.06	4.82	4.64	4.50	4.39	4.30	4.16	4.01	3.86	3.78	3.70	3.62	3.54	3.45	3.36
13	9.07	6.70	5.74	5.21	4.86	4.62	4.44	4.30	4.19	4.10	3.96	3.82	3.66	3.59	3.51	3.43	3.34	3.25	3.17
14	8.86	6.51	5.56	5.04	4.69	4.46	4.28	4.14	4.03	3.94	3.80	3.66	3.51	3.43	3.35	3.27	3.18	3.09	3.00
15	8.68	6.36	5.42	4.89	4.56	4.32	4.14	4.00	3.89	3.80	3.67	3.52	3.37	3.29	3.21	3.13	3.05	2.96	2.87
16	8.53	6.23	5.29	4.77	4.44	4.20	4.03	3.89	3.78	3.69	3.55	3.41	3.26	3.18	3.10	3.02	2.93	2.84	2.75
17	8.40	6.11	5.19	4.67	4.34	4.10	3.93	3.79	3.68	3.59	3.46	3.31	3.16	3.08	3.00	2.92	2.83	2.75	2.65
18	8.29	6.01	5.09	4.58	4.25	4.01	3.84	3.71	3.60	3.51	3.37	3.23	3.08	3.00	2.92	2.84	2.75	2.66	2.57
19	8.18	5.93	5.01	4.50	4.17	3.94	3.77	3.63	3.52	3.43	3.30	3.15	3.00	2.92	2.84	2.76	2.67	2.58	2.49
20	8.10	5.85	4.94	4.43	4.10	3.87	3.70	3.56	3.46	3.37	3.23	3.09	2.94	2.86	2.78	2.69	2.61	2.52	2.42
21	8.02	5.78	4.87	4.37	4.04	3.81	3.64	3.51	3.40	3.31	3.17	3.03	2.88	2.80	2.72	2.64	2.55	2.46	2.36
22	7.95	5.72	4.82	4.31	3.99	3.76	3.59	3.45	3.35	3.26	3.12	2.98	2.83	2.75	2.67	2.58	2.50	2.40	2.31
23	7.88	5.66	4.76	4.26	3.94	3.71	3.54	3.41	3.30	3.21	3.07	2.93	2.78	2.70	2.62	2.54	2.45	2.35	2.26
24	7.82	5.61	4.72	4.22	3.90	3.67	3.50	3.36	3.26	3.17	3.03	2.89	2.74	2.66	2.58	2.49	2.40	2.31	2.21
25	7.77	5.57	4.68	4.18	3.85	3.63	3.46	3.32	3.22	3.13	2.99	2.85	2.70	2.62	2.54	2.45	2.36	2.27	2.17
26	7.72	5.53	4.64	4.14	3.82	3.59	3.42	3.29	3.18	3.09	2.96	2.81	2.66	2.58	2.50	2.42	2.33	2.23	2.13
27	7.68	5.49	4.60	4.11	3.78	3.56	3.39	3.26	3.15	3.06	2.93	2.78	2.63	2.55	2.47	2.38	2.29	2.20	2.10
28	7.64	5.45	4.57	4.07	3.75	3.53	3.36	3.23	3.12	3.03	2.90	2.75	2.60	2.52	2.44	2.35	2.26	2.17	2.06
29	7.60	5.42	4.54	4.04	3.73	3.50	3.33	3.20	3.09	3.00	2.87	2.73	2.57	2.49	2.41	2.33	2.23	2.14	2.03
30	7.56	5.39	4.51	4.02	3.70	3.47	3.30	3.17	3.07	2.98	2.84	2.70	2.55	2.47	2.39	2.30	2.21	2.11	2.01
40	7.31	5.18	4.31	3.83	3.51	3.29	3.12	2.99	2.89	2.80	2.66	2.52	2.37	2.29	2.20	2.11	2.02	1.92	1.80
60	7.08	4.98	4.13	3.65	3.34	3.12	2.95	2.82	2.72	2.63	2.50	2.35	2.20	2.12	2.03	1.94	1.84	1.73	1.60
120	6.85	4.79	3.95	3.48	3.17	2.96	2.79	2.66	2.56	2.47	2.34	2.19	2.03	1.95	1.86	1.76	1.66	1.53	1.38
∞	6.64	4.61	3.78	3.32	3.02	2.80	2.64	2.51	2.41	2.32	2.18	2.04	1.88	1.79	1.70	1.59	1.47	1.32	1.00

索引

数字

引 用 ・ 参 考 文 献

1)「最新QC検定2級テキスト&問題集」今里健一郎著、秀和システム、2019

2)「JIS Q 9025:2003 マネジメントシステムのパフォーマンス改善―品質機能展開の指針」、日本規格協会、2003

3)「Excelでここまでできる統計解析 第2版」今里健一郎・森田浩著、日本規格協会、2015

4)「Excelでここまでできる実験計画法」森田浩・今里健一郎他著、日本規格協会、2011

5)「入門統計解析法」永田靖著、日科技連出版社、1992

6)「QC入門講座：管理図のつくり方と活用」鐵健司・中村達男著、日本規格協会、1990

7)「BCテキスト 第6章管理図」日本科学技術連盟、2012

8)「BCテキスト 官能評価と感性品質」日本科学技術連盟、2012

9)「BCテキスト ノンパラメトリック法」日本科学技術連盟、2012

10)「BCテキスト 多変量解析法」日本科学技術連盟、2012

11)「BCテキスト 抜取検査法」日本科学技術連盟、2012

13)「BCテキスト 回帰分析」日本科学技術連盟、2012

14)「BCテキスト タグチメソッドパラメータ設計」日本科学技術連盟、2012

15)「BCテキスト 実験計画法」日本科学技術連盟、2012

16)「工程能力指数―実践方法とその理論」日本品質管理学会監修、永田靖・棟近雅彦著、日本規格協会、2011

17)「よくわかる最新実験計画法の基本と仕組み」森田浩著、秀和システム、2010

18)「多変量解析の基本と実践がよ～くわかる本」森田浩著、秀和システム、2014

19)「よくわかる最新信頼性手法の基本」榊原哲著、秀和システム、2009

著 者 紹 介

· ·

今里健一郎（いまざと けんいちろう）

1972年3月、福井大学工学部電気工学科卒業

1972年4月、関西電力株式会社入社、同社北支店電路課副長、同社市場開発部課長、同社 TQM 推進グループ課長、能力開発センター主席講師を経て退職（2003年）

2003年7月、ケイ・イマジン設立

2006年9月、関西大学工学部講師、近畿大学講師

2011年9月、神戸大学講師、流通科学大学講師

現在　ケイ・イマジン代表

●イラスト　まえだ　たつひこ
●編集協力　株式会社エディトリアルハウス

最新QC検定 1級テキスト&問題集

発行日　2020年10月 1日　　　　　第1版第1刷

著　者　今里　健一郎

発行者　斉藤　和邦
発行所　株式会社　秀和システム
　　　　〒135-0016
　　　　東京都江東区東陽2-4-2　新宮ビル2F
　　　　Tel 03-6264-3105（販売）Fax 03-6264-3094
印刷所　三松堂印刷株式会社　　　　　Printed in Japan

ISBN978-4-7980-5754-5 C2034